KB100894

이이화의 동학농민혁명사 3

이이화의 동학농민혁명사

3 갑오년 농민군, 희망으로 살아나다

교유서가

차례

1장 농민군 지도자와 후손들의 고난

2장 항일 의병과 3·1혁명에 참여한 농민군

3장 동학농민혁명 100주년을 맞이하다

일러두기

· 일부 인명과 지명, 책명은 외래어표기법을 따르지 않고 통상적 표기에 따랐다.

· 역사를 이야기하기 위한 근현대사 인물에는 존칭을 붙이지 않았다.

· 근현대사 인물의 직함이나 소속은 당시를 기준으로 삼았다.

· 객관적 사실을 서술한 부분에서는 저자를 3인칭화했다.

1장

농민군 지도자와 후손들의 고난

남접 지도자의 비참한 말로

농민군 지도자들은 권설재판소의 재판이 마무리된 뒤 각기 고장에서 압제를 받으며 고통에 시달렸다. 그러면서도 도망쳐 살아남거나 새로운 봉기를 모의하며 출몰하기도 했다. 그들의 자손들도 죽임을 당하거나 살아남았다 하더라도 그들의 비참한 삶은 이루 다 형용할 수 없었다. 가족과 후손들도 모두 죽거나 뿔뿔이 흩어져 도망자의 삶을 살면서 모진 고난을 받았다. 한 편의 비극적 드라마였다.

손병희나 김창수(김구)같이 살아남은 지도자들은 항일의병에 가담하거나 독립투쟁에 헌신하면서 민족운동을 전개했다. 하지만 관군에 빌붙거나 친일파로 변신해 반역의 행각을 벌인 이들도 있었다. 이런 실상을 파악하기란 매우 복잡하지만 다음과 같이 몇 부분으로 나누어 사례를

김구 황해도 해주에서 아기 접주로 동학농민혁명에 참여한 김구는 이후 민족운동의 상징적 존재가 되었다.

살펴보자.

이도재는 개화 정권이 들어서자 김학진의 뒤를 이어 전라감사로 부임해왔다. 그는 전임 감사 김학진이 농민군을 도운 사실을 못마땅하게 여겼다. 이도재와 호남초토사 민종렬은 석방된 지도자들조차 기어코 죽이려 했다. 그들은 서울 권설재판소에서 풀려났거나 현지에서 도망친 지도자들을 다시 잡아 처형했다.

이도재는 연달아 농민군을 색출해 처형하는 방침을 정하고 각 고을 수령들에게 통고했다. 그리하여 김개남을 전주로 데려와 정식 재판을 거치지 않고 즉결 처분했으며 서울에서 석방된 이방언을 장흥에서 끝내 처형했다. 이도재가 불법 처형으로 죽인 농민군 수는 헤아릴 수도 없이 많았다(이이화, 『동학농민혁명 인물열전』 참고).

손여옥과 송대화 – '사발통문'에 서명한 두령

1893년 겨울, 정읍 죽산리에서 고을민들이 사발통문을 작성하고 각 마을의 집강들에게 돌렸다. 사발통문에는 다음과 같이 쓰여 있었다.

……"낫네 낫서 난리가 낫서 에이참 잘 되얏지 그양 이대로 지내서야 백성이 한 사람이나 어데 남어 잇겟나" 하며 기일이 오기만 기다리더라…….

이 사발통문에는 세상이 뒤바뀌기를 바라는 당시 민중의 열망과 '전라감영을 점령하고 서울로 곧바로 올라갈 것' 등 4개 항의 행동 목표가 담겨 있었다. 사발통문은 고부 봉기의 실상을 알려주는 귀중한 자료다. 여기에 서명한 20명 중 아홉 명이 동학농민혁명 과정에서 나주, 전주, 서울에서 처형당했고 나머지도 죽거나 도망쳤다. 그중 손여옥과 송대화 두 청년이 주목을 받았다.

손여옥은 정읍 출신으로 사발통문에 이름을 올린 농민군 두령이었다. 그는 손화중의 조카뻘이었고 그의 아내가 천안 전씨의 딸이어서 전봉준과는 처남남매 사이로 알려져 있다. 이런 인연으로 차치구와 함께 대접주가 되어 고창과 정읍에서 활동했고 전봉준의 충실한 수하가 되었다.

손여옥은 고부 봉기와 무장 봉기부터 참여했고 9월 재봉기를 할 때 정읍 농민군을 이끌고 삼례에 집결해 공주로 진격했다(「전봉준판결선고서」). 그러다가 태인전투에서 패전했을 때 전봉준과 헤어진 뒤 나주에서 체포되었다 한다. 또는 어느 산골의 토굴에 숨어 있다가 마을 사람들의 밀고로 잡혀 처형당했다고도 한다. 전봉준은 4000여 명의 직계 부하였던 농민군 중에서 손여옥이 중심에 있었다고 말했다.

강천사 정읍의 동학농민군 지도자 손여옥의 가족들은 떠돌이생활을 하다가 장성 백양사에서 숨어살게 되었고, 아들 손규선(용주)은 강천사의 주지가 되었다.

손여옥의 아내는 일곱 살 난 아들 손규선을 데리고 떠돌이생활을 했다. 손규선은 백양사에서 승려가 되었고 여러 절을 전전하다가 나중에는 순창의 강천사 주지가 되었다. 손규선(용주)은 대처승으로 승려생활을 하면서 아들 손주현(두종)과 손주갑 외 삼형제를 두었다. 한국전쟁 당시 절이 불에 타는 바람에 오갈 데가 없어진 자식들은 떠돌이 신세가 되었다.

1967년 사발통문이 발견되었을 때 손여옥의 이름이 올라 있어서 손씨 종중의 주목을 끌었고 그들은 어렴풋이 할머니와 아버지의 이야기를 떠올렸다. 손씨 일가의 도움으로 손주갑과 손주성은 손씨 종중산에서 산지기로 지내며 초근목피로 연명했다. 손주갑의 산지기생활 이야기는 후손들의 고통이 얼마나 컸는지를 알려준다(손주갑의 증언).

다른 손씨들도 이와 같은 처지였다. 손화중의 동생 손익중과 처남 유공선도 잡혀 처형당했고 조카뻘인 손여옥 등 많은 손씨가 처형당하거나 체포령이 내려져 손씨 집안은 풍비박산이 났다. 향반으로 문중을 자랑하던 손씨 후손들은 일시에 몰락했다. 손화중의 시신은 찾지 못해 혼장(魂葬)으로 살던 마을 뒷동산에 뫼를 썼고 손여옥의 주검도 어느 곳에 버려져 있는지 알 길이 없다.

손주갑은 여러 난관을 극복하고 1994년 동학농민혁명 100주년을 맞이해 동학농민혁명유족회에 참여해 조상의 명예 회복과 선양사업에 나섰다. 또한 그는 전봉준 장군 동상건립사업에도 앞장서서 순국정신을 기리는 사업에 헌신했다.

힘이 센 송대화는 농민군을 훈련시키는 훈련대장의 직책을 맡았다 한다(주산 마을에 사는 임두영의 증언). 송대화는 많은 농민군을 이끌고 전봉준 휘하에 들어갔다. 이로 미루어보아 그가 집강소 기간에 농민군의 훈련을 맡았고 9월의 2차 봉기에도 열렬히 참여했음을 알 수 있다. 관군과 일본군은 나주에 초토영을 두고 체포해 서울로 보내거나 현지에서 처형했는데, 송두호와 송주옥은 나주에서 처형당했다.

송대화는 마지막 단계에서 전봉준의 "너라도 살아남아라"라는 당부를 받고 달아났다 한다. 그때 죽산 마을의 송두호 집과 그 앞에 있는 송대화의 집은 불에 타서 흔적만이 남아 있었고 죽산 마을도 역적의 소굴이라 하여 쑥대밭이 되었다. 주춧돌만이 남은 불탄 집은 흉가가 되어 사람이 살지 않았다.

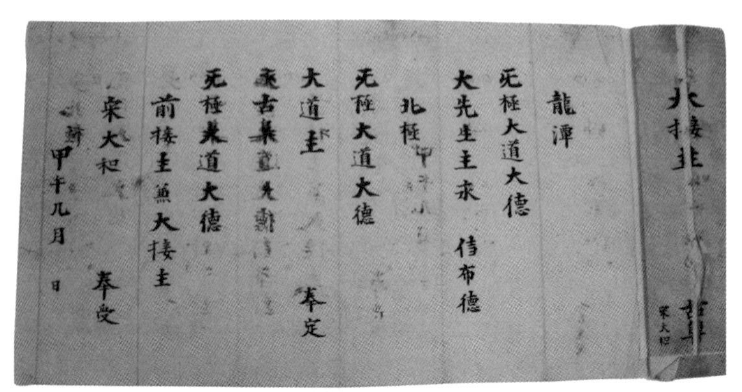

北接主

龍潭

无極大道大德

大先生主求 傳布德

无極大道大德

大道主 奉定

无極乘道大德

前接主兼大接主

宋大和 奉受

甲午九月 日

송대화 대접주 임명장 동학 2대 교주 최시형이 송대화를 고부 지역 대접주로 임명하는 임명장으로 사발통문에 송대화의 이름이 포함되어 있다(동학농민혁명기념재단).

송대화는 나주 바닷가에서 배를 타고 지금의 전북 옥구군 임피로 달아났다. 그곳 어느 집에 들어가 장승팔이라 이름을 바꾸고 머슴살이를 했다 한다. 그가 성을 장씨로 바꾼 것은 어머니 성을 따른 것이었다. 머슴 송대화는 힘도 세고 일도 잘한 덕에 주인의 사위가 되었다. 원래 그는 전처 박씨에게서 딸과 아들을 두었는데, 후처 강씨에게서도 아들 하나를 두었다. 늦게 아들을 두었다 하여 '뒤 후' 자를 써서 이름을 후섭(後燮)이라 지었다 한다.

도피생활을 한 지 10여 년이 지난 때였을까. 송대화는 조심스레 고향 마을을 찾았다. 그의 동생 송주성은 용케 살아남아 고향에서 살고 있었다. 송대화는 집도, 땅도 모조리 빼앗겨 먹고살 길이 막막한 상태였다. 그는 숨을 죽이고 남의 일을 하며 겨우 연명했다. 이렇게 10여 년을 고향에서 보낸 뒤 외로운 생을 마감했다(임두영의 증언).

지금 주산 마을에는 51가구가 살고 있는데, 동학농민혁명 전에 400여 호가 살던 송씨는 다섯 집만이 남아 있다. 이들 송씨는 교육도 제대로 받지 못해 매우 어렵게 살고 있다. 송대화의 아들 송후섭도 머슴살이를 하다가 고향을 떠나 떠돌이생활을 했다. 송두호와 그 아들들은 불의에 항거했다가 많은 재산을 빼앗긴 것은 물론 멸문의 화까지 당했다.

정백현 – 전봉준의 비서

정백현은 전봉준의 비서였던 것으로 기록을 통해 확인할 수 있다. 그 때의 비서는 글을 써주는 보조자를 말한다. 전봉준은 그 많은 글을 누가 썼느냐는 심문에 비서들이 써주었고 때로는 자신이 썼다고 대답했다. 정백현은 바로 그런 비서 중 한 명이었다. 정백현은 전봉준이 태어나고 어린 시절을 보냈던 고창 당촌과 가까운 무장에서 태어났다. 한문을 익혀 젊을 때부터 문명을 날렸던 그는 인재를 끊임없이 찾던 전봉준의 눈에 띄었을 것이다.

정백현은 키가 크고 성미가 괄괄했다고 한다. 오지영의 『동학사』에는 백산대회를 벌여 직무를 정할 때 비서로 이름을 올렸다고 쓰여 있다. 전봉준은 농민군을 이끌고 호남 일대를 석권하며 무장포고문 등 많은 명문의 문건을 발표했는데, 그중에는 정백현의 솜씨도 있었을 것이다.

공주·원평·태인 전투가 끝난 뒤 정백현은 집안에 있던 모든 관련 문서를 깡그리 불태워 없앴다. 그러고는 당촌 마을 앞에 있는 신촌 마을로 몸을 피해 그곳에 사는 친구 봉정범의 집 골방에서 숨어 지냈다. 그렇게 석 달 정도 피신해 있다가 서울로 달아났다. 그리하여 동학농민혁명 지도자 중 끝까지 살아남은 몇 안 되는 사람 중 한 명이 되었다. 그 대신 그의 아버지가 연좌제에 걸려 고부 수성군에 끌려가 모진 고문을 받고 죽었다. 아들 대신 목숨을 잃은 것이다. 그의 일가가 주검을 찾아 반장(返葬, 객지에서 죽었을 때 시신을 찾아 장사지내는 일)했으나 큰 비극임에는 틀림없다(아들 정병묵의 증언).

당시 일본군은 "동학당이 이름을 바꾸어 경성으로 잠입하는 자가 매우 많아 민심이 흉흉하다는 풍문이 있다"고 일본공사에게 보고했고 그에 따라 서울 일대를 수색했다. 정백현은 연줄을 찾아 판서를 지낸 신헌구, 참판을 지낸 이근용·이중하 등과 어울렸다. 이때 그는 이름을 바꾸고 시 솜씨를 뽐내 그들과 아무 의심 없이 지냈다. 1903년 벼슬자리에서 물러난 사람들을 위해 순천 송광사에 성수전을 짓게 되었다. 이때 일가 아저씨뻘이 되는 정명원의 천거로 성수전 공사를 지휘하는 별유사(別有司)를 맡았다. 이 일을 마무리하고 나자 그에게 해주관찰부 주사의 임무가 맡겨졌다. 이런 일은 일가의 덕택으로 이루어졌을 테지만 그의 학식도 뒷받침이 되었을 것이다.

정백현은 서울생활 동안 "오래 한 모퉁이에 머물면서 고향 소식을 듣지 못한 지 지금 2년이다. 아아, 가사가 장차 어느 지경에 이르렀는지 심사가 정해지지 않고 가슴이 찢어진다. 스스로 생각하기를 집에 돌아가 죽었든 살았든 소식이라도 들으면 안심이 될 듯하다"(『진암견문록(眞庵

見聞錄)』) 하고 회한에 찬 심정을 토로했다.

정백현은 나랏일이 그릇되는 것을 보고 그 일을 내팽개쳤다. 그리고 9년 동안 떠돌이생활을 하다가 다시 고향으로 돌아왔다. 그는 고창 새 집에서 글을 읽으며 세상을 담담하게 살았다. 인심이 후해 남에게 돈이나 곡식을 꾸어주면 받을 줄 몰랐다 한다. 그리하여 주변 사람들은 그를 두고 "나물 양반 새끼리 주듯이 한다"고 했다 한다. '나물'은 그의 처가 동네 이름이다.

그의 손자 정남기는 민주운동에 종사한 언론인이었고 동학농민혁명 유족회 회장을 맡아 선열을 기리는 사업에 헌신했다.

홍낙관 – 천민부대를 지휘한 두령

농민군 집강소 활동 기간 천민들은 노비 문서를 불태우거나 상전에게 먹고살 재산을 요구했다. 또 '동사생계(同死生契, 함께 살고 죽자는 모임)'나 '모살계(謀殺契, 상전을 죽이자는 모임)'를 만들었다. 고창 일대에서는 천민부대가 구성되어 신분 해방을 주도적으로 수행해나가고 있었다. 다음과 같은 기록이 있다.

> 손화중은 우도에 있으면서 백정, 재인, 역부, 공장이, 노비 등 평소 가장 천한 무리를 모아 하나의 접을 만들었는데, 사납기가 이를 데 없어 사람들이 더욱 두려워했다.
>
> —『오하기문』 2필

승려까지 포함된 천민부대의 지휘자가 바로 홍낙관이었다. 언제부터인지 고창 장터에는 서울 말씨를 쓰는 재담꾼이 등장했다. 그는 시장 어귀에 앉아 옛날이야기와 유식한 문자를 섞어가며 사람들을 웃기고 울렸다. 일종의 강담사(講談師)였다. 이런 후미진 곳에서는 서울 말씨를 쓰는 사람을 좀처럼 만나기 어려웠으므로 그는 이내 사람들의 관심을 끌었다. 그는 장꾼들이 던져주는 돈으로 연명해 거지나 다름없었다.

재담꾼 홍낙관은 서울 출신으로 고창읍 화산리의 남양 홍씨 마을로 찾아들었다. 그리고 같은 일가라는 인연으로 이곳 홍씨들에게 밥과 잠자리를 얻을 수 있었다. 홍씨들은 그가 서울의 무슨 사건에 연루되어 몸을 피해 이곳으로 흘러들었다고 수군댔고 그 사건이 홍영식이 주동했던 갑신정변일 것이라고 추측했다.

홍낙관은 아내는 데리고 오지 않았으나 동생 홍계관, 홍동관이 뒷날 농민군에 가담하고 아들과 함께 살았던 것으로 보아 깊은 사연이 있었음이 틀림없다. 또 어느 때인지 아내를 얻었는데, 하필 세습 당골이었다 한다. 당골 아내를 얻으면 천민 신분으로 떨어지는 당시의 처지를 감안해보면 아마도 무척 살기 어려웠던 듯하다.

아무튼 홍낙관은 무장·백산 봉기 때 두령으로 참여했고 집강소 기간에 천민부대를 이끌고 활약했다. 그때 당골 아내의 존재가 많은 영향을 끼쳤을 것이다. 그가 잡힌 뒤 고창 유진교장(留陣教長) 홍경원이 보고할 때 "큰 괴수 홍낙관"으로 표현한 것으로 보아 그와 천민부대의 활약이 컸으리라 짐작된다.

홍낙관이 잡힌 것은 1894년 12월 초순이었다. 그는 현지에서 처형되지 않고 서울로 이송되어 전봉준과 함께 재판을 받았다. 죄목은 군기와 전곡의 불법적 수집이었으나 다행히도 사형은 면할 수 있었다. 대신 장 100대를 맞고 3000리 밖으로 유배되는 판결을 받았다. 홍낙관은 유배지에서 있다가 다시 고창 지방으로 돌아갔다.

홍낙관 판결문 고창 지역 재인부대 동학농민군을 이끌었던 홍낙관은 체포되었으나 다행히 재판을 받고 풀려났다(국가기록원).

1898년 11월 16일 홍낙관은 흥덕 농민군과 이화삼이라는 두령을 앞세우고 흥덕관아를 습격했다. 이듬해 정읍의 최익서 등은 정읍을 비롯해 고부, 흥덕, 무장, 고창, 장성 등지로 조직을 확대해 고부관아를 들이친 뒤 흥덕관아를 차지했고 이어 무장으로 진출해 무기를 빼앗았으며 고창읍성을 에워싸고 공격했다(『사법품보(司法稟報)』). 이는 동학농민군의 잔여 세력이 다시 규합해 벌인 최대 사건이었다. 여기에도 홍낙관, 홍계관의 이름이 등장한다(2장 "잔여 농민군의 의병 활동" 참고).

어렴풋이 전해지는 홍낙관의 며느리와 아들, 손자들의 이야기가 있다. 그의 당골 아내와 손자며느리는 고창읍 성남동에 살면서 서부 당골

고창읍성 동학농민혁명 당시 농민군은 고창읍성을 점령하고 활동을 전개했다.

로 군림했는데, 그들의 영향력은 고창 일대뿐 아니라 영광과 무장에까지 미쳤다. 유난히 인심을 얻어 사람들이 많이 따랐다 한다. 당골집이 불에 탄 적이 있었는데, 이 집을 사면 재수가 있다 하여 마을 사람이 사서 집을 새로 지었다 한다. 고창문화원장 이기화는 이렇게 증언했다.

> 내가 태어났을 때 세 살까지 수가 사납다는 명괘가 나왔대. 그래서 집안에서 당골에게 나를 팔았지. 실제로 어머니라 부르며 가깝게 모셨는데, 나중에 알고 보니 그분이 홍낙관의 며느리였어.

차치구-상놈 출신의 접주

차치구는 상놈 출신으로 흥덕(고창 일대의 옛 고을)의 접주로 집강소 활동을 벌일 때 양반과 토호를 처형하는 과감한 행동을 했다. 그는

2차 봉기 때에도 많은 농민군을 이끌고 공주전투에도 참여했고 이어 원평·태인 전투를 벌일 때도 활약했다. 전봉준은 태인전투를 끝으로 부하 10여 명을 데리고 장성의 입암산성과 백양사를 거쳐 순창 피노리에 몸을 숨겼다. 이때 차치구는 피노리까지 전봉준과 동행했는데, 그의 어린 아들 차경석도 데리고 다녔다 한다(안후상, 「보천교운동 연구」).

차치구가 흥덕의 산골 토굴에 숨어 있을 때 마을 사람 하나가 그를 관아에 고발했다. 흥덕의 수성군이 토굴을 덮치자 차치구는 두려움 하나 없는 몸짓으로 당당히 걸어나왔다. 그의 손에는 칼 한 자루와 담뱃대가 들려 있었다.

수성군이 그를 묶으려 하자 차치구는 "비겁하게 도망치지 않겠다. 이대로 같이 가자"라고 호통을 쳤다. 흥덕현감 윤석진이 그를 고문하면서 닦달하자 차치구는 "네 소행으로 보아 죽이고 싶었는데, 살려주었더니 끝내 너에게 당하는구나"라고 소리치며 기세가 조금도 꺾이지 않았다. 그가 윤석진을 향해 "나는 죽을 뿐이다. 더이상 신문하지 말라"라고 하자 윤석진은 차치구를 형장에서 불에 태워 죽였다.

후손들은 차치구의 제사를 12월 29일로 정해 지내고 있다. 그의 주검과 관련해 그 지방 사람들이 전하는 말에 따르면 차치구의 시신이 사형장에 내팽개쳐져 있자 어린 아들 차경석이 밤에 철목책을 뚫고 들어가 시신을 업고 기어나왔다. 그리고 30리를 달려 선산 아래에 가매장했다. 지금 족박산에 있는 소박한 무덤이 바로 그곳이다. 비석 하나 서 있지 않다. 영웅적인 죽음치고는 묘소가 너무 초라하다. 후손들이 차치구의 유언에 따라 이런 무덤을 만들었다 한다.

그러면 차치구의 시신을 수습해간 그의 아들 차경석은 누구인가? 차경석은 뒷날 다시 윤석진에게 잡힌다. 윤석진은 시신을 훔쳐간 죄상을 따지며 "네 아비가 잘못 죽었느냐, 잘 죽었느냐?"라고 물었다. 이에 차경석은 "부모의 죽음에 시비를 못 가린다. 다만 국법일 뿐"이라고 대답했다.

윤석진은 차경석을 총살형에 처하라고 지시했는데, 이때 서울에서 내려온 참위라는 군인이 동석하고 있다가 연좌제도 폐지되고 총살형도 폐지되었으니 죽이지 말라고 말렸다. 윤석진은 몰래 사격 준비를 시켰고 차경석을 형틀에 매어놓았다. 그 참위는 중지를 명령하고 집에까지 데려다주었다(아들 차용남의 증언). 그뒤 차경석은 일제강점기 때 보천교를 창설해 민족종교운동에 앞장섰다(「보천교운동 연구」).

차치구의 손자 차용남(전북 정읍군 입암면 접지리)은 "우리 집안은 이조 500년 동안 벼슬을 안 했어. 그야말로 가난한 평민 집안이었지"라고 말했다. 그는 말문이 열리자 대대로 벼슬에 오르지 못한 사실과 상놈임을 선선하게 이야기할 만큼 화통했다.

> 어릴 적 할아버지 얘기를 별로 듣지 못했어. 아버지는 교 사업을 하실 때 집안 얘기를 전혀 하지 않으셨지. 지금 내가 알고 있는 건 나중에 집안 어른들께 들은 것들이야.

보천교는 1910년에서 1930년대에 크게 교세를 떨쳤다. "일제가 망하

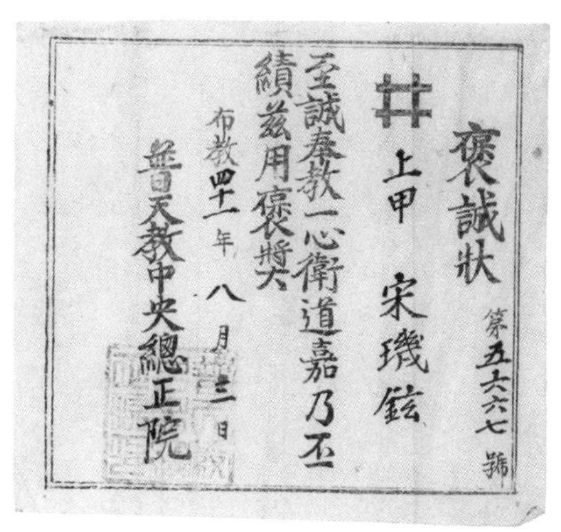

褒誠狀 第五六六七號

井 上甲 宋璣鉉

至誠奉教一心衛道嘉乃丕
績茲用褒奬

布教四十一年 八月 三日

普天教中央總正院

보천교 포성장 보천교는 동학농민혁명 정읍 지역의 지도자였던 차치구의 아들 차경석이 창도한 종교로 일제강점기 때 정읍을 중심으로 세가 크게 확장되었다(동학농민혁명기념재단).

고 조선이 해방된 뒤 새 왕조가 열린다"는 주장을 편 보천교에는 일제 치하에서 좌절과 허탈에 빠진 사람들이 구름처럼 모여들었다. 차경석은 '차 천자(天子)'로 이름이 오르내렸고 조선총독부조차 그 신도를 수백만 명으로 헤아렸다. 교단 지도부에서는 독립 자금을 대서 더욱 주목을 받았다.

그러나 보천교는 1930년대 말 차경석의 죽음과 일제의 탄압으로 급격히 쇠퇴했다. 지금 정읍 입암면의 보천교 중앙본소 건물도 한창때보다 수십 배 줄어든 규모다. 차용남은 "지금까지 다른 사람에게 할아버지에 대해 말한 적이 거의 없어. 무엇보다 갑오년 당시의 움직임을 동학과 연결짓는 게 싫었기 때문이야. 물론 할아버지는 동학교도가 아니었어. 그리고 그 수많은 사람이 일어난 게 어디 동학 때문이겠어. 다 나라와 백성을 위해서지"라고 말했다.

땅끝 마을을 휩쓴 두 지도자

남쪽 바닷가 마을은 고을민이 한 집 건너 '동학군'이라 할 정도로 드세었고 그만큼 희생도 컸다. 이 언저리 양쪽에 유명한 두 지도자가 있었다. 오늘날에도 그들의 이야기는 전설처럼 사람들의 입에 오르내린다. 바로 배상옥과 이방언이다.

배상옥–호남 남부에서 왕성한 활동을 벌인 거괴

남쪽 농민군 토벌에 앞장선 이규태는 무안 대접주 배상옥에 대해 다음과 같이 기록했다.

> 지금 전라도 일대의 비류들은 무리마다 접(接)이 있는데, 접주는 그 우두머리다. 혹 크고 작은 구별이 있는데 전봉준, 김개남은 곧 이른바 거괴다. 그러나 이들보다 더욱 큰 우두머리는 무장의 손화중, 무안의 배상옥이다. 이들은 각기 무리를 거느린 수가 수십만 명이다. 이들은 전봉준, 김개남에 비교하면 몇 배라 말할 수 있는데 전봉준, 김개남은 온 나라에 시끄럽게 전해져서 조정에까지 알려졌기 때문에 이 두 놈을 괴수라 했으나 만약 거괴로 따질 것 같으면 마땅히

손화중, 배상옥을 엄지손가락으로 꼽아야 할 것이다.

—"이규태왕복서병묘지명(李圭泰往復書竝墓誌銘)"

이 기록은 과장되어 있지만 새겨둘 만할 것이다. 배상옥의 태생지와 성장지는 무안군 이로면 대월리(지금의 목포시 대양동)다. 족보에는 사망일이 1894년 12월 22일로 되어 있는데, 그가 처형된 날짜의 기록과는 이틀 차이가 난다. 대월리에 사는 양동주의 말에 따르면 이 마을 배씨들은 동학농민혁명 당시 30여 호쯤 살았다 한다. 배상옥의 집안은 대농으로 행세했으며 배상옥은 어릴 때부터 인물이 출중하고 지도력이 뛰어났다는 말이 전해진다고 했다.

배상옥은 이 마을에서 농민군을 모으고 마을 공터에 훈련장을 만들어 농민들에게 군사 훈련을 시켰다 한다. 하지만 배상옥은 집강소를 무안군 청계면 청천리에 설치했다. 이곳은 본디 배씨 집성촌이었는데, 배상옥의 선대가 살았다. 집강소를 청천리에 둔 것은 동족인 배씨들의 후원을 얻으려 했던 것으로 보인다.

전라도 해안 지방인 나주, 함평, 무안, 해남, 영암 일대는 초기 봉기부터 적극 참여했고 나주 공방전과 장흥·강진 전투가 극렬히 전개되는 영향권에 있었다. 1894년 3월 전봉준 주도의 백산대회에 합류해 기포(起包)한 지역은 오늘날 전라남도와 전라북도 지역이 망라되어 있는데, 나주·영암·해남·무안 등지의 농민군도 참여했다. 나주 공격에 실패한 뒤 농민군은 함평·무안 지방에서 둔취하면서 활동을 전개했다. 이 전투에는

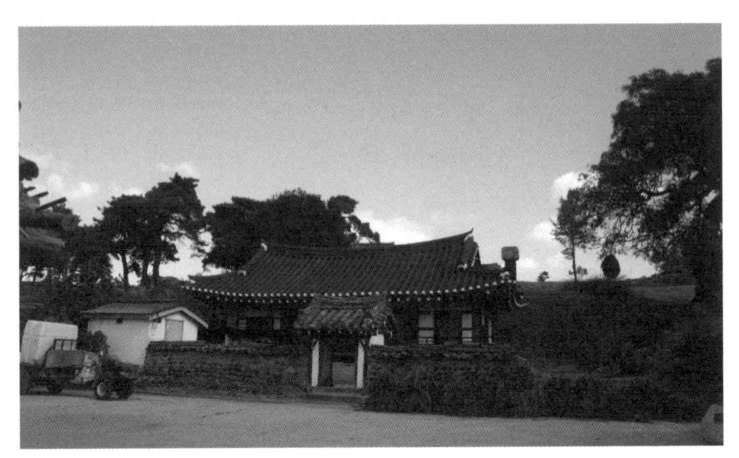

청천사 청천사는 달성 배씨들의 사당이었으나 무안 지역 동학농민군 지도자 배상옥은 이곳에 집강소를 설치하고 활동을 전개했다.

배상옥을 비롯해 무안의 일서면 접주 박치상, 몽탄면 접주 김응문과 김효구·김덕구·김영구 형제, 해제면 접주 최장현 삼형제 등도 참여했다.

이규태는 배상옥을 해남에서 체포해 처형했다. 당시 배상옥은 해남의 바닷가인 은소면(지금의 송지면)의 한 마을에 몸을 숨기고 있었다. 배상옥은 12월 24일 체포되었으나 나주 초토영으로 압송된 것이 아니라 현지에서 처형되었다. 이에 해남관아에 포상금 1000냥을 주라고 지시했다. 그가 처형되었다는 소문이 퍼지자 민중은 "상옥아 상옥아 배상옥아, 백만 군대 어디 두고 쑥국대 밑에서 잠드느뇨"라는 민요를 부르며 애통해했다고 한다(배석오, "동학혁명과 무안지방의 봉기", 『무안군지(務安郡誌)』). 배상옥이 살던 마을인 대월리 고을민들은 모두 도망쳤으나 아내와 딸만은 용케 살아남았다.

배상옥보다 두 살 아래인 아내 김씨는 그야말로 비극적인 삶을 살았다. 수성군은 '역적의 계집'이라 하여 오랜 관례에 따라 머슴들에게 욕을 보이는 수모를 주려 했다. 이를 모면하기 위해 그는 일로면 화산리에 사는 한 남자에게 재가했다. 그곳에서 자식을 두었으나 또 남편이 죽었다. 그리하여 그는 자식들을 먹여 살리기 위해 태봉에 사는 남자에게 다시 세번째 시집을 갔다.

배상옥의 딸은 동학농민혁명 시기에 열두 살이었다. 대월리 배씨들이 모두 도망칠 때 그는 대박산 마을에 사는 배응태가 거두어 '부엌데기'로 키웠다. 그가 성장하자 동네 노총각에게 시집을 보냈다. 족보에는 배상옥의 사위를 이상삼으로 기재했다. 계유생으로 되어 있는 이상삼의 나이는 배상옥의 딸보다 열 살 위였다. 한편, 배상옥의 동생 배규찬의 이야기는 동학농민혁명 시기에 죽었다는 말 외에는 전해지는 것이 별로 없다. 대월리에서 태어난 이영귀가 자라서 외할아버지 집안의 이야기를 알아내 들려주고 있다.

이방언 – 장흥전투를 이끈 관산대장

이방언은 장흥 석대들전투에서는 목숨을 건졌다. 하지만 그가 몸을 숨기고 있을 때 뒤이어 순천 쪽에서 들이닥친 이두황의 관군에게 붙잡혔다. 이방언은 나주로 끌려왔다가 서울에서 재판을 받았는데, 무슨 영문인지 증거가 없다 하여 '무죄'로 풀려났다. 전봉준, 손화중은 처형되는 마당에 그만 살아남았다. 이방언은 부호였고 인천 이씨로 양반이었다.

그런 배경이 작용했는지도 모를 일이었다.

이방언은 이름과 얼굴이 알려져 있었다. 그는 서울에서 내려와 보성 땅 회령면(지금의 회천면) 새터에 사는 이 의원의 집에 숨어 지냈다. 그러나 새로 부임한 전라감사 이도재는 혈안이 되어 그를 찾아냈다. 그는 장흥의 장대에서 그의 외아들 이성호와 함께 효수되었다.

묵촌의 인천 이씨 집안은 쑥대밭이 되었으며 그들의 재산도 남김없이 빼앗겼다. 관군에 쫓기던 그의 아내와 며느리는 어린 손자를 길가에 버렸는데, 종들이 거두어 살렸다 한다. 이방언의 증손자 이종찬의 이야기를 들어보자.

> 장성해서 들은 말이지. "네 아비 형제를 다리 밑에 버렸다." 증조할아버지는 4대 독자셨소. 할아버지도 독자셨고. 귀한 손들일 텐데…… 관군이 기세등등 들이닥치고…… 오죽 혼비백산하셨겠는감.

이종찬의 말투에는 비분, 허탈감, 안타까움, 긍지 등 만감이 서려 있었다.

> 큰아버지가 당시 열다섯 살. 막냇동생이 갑오생이었고. 동생 둘을 거두던 소년 가장이었지. 200섬지기 땅도 다 빼앗기고, 종들까지 다 피신하고. 하지만 미우나 고우나 어린애들이 고향을 버리고 어딜 갈 수 있었겠나.

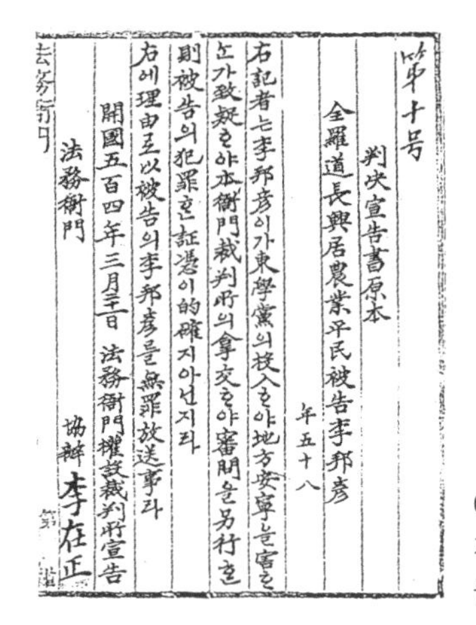
第十号

判決宣告書原本

全羅道長興居農業平民被告李邦彦

年五十八

右記者ᄂᆞᆫ李邦彦이가東學黨의投入ᄒᆞ야地方安寧을害ᄒᆞᆫ노가致疑ᄒᆞ야本衙門裁判所의會交ᄒᆞ야審問을另行ᄒᆞᆫ則被告의犯罪ᄒᆞᆫ証憑이的確지아닌지라

右에理由로以被告의李邦彦을無罪放送事라

開國五百四年三月二十一日 法務衙門權設裁判所宣告

法務衙門

協辦 李在正

이방언 판결문 전라도 장흥 지역 동학농민군 지도자 이방언은 체포되어 재판을 받았으나 풀려나기도 했다(국가기록원).

이방언 처형지 장대 이방언은 풀려났다가 다시 체포되어 장흥 장대(현재 초등학교)에서 처형되었다.

이종찬의 큰아버지는 1972년, 곧 아흔세 살에 작고할 때까지 조부의 혼이 서린 석대들 근처에서 설움을 받고 살았다. 땅을 가로챈 아전들과도 멀지만 이웃인 채로 지냈다.

말문을 트신 적이 한 번 있었소. 얼마나 혼이 나버렸든지 일절 동학군 얘기가 없으셨거든. 집수리할 때니, 1971년이던가. 재일동포 두 사람이 찾아왔더구먼. 둘 다 예순 살을 훨씬 넘겼지. 큰아버지 말씀이 아직도 생생해. "인사 올려라. 방 자, 언 자 할아버님 따님의 아들이여."

이종찬은 비로소 열네 살 때 실종된 고모할머니가 있었다는 사실을 알았다. 그의 말이 이어졌다.

경황이 없는 중에 종하고 피신한 거고, 데리고 살아버린 거지. 함께 고생고생하다가 일본으로 건너갔답디다. 내내 아버지와 고향을 그리워하셨다던데, 아들들이 어머니 한을 조금이나마 덜어드린다고 물어물어 찾았대. 지금은 연락이 끊겼고, 다들 돌아가셨을 거여.

이종찬은 1980년 정읍농고에서 열렸던 동학제 이야기를 했다. 10만 인파가 모여 떠들썩했는데, 그것이 민간이 주도한 마지막 행사였다고 한다. 그리고 전주에서 열리는 대회(1994년 100주년 행사)에는 14년 만에 참

장흥동학농민혁명기념관 장흥 석대들 전적지가 국가 사적이 되고 인근에 장흥동학농민혁명기념관이 건립되었다.

가한다는 말도 했다. 그는 데모하지 말라고 자식들에게 당부한다고 하여 왜냐고 물었다. 그는 "뭐, 그냥……"이라는 대답과 함께 쓸쓸한 미소만 지은 채 말머리를 돌렸다.

> 증조부야, 국민의 편에 서서 명예롭게 목숨을 바치신 분이지. 하지만 관군도 나라를 위해서 충성한 사람들이고. 후손들이 100년 전 일을 갖고 갈라설 까닭이 뭐가 있겠습니까.

지금 장흥 석대들에는 동학농민혁명기념관을 건립해 그곳 농민군 관련 자료를 전시하고 있다. 그리고 해마다 기념탑 앞에서 기념제를 지내면서 그들의 영혼을 달래고 있다.

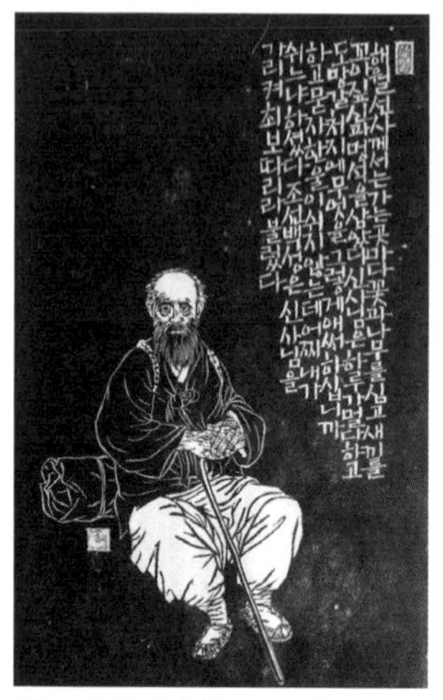

〈최보따리〉, 박홍규, 2014년.

북접 지도자들의 사정

최시형과 손병희 일행은 보은 북실전투에서 패전한 뒤 다시 기약 없는 잠행 길에 나섰다. 그들은 강원도로 달아나서 인제, 홍천 등지를 헤매며 숨어 지냈다. 그렇게 1년을 보낸 뒤 1895년 말 그들은 치악산 아래 수례촌으로 자리를 옮겼다. 최시형과 손병희가 치악산 아래로 온 것은 그들 생애의 마지막을 의미했다.

이때 최시형과 손병희는 몸도 늙고 마음도 약해져 있었다. 현실에 대한 좌절과 스승에 대한 연모가 뒤엉켜 그들을 방황하게 했으리라. 그들의 말년은 애처롭게 보일 수 있지만 그의 제자들은 굳은 신념을 갖고 있었다.

최시형 – 끝내 처형을 당하다

최시형은 1896년 1월 손천민에게 송암(松菴), 김연국에게 구암(龜庵), 손병희에게 의암(義菴)이라는 도호(道號)를 내리고 이 세 사람으로 하여금 합의체로 모든 일을 처리하게 했다. 이를테면 그는 후계자를 지정하고 뒷전으로 물러앉은 것이었다.

그리고 최시형은 그동안 내걸었던 '북접법헌(北接法軒)'을 '용담연원

大正
持公平勤厚人
金奉龍爲大正
丁酉三月日
龍潭淵源

대정임명장 1897년 3월 최시형이 김봉룡을 대정으로 임명하는 임명장으로 북접법헌 대신 용담연원의 이름으로 발행했다(동학농민혁명기념재단).

(龍潭淵源)'으로 고쳐 특정 지역을 가리키는 모습에서 탈피하고 최제우를 내세우는 정통성을 드러내려 했다. 아마 이때는 평안도, 함경도까지 동학이 퍼져 있어 충청도와 경기도 등 특정 지역의 이미지를 풍기는 '북접'이라는 호칭을 불식하려 했는지도 모른다. 그리고 1897년 12월에 손병희를 대도주(大道主)로 삼아 도통을 전수했다.

1898년에 최시형은 홍천에서 은신하고 있었다. 이때도 동학교도에 대한 일대 수색령이 내려져 있었다. 그리하여 열렬한 동학인이요, 농민전쟁 때 큰 활약을 보인 이상옥(뒤에 이용구로 개명)이 충주에서 잡혔고, 교도 권성우도 이원에서 체포되었다. 권성우는 매를 이기지 못하고 최시형의 거처를 알려주었다. 그리하여 군사가 최시형의 홍천 거처로 들이닥

최시형 피체지 최시형은 피신생활을 하다가 1898년 원주에서 체포되었다.

쳤을 때 그는 이질을 앓고 자리에 누워 있었다. 군사들은 그의 집에 들어왔으나 그를 알아보지 못했다. 이어 이웃집을 수색하자 김낙철이 스스로 "내가 해월이다"라고 하면서 잡혀갔다.

체포를 모면한 최시형은 들것에 실려 다른 곳으로 옮겨졌다. 3월에 그는 치악산이 바라보이는 원주 서면 송동으로 거처를 정했다. 이때는 그의 아내와 어린 아들도 함께 지냈다. 병을 다스리며 지낸 지 한 달도 채 못 되어 다시 그의 거처로 군사들이 들이닥쳤다. 교도인 송경인이 상금과 공을 탐내 그를 밀고했던 것이다. 은신술에 뛰어났던 그도 제자의 배반으로 잡힌 몸이 되었으니 운명이 다한 것인가? 교도 몇 명이 잡혀가는 그의 뒤를 따르며 울음을 삼키자 군사들은 그들을 주먹으로 때리고 발로 찼다. 이에 최시형은 군사들을 꾸짖었다. "죄 없는

최시형 피체지 비석 최시형이 체포된 마을 도로변에 최시형이 체포된 장소임을 알려주는 비석이 세워져 있다.

사람을 때리면 도리어 그 죄를 받게 된다. 너희는 하늘이 두렵지 않느냐?"

쇠약한 노인으로서 마지막 풍모를 보인 것이다. 최시형은 1898년 고등재판소 재판장 조병직과 판사 조병갑에 의해 '좌도난정'이라는 죄목으로 교수형 선고를 받았다. 최시형은 6월 2일 일흔두 살의 나이로 파란만장한 생애를 마쳤고 시신은 동대문 밖 남벌원에 묻혔다.

최시형은 감옥에 있으면서 아픈 몸으로도 동학의 주문을 잠시도 쉬지 않고 외웠다고 전해진다. 문도들이 남벌원에서 발굴한 그의 시신은 경기도 광주 땅에 묻혔다가 뒤에 여주 천덕산 기슭으로 옮겨졌다(『일기』).

1907년에는 그의 충실한 교도였다가 뒤에 일제에 회유를 당해 친일

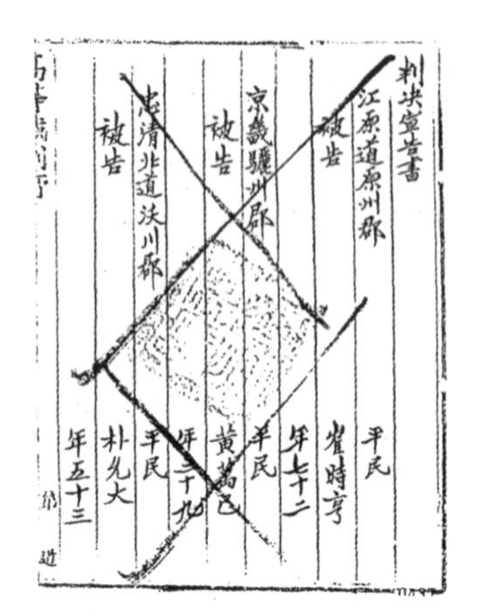

判決宣告書
江原道原州郡 平民
被告 崔時亨
年七十二
京畿驪州郡 平民
被告 黃萬己
年二十九
忠清北道沃川郡 平民
被告 朴允大
年五十三

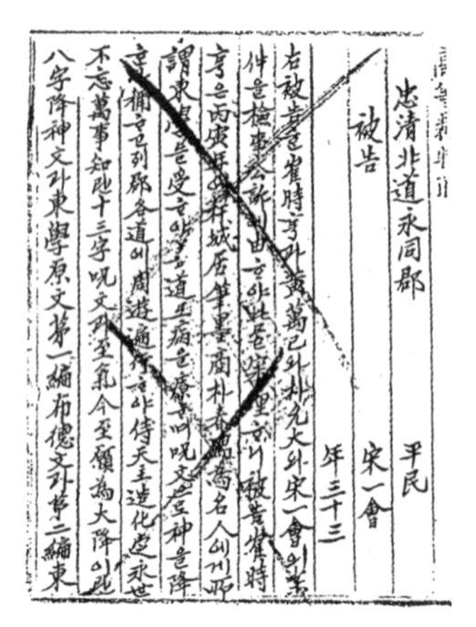

忠清北道永同郡 平民
被告 宋一會
年三十三

최시형 판결문 1898년에 체포된 최시형은 재판을 받고 처형되었다. 이때 재판관은 고부군수 조병갑이었다(국가기록원).

파로 변신했던 이용구의 주선으로 신원되어 형식적으로 역률에서 벗어났고 이어 동학교단도 이용구에 의해 공인받았다. 이것이 역사의 장난이 아니겠는가?

동학농민혁명 중에 최시형의 임신한 아내가 감옥에서 다리가 부러지며 유산했고 열일곱 살 된 딸과 외손녀는 관에 잡혀서 청산의 통인(通引)에게 강제로 시집가는 비운을 겪기도 했다. 또 측근의 많은 교도가 목숨을 잃었고 30년 동안 동고동락하던 강시원도 잃었다.

최시형의 아들 둘은 살아남았다. 최동희는 손씨 어머니(손병희 누이)와의 사이에서 1890년에 태어났다. 이어 두 살 아래인 동생 최동호도 태어났다. 이들 형제는 모진 고난을 겪었음은 말할 나위도 없었으나 1898년 최시형이 처형당한 뒤 숨어살면서 더욱 힘든 시간을 지내야 했다. 이들 형제는 외삼촌 손병희의 보살핌을 받았으나 외삼촌이 기생을 셋째 부인으로 맞이하자 반대운동을 했고 외삼촌의 사치스러운 생활을 비판했다. 최동희는 3·1혁명 뒤 만주로 가서 고려혁명당을 조직해 무장 투쟁을 벌였고 동생 최동호는 국내에서 자금을 모아 보내주었다.

손병희 - 3·1혁명을 이끈 최고의 민족지도자

1897년 최시형은 동학의 도통을 손병희에게 전수했다. 이듬해 최시형이 체포되어 처형된 뒤 손병희는 동학 재건에 헌신하는 한편, 세계 정세에 눈을 돌려 대외 인식에도 새로운 관심을 보였다. 그는 국사범으로 1901년 일본으로 망명길에 올랐다. 그리고 다시 미국에 가려 했지만 뜻을 이루지 못했다.

손병희는 일본에 머무는 동안 일본의 신문물을 살펴보았고 그곳의 정객들과 망명객인 오세창, 박영효, 이용구 등과 어울렸다. 이때 그는 자본주의 국가의 발전상을 보고 종교운동에서 정치 개혁 쪽으로 눈을 돌리기 시작했다. 이용구가 이끄는 정치 조직 진보회로 하여금 러일전쟁을 벌이는 일본에 협조하게 했고 러일전쟁이 진행될 때는 군자금 1만 원을 헌납했다. 또한 철도 부설에 교인들을 노동자로 동원해 협조하게 했다. 러일전쟁 뒤 외교권을 접수하는 '을사조약'이 강요되었고 진보회는 일진회로 개칭되어 친일 부역에 앞장서게 되었다.

동학의 일부 교도는 원래 반침략 노선에서 진보회-일진회를 거치면서 친일 부역의 길을 걸었다. 이때 손병희에게 비난이 따랐는데, 석연치

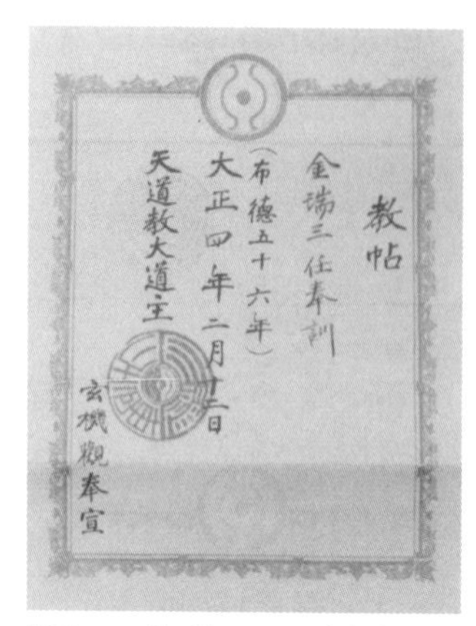
教帖
金端三 任奉訓
(布德五十六年)
大正四年二月 日
天道教大道主
玄機觀奉宣

천도교 교첩 천도교로 개편한 뒤 발행한 교첩이다.

않은 행동과 철저하지 못한 지도 노선 때문이었다. 뒷날 이를 혁신운동이라고 부르기도 하지만 반대파로부터 정통성의 혼란을 일으켰다는 지적도 받았다.

1905년 12월 손병희는 동학을 천도교로 개편했다. 하지만 새로운 종교를 창건한 것이나 다름없었다. 이때 처음 실천 행동으로 성미(誠米)제도를 실시했다. 교도들은 부엌에 성미 주머니를 걸어놓고 밥을 지을 때마다 식구마다 한 숟가락씩 식량을 덜어내 성미 주머니에 모아 한 달에 한 번씩 헌납했다. 성미 헌납은 교도의 의무였다. 성미와 함께 실천 행동으로 '흑의 단발'을 장려했다. 곧 교단의 지도자와 신도 들은 검은 물을 들인 옷을 입고 상투를 잘라 단발을 하게 한 것이다. 이는 개화 시기의 의복제도 개혁과 같은 것으로 일종의 개화운동이라고 볼 수 있을 것이다.

손병희는 평소에 머리를 깎아 '하이칼라'를 하고 승려와 비슷한 물감을 들인 두루마기를 입었다. 두루마기에는 옷고름 대신 단추를 달았다. 간소복이었다. 이 차림이 교단 지도자의 평상복이었다. 이는 생활개선운동이기도 했다. 이 시기의 이런 여러 운동을 '갑진혁신운동'이라 불렀다.

또 손병희는 이용구, 송병준 등 친일파가 주도하는 일진회를 몰아내는 운동을 벌여 새로운 분위기를 조성했다. 그럼에도 불구하고 많은 사람은 천도교를 친일파 집단으로 여기거나 그를 친일파 두목으로 보고 테러를 가하며 지탄했다.

손병희 3대 교주가 된 손병희는 1905년 천도교로 개칭하고 조직을 확대했다.

그는 새로운 돌파구로 대한자강회 등과 손을 잡고 여러 사회운동을 전개해 1906년 이후 교세가 급속도로 확장되었다. 이에 따라 성미를 통한 자금이 쏟아져 교단 재정이 넉넉하게 되었다. 손병희는 한때 옛 동학 동료인 김연국을 대도주 삼아 교단 조직을 물려주었으나 그가 독자적 행동을 벌이자 1908년 박인호에게 맡겼다. 박인호는 그의 충실한 후계자 노릇을 했다. 그 무렵 천도교의 교도 수는 80여만 명을 헤아려 국내에서 가장 큰 종교로 우뚝 섰다.

이 시기에 손병희는 보성사를 설립해 출판운동을 벌였고 보성학원을 설립해 소학교, 중학교, 전문학교를 운영했다. 또한 동덕여학교를 세워 여성교육도 전개했다. 이 사업은 뒷날 천도교가 출판과 잡지를 통한 언론운동, 야학과 계몽을 통한 대중교육운동, 어린이운동, 여성운동, 청년-농민운동을 줄기차게 벌이는 계기가 되었다. 그 무렵 그에게 충성을 다하는 최린이 나타나 교육사업 등 여러 일을 도왔다.

한편, 손병희가 동학을 천도교로 개편한 뒤 그의 권위에 도전하는 세력이 일어났다. 천도교를 새로 창건할 때 손병희는 구원자처럼 군림했다. 수많은 민중의 희생을 치르고 동학농민혁명이 끝난 뒤 일제 식민지로 전락했을 때 희망을 잃은 그들은 갈피를 잡지 못하고 우왕좌왕했다. 그때 민중은 천도교에 희망을 걸었다. 천도교에는 엄청난 자금과 성미가 들어왔고 교단의 재정적 형편은 외국의 지원을 받는 기독교 교회를 능가하는 수준이었다.

이 대목에서 손병희에 대해 '역사적 경고'라는 이름을 빌려 다음과 같은 사실을 전한다. 1909년 좋지 않은 빌미가 하나 생겼다. 손병희는 서울 가회동에 저택을 마련했는데, 권문세가나 부호가 살 법한 집이었다. 바깥사랑채와 안사랑채, 별채 등 건물이 다양하게 배치되어 있었고, 정원 가운데에는 냇물이 흘렀으며, 정원 뒤에는 울창한 소나무 숲이 있었고, 그 옆에는 정자가 자리잡고 있었다. 이 저택에 자신의 가족은 물론 최시형의 가족 등 30여 명이 모여 살았다.

1910년대에 일제 경찰은 손병희의 행동을 더욱 감시했고 헌병과 경찰의 눈길은 그 저택에서 잠시도 떠날 줄 몰랐다. 손병희는 일체 정치적 운동은 하지 않았고 종교운동에만 열중했다. 이를 두고 뒷날 위장술이었다고 말하는 이도 있다. 그런데 그 무렵 그의 사생활에 대해 다음과 같은 기록이 전해진다.

> 의암은 외출시를 위해, 19세기 서양 왕족들이나 타고 다니던 금빛 찬란한 쌍두마차를 1대 구입했다. 정장, 정모를 한 중국인 마부가

이따금 휘두르는 회초리에 위세 좋게 종로 거리를 달리노라면 그 어느 조선의 왕족도 무색할 정도였다. 또한 고종황제보다 더 좋은 외제 고급승용차 캐딜락을 타고 다니면서 천도교의 위세를 자랑하기도 했다. 때로는 천도교 간부들과 함께 명월관 기생집에 출입하면서 주색에 묻혀 호탕한 생활을 하기도 하고 박영효 등 구한말의 귀족들과 어울리면서 취운정 사장에서 활을 쏘는 등 온갖 풍류를 다 즐겼다.

—최정간, 『해월 최시형가의 사람들』

여러 기록에 이런 행적이 실려 있는 것으로 보아 과장된 것은 아닌 듯하다. 그는 교직자로서는 기질이 너무 호방했고 수완이 좋았다. 그의 명의로 수만 평의 호화 별장도 소유하고 있었다. 1915년에는 박영효의 호사스러운 별장이던 상춘원을 2만 원에 구입해 회의장 등으로 썼고 천일기념일에 교도 5000여 명이 모여 축하 행사를 했을 때는 명월관에 교자상 요리 50상을 주문하고 원각사 기생 50여 명을 불렀다. 교도들의 사기를 높이고 천도교의 위세를 올리려 해서였을까? 이런 손병희의 호화생활에 비난이 쏟아졌다.

더욱이 가무와 기예가 뛰어나 많은 인기를 얻은 명월관 기생 주산월(옥경으로 개명)을 셋째 부인으로 맞이해 비난이 절정에 달했다. 손병희에게는 이미 첫째 부인 곽씨와 둘째 부인 홍씨가 있었다.

여러 사람의 반대와 비난이 쏟아졌다. 특히 손병희의 생질이요, 최시

태화관에 모여 있는 민족 대표들 3·1혁명 당시 민족 대표 33인이 태화관에서 독립선언서를 낭독했다(국가보훈처).

형의 아들인 최동희는 이를 적극 반대하고 나섰다. 최동희는 손병희에게 천도교의 개혁, 시천교와 통합, 항일운동 전개, 호사생활 청산, 주산월의 낙적(落籍) 반대 따위의 조목을 들어 건의했으나 오히려 파문을 당할 정도로 소외를 당했다.

손병희는 위기에 몰렸고 원성을 잠재우지 않으면 리더십에 큰 타격을 입게 될 처지였다. 하지만 그는 이런 분란 속에서도 3·1혁명을 주도해 독립운동사에서 가장 빛나는 지도자로 군림할 수 있었다. 손병희는 이 거족적 운동을 준비하면서 이종훈 등 농민군 지도자 출신 아홉 명을 민족 대표로 이름을 올렸다.

박인호 – 내포 지방의 두령

박인호 손병희로부터 도통을 이어받아 4대 교주가 된 박인호는 포교 활동을 적극적으로 전개했다.

호서의 농민군은 아산, 예산, 홍주, 서산, 태안 지방에서 활동했으나 계속 관군의 추격을 받았다. 이들은 결국 공주전투에 참여하지 못했다. 예산 대접주 박인호는 농민군이 참패한 뒤 참담함을 느끼고 농민군 재수습에 나섰으나 더는 버틸 수가 없었다. 박인호는 부하 몇 명만을 데리고 예산에 있는 금오산 토굴로 들어갔다. 추운 토굴에서 겨울을 난 뒤 청양의 칠갑산 두치로 근거지를 옮겼다.

박인호는 그곳에서 새우젓 장사로 위장한 동료 홍종식을 만났다. 박인호와 홍종식은 동학 재건을 굳게 다짐했고 접주 장세화도 가세했다. 세 사람이 중심이 되어 지하 포덕을 끈질기게 이어갔다. 충청도 교단 지도자들이 강원도 산골로 들어가고 전라도와 경상도 일대 농민군 지도자들이 잡혀 죽거나 숨어 지낼 때 박인호 중심의 재건운동은 큰 성과를 거두었고 뒷날 그를 큰 지도자로 떠오르게 하는 계기가 되었다.

이처럼 박인호는 동학교단의 주류와 떨어져 활동하면서도 최시형이 손병희를 대도주로 삼았을 때 극진히 받들었다. 박인호는 손병희보다 여섯 살 위였다. 그에게는 도의 질서만 있었을 뿐 나이는 아무 문제도 되지 않았다. 이때 교단의 살림살이는 말이 아니었다. 박인호는 비용을 마련하기 위해 부하를 홍성 김봉열에게 보냈다. 김봉열은 4월 모가 시퍼렇게 자라는 논 열 두락을 팔아 바쳤다.

이때부터 박인호는 돈을 만들어내는 수완을 발휘했다. 김연국과 손천민이 손병희와 갈등을 빚을 때 그는 대도주로 손병희의 후계자가 되었다. 또 손병희가 일본에 건너가 동학 재건을 도모하고 이용구 등 친일세력을 몰아낼 때도 큰 힘이 되었다. 3·1혁명이 있은 뒤 박인호는 48인의 한 명으로 옥고를 치렀고 신간회가 결성될 때는 뒤에서 많은 자금을 대기도 했다. 그의 아들 박내홍은 신간회 간부로 활동하다가 일제의 음모로 칼에 찔려 죽었다.

박내홍은 1928년 민족운동이 숨을 죽이고 있을 때 '일본을 몰아내는 기도'를 지시한 사건이 발각되어 많은 핍박을 받았다. 비록 그는 민족운동을 격렬하게 하지는 않았으나 결코 지조를 굽히거나 타협하지 않았다. 박인호의 고향에서 박인호 관계 역사를 연구하는 이상재는 다음과 같이 말했다.

> 박내홍이라고 못 들어봤을걸. 동학 지도자 박인호의 아들인디. 홍명희와 친구고. 역사책에는 없어. 우리 학자들은 헛장난만 혀. 식민사관 탓이겄지.

충남 예산군 임성중학교 교장 이상재가 말하는 박내홍은 베이징대학을 나오고, 홍명희 등과 신간회를 만들고, 민족운동 좌파 격으로 분류되는 천도교청년동맹을 이끌고, 천도교의 친일파 최린과 맞서다가 1928년 서울 수운회관에서 '왜경 구보다의 사주를 받은' 신도의 칼에 찔렸다. 신간회와 천도교가 합동으로 그의 장례식을 치러주었다.

> 자료가 뭐 있겄어. 둘이 부자지간인지도 몰렀어. 손자인 박의섭 씨가 그렇다니까 알지. 박인호는 원래 아들이 없어. 양자였다고 그러대. 다섯 살 때 서울 집에서 아버지가 홍명희 등과 만나던 기억이 있드만. 가풍이겄지. 아버지와 아들, 사촌 일가가 전부 했으니까. 반일 말이여. 박인호가 1940년에 세상을 떴응께, 아들을 먼저 보냈지. 가슴이 아펐겄지만 남아 있는 게 없지, 뭐. 증손자들도 모다 일류대학을 나왔다던데. 하지만 조상에 무관심한 것 같아 아쉽긴 해.

이상재에 따르면 "홍성읍의 홍주의사총 말이여. 거기 묻힌 주검이 왜 의병들이여? 동학군이지. 홍성천 등에서 900구가 발견됐다며. 재판 기록에 의병은 82명이 죽었어. 홍성에서 싸움은 을미의병과 동학전쟁밖에 없었잖어. 동학 때는 동문 솔밭에만도 수백 구가 깔렸다면서. 그렇께 동학군 무덤이어야 맞잖어. 학자들은 뭐 하는지 몰러"라고 주장했다.

윤봉길은 박인호의 가르침에 따라 농민군에 가담했다고도 전해진다. 그는 동학농민군 두령으로서뿐 아니라 민족운동의 표상이기도 했다.

홍주의사총 동학농민혁명 당시 홍주 지역에서 동학농민군의 활동이 왕성했고, 그 과정에서 사망한 동학농민군이 홍주의사총에 묻혀 있을 것이라고 추정하기도 한다.

이희인-세성산전투의 주역

이희인은 2차 봉기가 단행될 때 김복용과 함께 목천에서 본격적으로 동학군을 일으켰다. 그리하여 목천과 천안, 전의 관아를 습격해 무기를 모조리 빼앗고 양곡을 거두어 세성산과 작성산으로 들어가 진지를 구축했다. 마주 바라보는 두 산은 그 중간 길로 들어오는 적을 공격하기에 알맞은 곳이었다.

그들은 겨울을 앞두고 작성산에 구들을 놓아 초막을 짓고 세성산에 토성을 쌓아 장기전에 대비했다. 이때 목천 일대는 농민군 수중에 들어가 농민군의 행정이 이루어지고 있었다(향토사학자 이원표의 증언).

이두황이 지휘한 장위영 군사는 세 갈래로 나뉘어 세성산 공격을 개시했다. 이른 아침부터 오후 늦게까지 치열한 공방전이 벌어졌다. 농민군

兵即抵木川邑東里匪類巨魁金氏業等五漢而處細城
山散亡餘黨跟捕之由已為牒報是在果匪魁木川李熙
人韓喆永及朴千卜鄭希甫鄭三福鄭清一朴明叔朴基
桂孫知學金千奉鄭武彦南奉學洪甲得金宜成等十四
漢先為砲殺是乎遣其餘五十餘名段嚴查得情實無死
罪故並嚴懲放釋為乎旀匪類數百名屯聚於葛田面鶴
城山故二十四日申時量率砲軍進討破燒其巢穴所獲
之物段銃鎗為百餘柄是乎旀傳令各面各里如有匪類
潛入者使各該洞一一捉納安堵樂業之意這這曉諭是
乎旀李熙人段號稱秋汀左右道都禁察者也韓喆永段

兵六十八名教導所兵丁一百四十五名二十六日又為
来到懷仁留宿其翌日向往文義是如是白遣巡撫營別
軍官趙重錫率義兵數百名留陣于新昌牙山等地而請
給軍器故自新昌縣出給是如馳 啓事 題內到付
竹山府使李斗璜為牒報事定山溫陽新昌大興禮山德
山沔川洪州唐津結城海美瑞山泰安等地匪徒猖獗十
里往往數萬其衆是如因先鋒陣指揮遍行剿討亦與日
兵相援次當日自公州發向廣亭事 題內嗣後形止陸
續馳報
召募官鄭基鳳為牒報事十月二十二日辰時量率一哨

『갑오군정실기』 이희인은 천안 지역에서 동학농민군 지도자로 활동했는데, 이에 대해 『갑오군정실기』에 자세히 기록되어 있다(고궁박물관).

은 해질 무렵 진지를 버리고 흩어져야 했다. 관군은 달아나는 농민군을 몇십 리나 뒤쫓아가서 쏘아 죽이거나 사로잡았다. 세성산 밑 승낭리 사람들은 산속에 시체가 하도 많이 쌓여 있었다 하여 지금도 이 산을 '시성산(시체가 쌓여 이룬 산이라는 뜻)'이라 부른다. 산 아래를 흐르는 개울은 피가 얼마나 많이 흘렀던지 '피골'이란 이름이 붙었다. 농민군이 이 거점을 잃은 것은 며칠 뒤 벌어진 공주전투에서 전술적 결함으로 나타났다.

이두황은 세성산전투에서 유명한 우두머리 김복용을 사로잡았으나 '거괴'는 잡지 못했다고 보고했다. 그런데 '거괴' 이희인은 과로가 겹쳐

가래톳이 서서 멀리 달아날 수 없었다. 집으로 돌아와보니 집은 이미 불타고 없었다. 겨우 몸을 움직여 이웃 마을에 있는 사돈집에 숨어들었으나 동네 사람의 밀고로 잡혀갔다. 가래톳이 생명을 앗아간 셈이었다.

이희인이 유진소에서 닦달을 받을 때 형 이희민은 달려가 살려달라고 애원했다 한다. 이희민이 참봉 벼슬을 얻었고, 또 양반 지주여서 소홀히 대접할 수 없었던지 책임자는 목천현감의 신임장을 얻어오면 살려주겠다고 약속했다. 이희민이 겨우 신임장을 받아와보니 이미 이희인을 사형에 처한 뒤였다. 그가 사형장으로 끌려갈 때 젊은 후처는 임신한 몸으로 뒤쫓아가다가 모진 발길질에 나뒹굴었다.

이희인은 북면 사기실에서 여러 부하 농민군과 함께 24일 총살형에 처해졌다. 그리고 그가 살던 개목 마을은 동학의 집단 주거지라 하여 깡그리 불태워 없애버렸다. 그의 젊은 아내는 뒷날 입을 열 때마다 "갑오년 원수를 어떻게 갚나?" 하고 자손들에게 말했다 한다. 이희인의 손자 이호익의 삶은 고단했다.

> 동학전쟁 얘기를 하라고? 말도 마. 다른 건 둘째 치고 일제시대 때 강제 징용되어 고생한 생각에 몸서리가 나. 일본 사람들 왜 그리 몹쓸 짓만 골라서 했는지 원.

이희인의 손자 이호익은 할아버지와 관련된 이야기를 묻자 대뜸 강제 징용당한 고생담을 꺼냈다. "농민전쟁 이후 집안이 겪은 고통은 대부분 일본 때문"이라는 것이었다. 대를 이어 일본의 압제를 받았다는 뜻이다.

이희인 집안에서 이호익만 고생한 것이 아니었다. 이호익의 당숙 이건용은 만주에서 지하운동을 하며 가진 재산을 모두 독립운동에 쏟아부었다. 이건용은 아들이 신식 교육을 받고 일제에 협력하자 "친일파가 되었다"고 하며 온몸을 때려 그 여독으로 아들이 죽었다 한다.

지금 세성산 전적지에는 농민군의 활동을 알리는 기념조형물 하나 세워져 있지 않다. 주민들은 이희인과 김복용의 이름도 잊고 있는 것 같다.

영남 지도자들의 사정

영남의 내륙 지방은 상주, 김산(김천), 선산, 성주, 예천 등지에서 농민 봉기가 치열하게 전개되었으나 남쪽과는 달리 몇 고을 빼고는 뚜렷한 지도자가 없었다. 그럼에도 불구하고 그중에서 돋보이는 두 지도자가 있었다.

전기항 – 예천의 막후 지도자

예천은 양반 고을이어서 두 세력의 갈등이 더욱 치열하게 전개되었다. 이곳 금곡 접소에는 천석꾼으로 이름난 전기항(별명 도야지)이 최맹순이 이끄는 농민군의 모량도감이 되어 경비를 대주었다. 전도야지는 모습이 '돼지' 같다고 하여 붙여진 별명인데, "돈 많고 글 잘하고 풍채 좋다"는 소문이 날 정도로 향촌의 명성을 얻었다(고손자 전장홍의 증언).

부호들이 농민군에 협조한 사례는 더러 있지만 직접 행동대로 뛰어든 예는 드물다. 예천의 농민 봉기는 최맹순이 이끌었다. 예천 읍내의 양반층과 향리들은 집강소라는 이름으로 객관에 본부를 두고 농민군 토벌에 나섰다. 최맹순은 읍내의 집강소에 "불쌍한 저 백성들은 관에서 벌이는 가렴주구와 구실아치의 토색질과 양반의 토호질을 견디기 어려워 조석도 살아갈 수 없다"라는 글을 보내고 책임자 처벌을 요구하고 또 집강소 설치를 따져 물었다.

최맹순은 강원도 평창 출신으로 최시형의 충실한 무도가 되어 예천에 진출해 농민군을 규합했다. 이때 현지 출신인 부호 전기항의 절대적인 도움에 힘을 얻었다. 1894년 11월 21일 그는 아들 최한걸, 동료 장복극과 함께 잡혔다. 최맹순은 남사장에서 목이 잘려 죽임을 당했고 최한걸과 장복극은 총살형에 처해졌다.

그러나 모든 재산을 내놓고 양곡을 공급한 모량도감 전기항은 끝내 잡히지 않고 살던 고장에서 가족과 함께 도망쳐 소백산맥 깊은 산골로 들어갔다. 그는 소백산 골짜기에 열두 군데에 움막을 짓고 옮겨 다니면서 몸을 숨겼다 한다. 화전민이 되었던 것이다. 족보에 1900년에 사망한 것으로 되어 있으니 6년 동안 그런 생활을 한 셈이었다. 뒷날 그의 많은 재산은 모두 구실아치들에게 빼앗겼다 한다. '전기항'의 손자며느리 정금섭은 기억이 총총해 이렇게 증언하고 있다.

시할아버지가 천석꾼이셨다는데 내가 이 집안에 들어올 땐 숟가락 하나 안 남았어. 시어머니 모시고 살기가 워낙 힘들어 나중엔 산으로 들어갔지.

전기항 추모비 전도야지로 알려진 전기항은 경상도 예천 지역에서 활동했다.

정금섭은 열일곱 살 나던 해 예천군 용문면 금당실 마을의 동갑내기 남편 전일호에게 시집왔다. 전기항 부부는 뒷날 외지를 떠돌다 슬며시 고향으로 돌아왔으나 재산은 남김없이 빼앗겨 거덜이 나 있었다. 이들의 아들들과 손자들은 한때 고향살이를 했지만 동학 이야기만 나와도 오금이 저리고 조바심이 났고 생계도 막막해 문경의 산악지대로 들어가 화전을 일구었다. 그리고 할아버지 때부터 익혀온 사냥으로 생계를 이었다.

화전생활도 참 힘들었지. 특히 겨울에는 양식이 모자라 가을에 모아둔 도토리를 껍질 벗긴 뒤 방아로 찧어 팥고물처럼 만들어 먹었어. 이거이 풀뿌리, 나무뿌리로 목숨을 겨우겨우 이은 거지.

정금섭 가족은 해방된 뒤 뒤늦게 금당실로 돌아와 그 많던 땅을 찾지 못하고 소작인생활을 했다. 고손자 전장홍은 어렵게 학교를 다녀서 예천농협조합장을 지내면서도 고조할아버지의 명예 회복을 위해 열심히 뛰고 있다. 그의 노력으로 예천 용궁면 금당실 뒤 소미봉 언저리에 전기항을 기리는 추모비를 세워 학생들의 학습장으로 활용되고 있다.

편보언-김산 농민군의 강렬한 두령

김산 도집강 편보언은 폐정을 뜯어고쳐가면서 한편으로는 막대한 군량미와 재물을 거두어들였다. 도집강 아래에서 접주들은 말을 타고 깃발을 세우며 마을로 들어갈 때나 나올 때에는 포를 놓아 일렀다. 그들이 김산의 행정을 완전히 장악했던 것이다.

1894년 9월 말께 북접 교단으로부터 편보언에게 기포령(起包令)이 내려졌다. 그에 따라 편보언은 각 접주들에게 기군령(起軍令)을 내렸다. 감천의 모래밭과 장터에는 수많은 농민군으로 발 들여놓을 틈이 없었다. 편보언은 상주와 선산의 농민군과 연합농민군을 조직해 활동했다.

대구의 남영병 군사들이 농민군 토벌에 나섰다. 그들이 김산 장터에 들이닥친 것은 10월 5일이었다. 이때 편보언은 도망쳤고 그 부하들은 제대로 저항도 하지 못하고 흩어졌다. 각지의 접주들은 계속 잡혀와서 모진 매를 맞으며 죽어갔다. 그러나 편보언의 행방은 묘연했다. 그뒤 다른 접주들의 활동은 이어졌으나 편보언은 꼭꼭 숨어버렸다. 편보언은 여기저기 숨어 지내다가 세상이 조용해지자 고향 마을로 돌아와 숨을 죽이며 살았다. 하지만 재산을 모조리 빼앗겨 어렵게 생계를 꾸렸다 한다.

그러나 참나무골에 사는 편씨들은 많은 희생을 당했고 항일의식이 높았다. 의병이 일어났을 때도 활동을 전개했고 편만덕, 편합덕 등이 잡혀가 재판을 받았다. 데라우치 마사타케(寺內正毅) 조선총독을 암살하려던 편강렬도 편씨 집안사람이었다. 편강렬의 할아버지는 이곳에서 살다가 황해도 연백으로 이사를 갔다. 편강렬은 그곳으로 가서 몸을 숨겼다고 한다.

편보언의 큰아들과 둘째 아들은 살길을 찾아 만주 서간도로 갔고 셋째 아들만 고향에서 어렵게 살았다 한다. 편보언의 재종손 편중렬의 증언을 들어보자.

> 보언 어른은 동학에 열심이셨던 모양이야. 그 많던 살림을 다 털어먹었다는 얘기가 두고두고 집안에 전해지니 말이야. 보언 어른의 영향으로 집안에서 동학에 참여한 사람들이 많았지. 같은 항렬의 겸언 어른은 당시 김천 장터에서 왜놈들한테 처형당했고.

편보언의 고향 마을인 어모면에 손자 편사열 등 직계 후손들이 살고 있지만 동학농민혁명 당시 그의 활약상에 대해 구체적으로 알고 있는 것은 거의 없었다. 사료에 나타나는 사실을 일러주어도 깜깜했다.

편중렬은 동학농민혁명 이후에도 집안 전체가 일본의 탄압을 심하게 받았다고 말한다. 고향으로 돌아와 숨을 죽이고 살았던 편보언은 밤낮으로 찾아다니는 감시원의 등쌀에 아예 다른 동네로 이사하기도 했다고 한다. 하지만 탄압이 심할수록 이에 항거하는 투사도 많았다고 편중렬은 자랑스러워한다. 조선총독 데라우치 마사타케 암살 미수사건과 관련해 일어난 '105인 사건'으로 구속된 독립투사 편강렬 같은 이가 대표적인 예다.

> 그분은 무엇보다 만주에서 활약이 대단했지. 장춘, 봉천 등지의 거리에서 대낮에 일본군과 전투를 벌이는 등 일본의 간담을 서늘하게 했대. 1925년엔가 붙잡혀 서른여섯의 아까운 나이에 감옥에서 병사했지. 그나마 조금이라도 알고 있는 나 같은 사람들이 죽고 나면 누가 자손들에게 조상 얘기를 전하겠노. 제 뿌리를 알아야 올바르게 살아갈 수 있는 법 아이가.

편중렬은 자랑스러운 집안의 전통이 후대에 제대로 전해지지 않는 것을 무엇보다 안타까워했다. 더욱이 김천에서는 편보언을 기리는 일이 없다고 가슴 아파했다.

친일파로 변신한 배신자들

1893년 보은집회를 이끈 서병학은 중앙 조정의 주목을 받은 인물이었다. 조정에서는 그를 포섭하려는 공작을 꾸며 성공했고 서병학은 최시형을 최초로 배반한 인물로 기록되었다. 또 이용구는 경기도 일대에서 활동하고 이어 공주전투가 전개될 때 손병희의 오른팔이 되어 활약했다. 그뒤 일제의 앞잡이가 되어 일급 친일파로 전락했다.

내到付
先鋒爲牒報事營敎是謄送榜示文謄出幾本關飭於畿
湖各邑使之揭付廣布之意星火知委事　題內到付
忠淸監司朴齊純爲牒報事本營處在要衝而自淸州兵
丁調還以後防守之節極其疎虞現方招募土兵成隊團
鍊而凡籌劃習操在在需人宜延道內紳士以資贊助都
事徐丙學前都事趙相熙幼學具完喜諳通軍事堪以委
任而如無職名難以久責營敎是並以巡撫營叅謀官
啓差使之仍留幹事未知何如事　題內　啓差
忠淸監司朴齊純爲謄報事湖南匪類已犯本道恩津夫

『갑오군정실기』 공주집회를 주도한 서병학은 이후 변절해 동학농민군을 토벌하는 데 앞장섰다. 자세한 내용은 『갑오군정실기』에서 확인할 수 있다.

서병학 – 관군의 끄나풀

서병학은 보은집회 때 어윤중의 회유로 해산하고 최시형과 함께 달아난 뒤 한때 행적이 묘연했다. 어디에서 무엇을 했을까? 1894년 전봉준이 이끈 농민군이 전주성을 점령할 때도 그의 활동은 찾아볼 수 없었다.

공주 출신 선비 이단석은 공주전투와 우금치전투 등 여러 동학 관련 사실을 기록한 『시문기(時聞記)』를 남겼는데, 여기에 1894년 8월 “서병학이 보은에서 잡혔다”라고 쓰여 있다. 온건파로 알려진 그가 겁이 나서 제 발로 걸어들어갔는지도 모른다.

1894년 가을에 동학농민군이 2차 봉기를 단행해 활동을 전개하자 9월에 조정에서는 장위영의 영관 이두황과 성하영을 동학농민군 토벌에 나서게 했다. 『천도교회사초고』에는 “이때 서병학이 잡혀 포도대장 겸 도순찰사(군대의 총책임자) 신정희에게 빌붙어 남부도사(南部都事) 한자리를 얻어 비밀리에 돌아다니며 동학교인들을 정찰했다"라고 기록되어 있다. 남부도사는 한성의 5부 중 남부 지역의 책임을 맡은, 이를테면 오늘날의 서울시 구청장 격이었다.

이두황과 성하영은 경기도와 충청도 일대에서 전투와 관계없이 무수한 양민을 학살했다. 특히 텅 빈 장내리에 들어가 숨어 있는 양민을 죽이고 초막 400여 채를 불태웠다. 또 동학교도의 근거지를 찾아내 모조리 쓸어버렸다. 이런 일에 서병학은 관군의 길잡이 노릇을 했던 것이다.

공주전투에서 농민군이 패전하자 한 패는 남쪽으로, 또다른 한 패는 동북쪽으로 달아났다. 손병희는 최시형을 보호하며 전라도 지방까지 내려갔다가 다시 북상해 영동 지방을 거쳐 보은 땅으로 들어갔다. 이때 경리청의 구상조는 영남 쪽의 일본군과 합동작전을 펴며 그들을 추격했다. 이때도 서병학은 경리청 참모관이라는 직책을 맡고 청산·옥천·영동 지방에서 길잡이 노릇을 했다.

전봉준은 공초에서 "서병학과 나는 결단코 왕래한 적이 없다"고 말하기도 했다. 전봉준도 서병학의 행각을 알고 있었던 것으로 보인다. 전쟁이 끝난 뒤 서병학은 병고에 시달리다 영화도 누리지 못하고 죽었다고 전해진다. 일신의 안위를 위해 대의를 저버린 삶이 결국 어디를 향하는지 그가 보여주고 있는 셈이다.

이용구 – 초기 친일 부역배

북접의 농민군은 남접의 농민군과 연합전선을 형성해 10월 9일 논산에 집결한 뒤 공주전투를 벌였다. 이상옥은 손병희가 이끄는 북접 농민군의 지휘자로 충청감영의 뒷산인 봉황산전투에 나섰다. 한나절 동안 접전을 벌인 끝에 이상옥은 오른쪽 다리에 관통상을 입었다. 그는 북접군 중에서 가장 격렬하게 전투를 벌인 것으로 알려졌다.

그리하여 논산으로 물러나 있다가 손병희의 주력부대와 행동을 같이해 태인까지 간 다음 임실에서 최시형을 만나 북실전투에서 패전한 뒤 충주까지 동행했다. 그뒤에 그는 충주에서 일단 최시형, 손병희와 헤어졌다.

여기서 이상옥의 행적에 유의해둘 필요가 있다. 그가 몸을 피해다니는 생활을 하는 동안 아내는 바위굴에서 해산했으나 미역국은커녕 사흘 동안 밥까지 굶었다. 그의 어머니는 동네를 다니며 밥을 빌어와 산모를 먹였다. 그가 수원 땅에 속하는 독포도라는 섬에 숨어 지낼 때 그의 아내는 잡혀 모진 고문을 받고 고문 후유증으로 죽었다. 1895년 7월 이상옥은 홍천에 숨어 있는 최시형을 다시 만났다. 그러고 나서 끝없이 잠행하며 황해도, 평안도, 함경도 일대의 포교에 전념했다.

1898년 이상옥은 어머니의 회갑 잔치를 위해 어머니를 찾아왔다가 잡혀 이천 감옥에 수감되었다. 이때 최시형의 소재를 대라는 모진 추궁을 당했지만 왼쪽 다리뼈가 부러지면서도 입을 열지 않았다. 대신 "동철(銅鐵)은 비록 굳으나 단련하지 않으면 좋은 그릇을 만들 수 없고 송백은 비록 굳세나 눈서리가 아니면 높은 절개를 알지 못한다"(『시천교종역사(侍天敎宗繹史)』)라고 말했다 한다.

이용구 동학농민혁명 과정에서 손병희와 함께 농민군 지도자로 활동했으나 일진회를 구성해 이후 친일파를 대표하는 인사가 되었다.

이상옥은 넉 달 만에 풀려났으나 1898년 최시형이 원주에서 잡힐 때 다시 잡혔다. 그는 경성 감옥에 끌려가 또다시 다리가 부러지는 고문을 당하고 사형선고를 받았다. 그러나 그의 추종자들이 감옥을 부수고 구출해 다시 살아남았다.

1901년 손병희가 일본에 갈 때 함께 따라갔고 그뒤 세 차례에 걸쳐 도쿄를 왕래했다. 이때 손병희는 그에게 동학 재건의 소임을 맡기고 또 중립회를 만들었다. 그리고 이상옥을 데리고 미국을 유람하려는 계획도 세웠다. 이상옥은 중립회를 진보회로 개칭했고 진보회는 다시 일진회로 통합되었다.

1905년 을사조약이 이루어질 때 이상옥은 송병준과 함께 "대한의 일본 보호"를 외쳤다. 이때 그의 이름은 이상옥에서 이용구로 바뀌어 있었다. 이용구는 일본을 오가면서 일본 군부의 끄나풀이 되었고 또 송병준의 유인에 빠졌다.

보호국 문제는 손병희의 반대에 부딪혔고 또 일진회 회원의 탈퇴 소동이 벌어졌다. "역적 이용구"라는 구호가 온 나라에 걸쳐 메아리쳤으나 그는 끄떡도 않았다. 끝내 이용구가 일진회를 친일행동대로 밀고 나가자 손병희는 어쩔 수 없이 1906년 이용구 등 62명을 천도교에서 출교 처분했다. 이에 가만히 있을 이용구가 아니었다. 그는 친일 세력을 이끌고 새로이 시천교를 창교해 동학의 정통을 이었다고 떠벌렸다. 여기에 웃지 못할 일화가 있다.

1907년 내각에 여러 차례 건의한 끝에 이용구가 교조 최제우와 최시형을 신원한 일이다. 교조 신원이 농민군 봉기의 한 원인이었는데, 그의 노력으로 실현되었던 것이다. 그리고 최제우의 초상을 유명한 화가 안중식에게 그리게 한 뒤 교당에 걸어놓고 받들었다. 역사의 아이러니다.

이용구는 1909년 12월 일본 천황과 각계에 '100만 일진회 회원' 이름으로 합방청원서를 제출하는 등 적극적으로 합방에 앞장섰다. 합방 뒤 일본이 이용구에게 작위를 주려 했지만 그들이 약속을 어겼다고 하여 거절했다. 또 그는 일본이 양반-상놈의 신분 차별을 없애는 일을 완성해주면 합방해도 좋다는 주장을 내세웠다. 계급투쟁 같은 이론이 아니라 자신이 겪은 처지를 절감해 이런 주장을 폈던 것이다. 이용구는 1911년 신병 치료를 위해 일본으로 건너갔으나 끝내 회복하지 못하고 이듬해 세상을 떠났다.

동학농민군의 지도자에서 친일파로 변절한 이용구의 후손들은 어떤 삶을 살았을까. 강창일 배재대 교수(현 국회의원)는 이용구가 낳은 아들 이석규에 대해 다음과 같이 전한다.

> 1985년께가 대학으로 나를 찾아왔다. 70대 중반의 노령으로 몸이 상당히 쇠약해 보였다. 길게 이야기하지 않았지만 자신의 아버지가 매국노가 아니라는 요지의 말을 했다. 그러고는 다시 만나지 못했

는데, 몇 해 전 죽었다는 소식을 들었다.

강창일 교수에 따르면 이석규는 1910년 서울에서 태어났다. 그는 이용구가 신병 치료를 위해 일본으로 건너가자 아버지를 따라갔다. 이용구가 죽자 일본의 극우인사 다케다 한시가 관계하는 나고야의 조동종 절에서 자랐다. 다케다 한시는 이 종파에 소속된 승려로 한일합병 당시 일진회 등과 접촉하며 합병을 부추긴 인물이었다. 이석규의 일본 이름은 오히가시 구니오(大東國男)인데, '대동국(大東國)'은 일본, 조선, 만주, 몽고가 동이족의 한 나라를 건설하자는 뜻의 우익 용어다. 그는 이송학사전문학교를 졸업한 뒤 일제시대 동안 다이토주쿠(大東塾)라는 우익단체에서 활동했으며 한일수교 전에는 '일한회담촉진회'의 사무국장으로 일했다. 한일수교 뒤에는 몇 차례 한국을 방문했다고 한다.

무엇보다 이석규는 1960년에 『이용구의 생애』라는 책을 써서 아버지의 삶을 변호한 것으로 유명하다. "선린우호의 초일념을 관철한다"는 부제를 붙인 이 책에서 그는 "이용구는 훌륭하다. 선린우호의 차원에서 일본과 조선의 대등한 합방을 추진했다. 그러나 일본의 일부 정치권력자에게 속아 나라를 병합당했을 뿐이다. 그는 매국노가 아니다"라고 주장했다.

이석규는 일본 여자와 결혼해 딸 하나만을 남겼다고 한다. 그는 부창자수(父唱子隨)의 모범을 보여주었다.

끝까지 지조를 지킨 투사들

동학농민혁명이 끝난 뒤 온갖 고난과 유혹에도 꿋꿋하게 신념과 지조를 지킨 지도자들이 있었고 동학의 유무상자(有無相資) 가르침에 따라 노비를 풀어주고 토지를 나누어준 지도자들도 있었다. 그리고 동학농민혁명의 정신을 계승하려는 김구와 한용운, 홍범도도 있었다. 그 대표적 인물들을 살펴보자.

서장옥과 손천민-한날 죽음을 같이한 동지

서장옥은 동학농민혁명사에 서인주나 서일해로 이름을 바꾸어가며 등장하는 신비의 인물이다. 자세한 내력은 베일에 싸여 있다. 황현은 다음과 같이 기록하고 있다.

> 처음 동학에서는 그 무리를 포(布)라고 불렀는데, 법포(法布)와 서포(徐布)가 있었다. 법포는 최시형을 받드는데, 법헌이라는 최시형의 호에서 이름을 따왔다. 서포는 서장옥을 받든다. 서장옥은 수원 사람으로 최시형과 함께 교조 최제우를 따라 배웠다. 최제우가 죽자 각기 도당을 세워 서로 전수하면서 이를 '포덕'이라 이름했다. 이들은 (동학이 궐기할 때) 서포가 먼저 일어나고 법포가 뒤에 일어나기로 약속했기 때문에 서포는 또 기포(起布)라 이름하고 법포는 또 좌포(坐布)라 불렀다. 전봉준이 주동하여 일어날 때는 모두 서포였다.
>
> —『오하기문』

이 기록은 짧고 불확실하나 서장옥의 행동 노선을 단적으로 보여준다. 1884년 서장옥은 황하일과 함께 충청도 일대에서 한창 포덕에 열중하던 최시형을 찾아왔다. 그리고 교단의 지도자로 떠올랐다. 당시 서장옥은 청주에서 살고 있었는데, 1889년 가을에 서울로 올라왔다가 관가에 잡히는 신세가 되었다. 이때 벌써 동학의 중요한 지도자로 관가에 포착되었던 것이다. 서장옥은 온갖 닦달을 당한 끝에 금갑도로 유배되었다. 최시형은 많은 돈을 들여 그를 풀어주고 밥 먹을 때마다 하늘에 고하는 의식을 하면서 그의 목숨을 빌었다.

서장옥은 유배에서 풀려나자 서병학과 함께 공주와 삼례 집회 등을 주도하면서 강경 노선을 추구했다. 이에 따라 최시형 등 온건한 교단 지도부와 잦은 마찰을 빚었다. 이 과정에서 그는 황하일과 함께 독자적 행동 노선을 추구하게 되었다. 변혁 지향의 노선을 뚜렷이 하기에 이른 것이다. 그는 전라도의 손화중, 김개남, 김덕명, 전봉준을 제자로 거느리고 새로이 '남접'이라는 세력을 구축했다.

광화문 상소운동에 즈음하여 서울로 진출해 외국공사관과 성당 등에 "물러가라"는 방문을 붙이고 집회가 열리는 보은 거리에 "왜를 물리치기 위해 협력하자"라는 글을 내건 것도 남접 농민군 지도자들이었다. 원평집회는 바로 이런 배경에서 비롯되었다.

보은집회에 이어 이들의 해산을 권고하려고 원평으로 오던 어윤중은 "호서의 서병학과 호남의 김봉집(전봉준의 다른 이름으로 알려져 있다), 서장옥을 그 도의 감사에게 잡아 가두게 하여 엄하게 조사해 알리겠다"

고 보고했다. 서장옥을 남접의 계열로 본 것이다.

이듬해 1894년 3월 동학농민혁명이 본격적으로 전개될 때까지 서장옥의 행방은 알려져 있지 않다. 다만 그의 본거지인 충청도 일대에 있었던 것으로 추측할 수 있을 뿐이다. 그때까지 남접의 봉기를 억누르며 관망하던 동학교단, 곧 북접의 호응을 얻기 위해 활동했을 것이다. 그러나 그해 6월께 서장옥은 관가에 잡히는 신세가 되었다. 그는 고문으로 거의 죽을 지경에까지 이르러 좌포도청에 갇혔다가 풀려났다(조경달, 『동학농민운동과 2인의 흑막』).

그해 9월 장위영 영관 이두황 등이 변절한 동학 지도자 서병학을 앞세우고 경기도, 충청도 등으로 동학농민군을 토벌하러 다닐 때 받은 정탐 보고에 따르면 "유학당을 표방하는 허문숙, 서장옥 등 5만 명에서 6만 명이 충주 용수포에 모여 있고 동학당 신재련 등 4만 명에서 5만 명이 진천 광혜원에 모여 있는데, 곧 접전에 들어갈 작정"이라고 했다.

이어서 "이른바 호남·호서의 도유(道儒)라는 자들이 남접이라 이름하고 창의를 일컬으면서 무리를 모으고 말과 병기를 거두어 평민을 노략질하고 교도를 살해하는 짓이 끝이 없다"는 신재련의 글이 이두황 등에게 전해졌다. 여기서 신재련은 자신들과 이들을 구분해달라고 호소했다(이두황, 『양호초토등록』).

이때 서장옥은 북접이 남접에 호응하지 않고 도리어 남접을 압박하는 지경에 이르자 신재련 등 북접 내부 세력을 응징하기 위해 별도의 농민군을 규합하고 있었던 것이다. 그리하여 최시형은 마침내 다음과 같은 통유문을 내렸다.

> 무릇 우리 도는 남접·북접을 따질 것 없이 모두 용담(龍潭, 최제우)의 연원이나, 도를 지키고 스승을 높이는 자는 오직 북접이라. 지금 들으니 호남의 전봉준과 호서의 서인주가 문호를 별도로 세워서 남접이라 이름하고 창의함을 빙자하여 평민을 침해하고 도인을 해침에 끝이 없다 하니 이를 일찍 끊지 아니하면 선과 악이 구분되지 않을지니, 원컨대 우리나라 각 포에 우리 북접을 신앙하는 자는 이 글이 도착하는 대로…… 사문난적(斯文亂賊)을 일제히 토벌함이 옳을 것이다.

1894년 9월 남북접이 연합군을 편성해 북접이 논산과 공주로 진군했다. 그때 서장옥은 그들과 행동을 같이하는 대신 청주 병영의 공격에 나섰다. 서장옥이 이끈 농민군은 청주 병영을 포위했는데, 그 무렵 김개남이 이끄는 농민군도 이곳 병영 공격에 나선 것으로 전해진다. 이때 두 세력이 실질적으로 연합했는지는 확인할 수 없으나 청주 병영을 함락하지는 못했다.

동학농민혁명이 끝난 직후에도 서장옥은 잡히지 않았다. 어디에서 무슨 일을 벌였는지는 잘 알려져 있지 않지만 1900년에 끝내 잡혀 기록에 등장한다. 그는 동지 손천민과 함께 재판을 받고 교수형에 처해졌다.

손천민은 청주 출신으로 손병희의 조카지만 적손으로 나이가 더 많았다. 손병희와 손천민은 거의 같은 시기에 동학에 입도했다 한다. 손천민은 유학을 공부해 문장에도 능숙했다. 그리하여 최시형이 보내는 유시문 등을 지었다 한다. 최시형이 강원도 홍천에 몸을 숨길 때도 따라갔고 다시 지성으로 스승을 받들었다. 교세가 여지없이 약해졌을 때도 그의 마음은 변함이 없었다.

최시형은 정세가 누그러들자 1895년 겨울 원주 치악산 밑 수레 마을로 옮겨와 살았다. 그리고 세 문도, 곧 김연국, 손천민, 손병희에게 "너희 세 사람이 마음을 합치면 천하가 이 도를 흔들고자 할지라도 어찌하지 못하리라"라고 말했다.

한동안 세 사람의 노력으로 동학이 제자리를 잡아가는 듯했다. 그런데 최시형은 1897년에 손병희에게 도통을 전수하고 이듬해에 잡혀 처형당했다. 김연국은 새까만 후배를, 손천민은 여섯 살 아래 서삼촌을 교주로 받들어야 했다. 더욱이 최시형의 죽음을 두고 김연국과 손천민은 스승을 좇아 순도하자 주장했고 손병희는 '살아남아 복수를 해야 한다'고 주장했다. 이렇게 하여 보수파와 진보파(또는 중도파)는 견해를 달리하기 시작했고 내부 갈등도 생기게 되었다. 인간은 언제나 이해와 지위가 본질을 흐리게 만든다. 이 경우도 예외가 될 수 없었다.

손병희는 손천민을 성도주(誠道主), 김연국을 신도주(信道主), 박인호를 경도주(敬道主)로 삼았는데, 이는 동학 수행의 기본인 성·경·신에서 도주의 이름을 따온 것이었다. 박인호를 제외한 두 사람은 세력이 약한

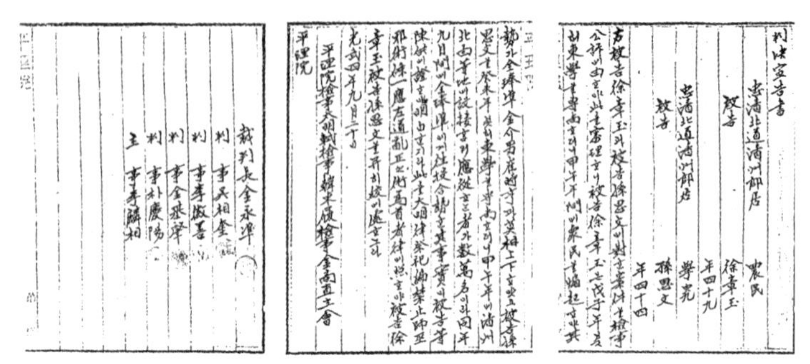

서장옥과 손천민(손사문) 판결문 승려 출신으로 남접의 지도자 역할을 했던 서장옥과 북접의 주요 지도자였던 손천민은 함께 체포되어 재판을 받고 처형되었다(국가기록원).

탓인지 어쩔 수 없이 굽히고 들어갔다. 그러나 이 도주 자리도 곧 뒤바꾸어 박인호를 윗자리에 두는 수모를 겪었다.

손천민은 부하 서우순과 함께 청주 산외면 서상옥의 집에서 지내면서 포덕에 열중하다가 끝내 체포되었다. 그의 죄는 18년 동안 동학을 포덕한 것이었다. 서장옥과 손천민은 평리원에서 재판을 받았는데, 판결 선고서는 다음과 같다.

> 피고 서장옥은 무자년(1888)부터 동학에 오로지 숭상하더니 갑오년(1894) 사이에 중민을 선동하여 그들 세력과 전봉준, 김개남, 최시형과 막상막하했고 피고 손사문은 계미년(1883)부터 동학을 오로지 숭상하더니 갑오년에 청주, 북면 등지에 접소를 설치하매 따르는 자가 수만 명이라. 같은 해 9월 사이에 전봉준에게 가서 합세한 사실이 피고들이 공술한 사실에 증명하여 명백한 사실인지라.

이렇게 하여 두 지도자에게 교수형 판결이 내려졌다. 수많은 남접 지도자를 키워가며 철저한 반봉건·반외세 항쟁에 나섰던 서장옥은 이렇게 역사의 뒤안길로 사라졌다. 더욱이 그의 행적은 뒷날 교단에서 여러 사실을 기록하면서 소홀히 다룬 탓에 분명히 밝혀지지 못한 채 세월의 어둠 속에 묻혀버렸다. 서장옥의 후손들 이야기는 알려진 것이 없다.

손천민이 죽은 뒤 아들 손재근은 손병희의 천도교에서 떨어져나가 천도명리교를 세웠고, 또다른 아들 손재기는 6·10만세사건에 연루되어 감옥살이를 했다. 그의 후손들은 영락한 생활을 했다고 전해지는데, 일부는 미국으로 이민했다.

김창수－강렬한 독립운동의 표상

황해도 농민군은 황해감영에서 해산한 뒤 장기전에 대비해 진지를 구월산으로 옮겼다. 그리고 재령과 신천에 일본군이 쌓아둔 곡식을 실어날라 구월산 패엽사에 옮겨두었다. 이때 황해감사로 조희일이 새로 부임해와 유화 정책을 펴자 김창수(김구)를 동학에 입도시킨 최유현, 오응선 등은 농민군의 "무기를 거두고 해산시켜 귀화한다"는 글을 올렸다.

구월산 패엽사의 농민군 훈련 소식이 관군과 일본군에게 들어갔을 것은 뻔한 사실이었다. 이에 농민군은 일본군의 공격을 받을 급박한 처지에 놓여 있었다. 다른 농민군은 산악지대로 들어갔는데, 그중 이동엽이 거느린 농민군은 큰 세력으로 구월산 근방을 근거지로 삼았다. 이동엽의 농민군이 노략질을 일삼자 김창수의 농민군이 이들을 잡아 처벌했

해주성 전경 어린 나이에 동학에 입도해 접주가 된 김창수와 황해도 동학농민군은 황해감영이 있는 해주성을 공격해 점령했다.

고, 또 이쪽의 농민군이 저쪽으로 넘어가는 경우도 많았다. 그리하여 김창수의 농민군은 세력이 줄어들었다.

그 무렵 김창수가 홍역을 앓아 자리에 누워 있을 때 이동엽의 공격을 받아 화포령장 이종선이 죽임을 당했고 그 부하 농민군도 그쪽으로 많이 붙었다. 김창수는 저항을 포기하고 숨어 지내다 신천에 사는 안태훈에게 몸을 의탁했다.

한편, 일본군이 구월산 농민군을 공격해 해산하자 황해도 농민군 활동은 종언을 고했다. 그리고 문화현 출신 이동엽과 승려 금월은 포살당했다(『사법품보』). 살아남은 김창수는 황해도를 중심으로 재봉기 활동을 벌였다. 그리고 김창수는 본격적인 항일의 길로 들어섰다.

황해도를 중심으로 한 백낙희의 활동을 예로 들어 살펴보자. 그의 활동은 김창수와 연결되어 있었다. 김창수는 안태훈에게 몸을 의탁하면서 숨어 지내다가 만주 땅으로 발길을 돌렸다. 그는 만주로 가기 전에 안태훈에게 인사를 하러 갔다가 그곳에서 남원 귓골에 산다는 참빗장수 김형진을 만났다.

김형진은 동학농민혁명이 끝난 뒤 온통 일본 세상으로 변해가는 것을 보고 의분을 느껴 서울로 올라왔다. 그리고 당시 군(軍)의 실력자인 신정희를 만나 의병 봉기를 일으키기로 했다. 김형진은 배를 타고 연안을 거쳐 신천으로 찾아왔다.

김창수와 김형진은 의기투합해 백두산과 간도 일대를 돌아보고 베이징까지 가기로 했다. 그들은 등짐장수로 위장하고 만주 일대를 돌아다녔다. 그곳에서 그들은 김이언이라는 벽동 출신의 인물이 일본을 칠 의병을 모은다는 말을 들었다. 김형진이 먼저 김이언을 찾아 길을 떠났다. 김창수는 뒤따라가다가 중국인 서씨를 만나 일본에 대한 복수의 뜻을 맞추었다.

김이언은 쉰 살여의 장년으로 큰 대포를 안아서 들었다 놓았다 하는 장사였다. 또 그는 스스로 창의의 수령이 되어 초산, 강계, 위원, 벽동 등지의 포수와 중국 땅에 사는 동포 중에서 사냥총이 있는 사람을 찾아 300여 명의 군사를 모았다. 김이언은 '국모 시해'의 일과 그들이 거사하는 동기를 적어 격문을 띄웠고 김형진과 김창수도 합류하기로 했다. 거사일은 1895년 동짓달 초순으로 정했고 1차 목표는 강계성을 점령하는 것이었다.

김형진과 김창수는 강계성 공격이 실패로 돌아가자 도망쳐 다시 신천으로 찾아들었다. 여기까지는 김구의 『백범일지』와 김형진의 『노정약기』에 나오는 이야기다. 그런데 이 사건은 다른 쪽으로 연결되어 나타난다.

산포수 출신의 백낙희는 농민군 접주로 포수들을 지휘했다. 그는 농민군 여당을 색출할 때 몸을 숨겼고 농민군 잔여 세력은 장수산성 등 산악지대에서 활동을 멈추지 않았다. 백낙희는 산포수를 모아 '해주부 산포'라는 이름으로 조직을 넓혔다.

1895년 12월 백낙희는 해주의 검단방 손이고개에 있는 김창수를 찾아갔다. 김창수는 해주 북방의 청룡사에 숨어 있는 김형진을 그에게 소개해주었다. 김형진은 청나라에 수차례 다녀오면서 그곳 선양에 있는 마 대인과 선양자사 이 대인에게서 "동쪽을 진압하라"는 창의의 인신(印信)과 직첩을 받았고 베이징으로 가서 황제에게 이런 전말을 적어 올리고 돌아왔다고 하면서 다음과 같은 계획을 털어놓았다.

> 마 대인이 머지않아 군사를 거느리고 정벌하러 올 것이다. 나는 평안도, 전라도, 황해도 등 세 도의 도통령이 되고 당신(백낙희)은 장연의 선봉장이 되어 군사를 모은다. 당신이 장연의 산포를 움직여 장연을 들이쳐 먼저 군기를 빼앗은 뒤에 수령과 구실아치를 도륙하라. 잔여 세력이 합력하여 해주부를 소탕한다. 이렇게 되면 청나라 군사가 나올 것이다. 이때 두 군사가 힘을 합해 서울로 곧바로 내닫는다. 그리고 이어 서울을 도륙하고 정씨를 추대하여 왕으로 삼는다. 이어 일본과 서양 세력을 몰아낸다.

참으로 얼토당토않은 거창한 계획이었다. 적어도 청나라 군사를 끌어들이고 농민군을 연합 세력으로 조직하는 데 산포수를 앞장세워 이씨

왕조를 전복한다는 것이었다. 이 계획의 사실 여부를 제쳐두고 배후에는 김형진, 김창수가 있었고 일선 행동책은 김창수의 작은할아버지뻘인 김재희, 백낙희 등이었다. 백낙희는 이런 계획에 전폭적 찬동을 하고 김재희와 정월 초하루를 거사일로 정하고 장연으로 돌아왔다. 그리고 신이 나서 부하들을 데리고 산포군을 모으러 다녔다.

백낙희의 부하는 모두 같은 마을에 사는 전양근, 백기정, 김계조, 김의순, 그리고 동생 백낙규 등이었다. 모두 동학농민혁명 당시 해주 공격에 참여한 인물들이었다. 이렇게 백낙희는 100여 명의 세력을 규합했다. 그러나 백낙희는 조심성이 조금 없었던 듯하다. 그는 세력을 규합하는 중에 내동과 사랑동으로 들어갔는데, 그곳의 두민(頭民) 등은 백낙희를 꽁꽁 묶어놓고 몽둥이찜질을 했다.

이 소식을 들은 동생 백낙규는 즉시 그 마을로 달려갔고 그 자리에 있던 박기정은 김재희와 약속한 산포수들을 데리고 와서 구하자고 일렀다. 백낙규는 약속 장소로 달려갔으나 김재희와 산포수는 보이지 않았다. 백낙규는 그곳에서 머뭇거리다가 장연의 교졸들에게 잡혔다(『중범공초(重犯供草)』). 백낙희 사건이 터지자 장연 고을과 해주는 큰 소동이 일어났고 골골에서 연루자 체포에 열을 올렸다. 그러나 두 달이 넘도록 김형진, 김재희, 김창수를 잡지 못했다. 해주부에서는 이런 사실을 법무대신에게도 보고했다(『사법품보』).

김창수는 이때 실의에 젖어 방랑의 길을 떠나 이리저리 다니다가 황해도 안악군 치하포에서 일본군 육군 중위(일본 상인이라는 설이 있다)

를 '국모 살해의 원수'라고 여기고 살해해 체포되었다가 사면되었다. 그 뒤 김창수는 상하이로 망명해 독립투쟁에 나섰다.

한용운과 홍범도 – 독립투쟁의 두 영걸

1894년 한용운은 거세게 타오르는 동학농민혁명을 고향인 홍성에서 열다섯 살의 나이에 겪었고 아버지가 농민군 토벌에 나서는 모습도 보았다. 그의 아버지는 유림으로 수성군을 지휘한 것으로 알려져 있다. 이때 그는 아버지의 행동에 커다란 회의에 빠져들었던 듯하다. 그 때문인지 열여덟 살 때 의병의 자금을 얻기 위해 관가의 돈 1500냥을 터는 모험을 감행했다. 이로 인해 그는 관가에 쫓겼는데, 이는 뜻하지 않게 출가하게 된 직접적 동기가 되었다.

1896년 한용운은 열여덟 살 때 부모의 뜻에 따라 혼인을 했다. 아내는 열일곱 살의 전정숙이었다. 출가 전에 이루어진 이 혼인은 뒷날 여러 일화를 낳았다. 그 무렵 한용운은 홍성 언저리에서 한문 서당 훈장으로 학동을 가르치며 생계를 도왔다. 그뒤 그는 그의 아버지가 동학농민군 토벌에 나선 일을 두고 늘 번민했다. 이를 반성하는 마음으로 출가했다고도 한다.

현재 탑골공원의 삼일만세시위 장면을 담은 부조상 옆에 그의 공적비가 세워져 있다. 이 비문은 평생 독립운동과 역경사업에 몸을 바친 이운허가 썼는데, 여기에 그런 내용의 글이 쓰여 있다. 한동안 한용운을 모시고 있었던 이운허가 직접 들은 이야기를 적었을 것이다.

한용운은 결혼한 다음해 열아홉 살에 출가했다. 출가 동기는 동학농민군을 토벌한 아버지 때문이었다거나 관아에 쫓기는 몸 때문이었다고 전해지지만 다른 이야기도 있다. 한용운은 동학농민군이 지향한 반봉건·반일의 노선을 평생 동안 지키면서 투쟁해왔다.

한용운 한용운은 동학농민군을 토벌한 아버지 때문에 출가해 승려가 되었다고 하며 평생 반봉건·반일의 노선을 지키며 투쟁했다.

홍범도는 독립전쟁에서 가장 공적을 남긴 독립투사였다. 그는 평양 출신으로 고아가 되어 떠돌다가 열다섯 살 때 열일곱 살로 나이를 속이고 진위대의 군인이 되었다. 홍범도는 취호수(吹號手, 나팔수)가 되었으나 너무 단조롭고 희망이 없다고 판단해 3년 만에 탈출했다. 그는 관가에 쫓기는 몸으로 황해도 수안의 종이 만드는 공장에서 3년 동안 일했다.

그러다가 강원도 금강산 신계사의 승려가 되었다. 그곳에서 몇 년을 보내면서 암자에 있는 비구니 이옥녀를 만나 파계하고 절에서 나왔다. 그는 아내를 데리고 처가가 있는 함경도 북청에서 살아보려고 했다. 그런데 원산 교외에서 아내를 강도들에게 빼앗기고 말았다. 그는 소백산맥으로 들어가 총 쏘기와 창 쓰기를 익혀 밀림을 넘나드는 포수가 되어 연명했다. 그의 나이 스물일곱 무렵이었다. 홍범도는 이런 고난의 삶을 살면서 양반에 대한 적개심을 일으켰다.

홍범도 홍범도는 동학농민혁명과 전봉준을 따라 독립운동에 전념했다.

그 무렵 강원도 아래 지역에서는 동학농민혁명이 치열하게 전개되고 있었다. 이때 홍범도는 산골에서 동학농민혁명이 일어나고 있다는 사실을 얻어들어 알고 있었다. 특히 전봉준이 순국한 사실을 듣고 그도 전봉준을 따르려는 마음을 굳게 먹었다. 그는 다음과 같이 말했다.

> 갑오년 농민이 기의(起義)할 때 나는 비로소 반일과 반봉건 투쟁을 개시했다.
>
> ―『홍범도일지(洪範圖日誌)』

염세 청년, 유랑 청년 홍범도를 신념에 찬 인물로 거듭나게 한 계기는 바로 전봉준이었다. 홍범도는 다음해 1차 의병이 일어났을 때 강원도 고산과 희양 등지에서 의병을 한두 명씩 모아 활동을 본격적으로 전개한 뒤 국경지대에서 게릴라 활동을 벌였고 두만강 언저리 봉오동과 백두산 아래 어랑촌에서 일본군을 섬멸했다. 그뒤 그는 일본군의 토벌작전에 밀려 연해주 등지를 넘나들다가 카자흐스탄 등 중앙아시아로 가서 말년을 보냈다.

홍범도는 평생 동안 동포들을 찾아 독립운동을 전개하면서 하루

봉오동전투지 국경지대에서 게릴라 활동을 전개했던 홍범도는 두만강 언저리 봉오동에서 일본군을 섬멸했다.

이상 머물지 않고 다른 집으로 옮겨갔다. 나라 잃은 못난 사람이 동포에게 폐를 끼친다는 생각에서 비롯된 행동이었다. 또 늘 어린이를 아껴주어 대화를 나누고 돌보아주었다. 홍범도의 정신적 기저는 동학농민혁명과 전봉준의 애국적 행동에 맞추어졌다고 해도 지나친 말이 아닐 것이다.

떠돌이 신세가 된 전봉준 후손과 일가들

전봉준이 순국한 뒤 그와 관계된 인사는 모조리 핍박받았고 후손들도 떠돌이로 살아야 했다. 본가인 천안 전씨와 처가인 여산 송씨는 목숨을 건졌더라도 재산을 빼앗긴 것으로도 모자라 모진 고난을 겪어야 했다.

전봉준은 2남 2녀를 두었던 것으로 확인된다. 그의 첫째 아내는 1851년생인 송씨, 둘째 아내는 1860년생인 이조이였다. 그가 조소 마을에서 훈장 노릇을 할 때 아이들과 함께 황토현에 있는 첫째 아내 송씨의 무덤을 찾았다 한다. 잡혔을 무렵 그는 심문과정에서 거주지를 고부 조소 마을이 아닌 태인 동곡리라고 밝혔다. 이용태가 고부로 와서 분탕질을 칠 때 옮긴 것으로 확인된다. 둘째 아내 이조이는 그곳에서 살았다.

천안 전씨 족보에는 그의 큰아들은 용규, 작은아들은 용현이라 기록되어 있다. 그들은 전봉준이 처형된 뒤에도 동곡리에 숨어살며 머슴 노릇을 했다. 큰아들은 동곡리에서 죽었다 하며 작은아들은 때때로 노름을 하여 빚을 졌다 한다. 어느 날 동네 소를 몰래 몰고 나가 장터에서 팔아먹고 도망쳤다 한다. 동네 사람들은 소를 몰고 등성이를 넘어가는 것으로 보아 아마도 원평 장터일 것이라고 한다(최순식 증언).

전봉준의 딸들은 성과 이름을 바꾸고 숨어살았다 한다. 큰딸 전옥례는 열다섯 살에 화를 피해 진안 마이산 금당사로 들어가 김옥련으로 이름을 바꾸고 금당사 공양주로 있었다 한다. 스물두 살이 되어서야 경주인(京主人) 노릇을 하는 이영찬에게 시집을 가서 일곱 남매를 낳았다. 그녀는 아버지 이야기는 입도 뻥끗하지 못하다가 1968년 녹두 민요를 듣고 자식들에게 사실을 털어놓았다. 때로 그녀는 동학농민혁명 행사에 불려다니다가 1970년에 세상을 떠났다.

전봉준의 작은딸 전성녀(全姓女, 전가 성을 가진 여자)는 시집을 가서 자손을 두었다. 뒷날 전성녀의 딸 강금례가 가정 내력을 증언해주었다.

강금례도 정읍에서 동학농민군 행사를 할 때 참석해 귀빈석에 앉아 있었던 적도 있었다. 일화 한 토막을 소개하면 박정희가 황토현 마루에 동학탑을 세우고 기념식을 할 때 전봉준 딸을 찾아 곁에 앉게 했는데, 나중에 그녀가 전봉준이 죽고 난 뒤에 태어난 여인임이 밝혀져 웃음거리가 되었다고 한다. 이는 그냥 떠도는 말이 아니라 기록으로 확인되었다(최현식 증언).

전봉준의 혈손은 일단 외손으로 이어졌다고 볼 수 있을 것이다. 현재 친손은 찾을 길이 없으나 외손은 확인되고 있다. 근래에 들어 전씨 문중에서는 예전 양자를 두는 전통에 따라 후손 중에서 항렬을 따져 양손을 두고 가계를 잇게 했다. 현재 문중에서 전봉준의 양손으로 전성준을 지정해 그는 역할을 다하고 있다. 근래에 전봉준의 혈통을 이었다는 인물이 나타나 증언을 듣기도 했다.

전봉준이 역적으로 처형당한 뒤 고창의 당촌을 비롯해 주변의 전씨 마을은 쑥대밭이 되었다. 관군은 전씨 마을을 덮치고 재산을 약탈하거나 불태웠고 사람들마저 죽이는 경우도 있었다. 그리하여 당촌의 전씨 집성촌은 폐허가 되었고 전씨들은 뿔뿔이 흩어져 살아남았다. 한참 뒤에야 다시 돌아와 살았고 현재 고창 당촌 마을을 재건한 것이나 다름없다.

이 마을 언저리에는 지금도 '말무덤'이 보존되어 있다. 말은 짐승 말이 아니라 사람들이 떠드는 '말'을 뜻한다. 동네 사람들이 이러쿵저러쿵 떠들어대서 이 말들을 모조리 무덤에 묻고 해마다 굿거리를 하여 더이상 말을 하지 말자는 약속의 장소로 삼았다.

어느 전씨 후손은 족보를 벽장이나 대들보 위에 은밀히 숨겨서 보관해왔다 한다. 만일 전봉준의 일가붙이라는 사실이 발각되면 심한 압제를 받았기에 족보마저 숨겼던 것이다. 전씨 집성촌이 얼마나 피해를 입었는지는 제대로 밝혀진 것이 없으나 족보가 발견되어 이기화 같은 연구자에게 전해져 가계를 정리할 수 있었다(이기화의 증언). 지금 이 마을에는 전봉준 생가가 복원되어 있다.

정읍 지금실 언덕배기에는 '녹두장군'의 묘소라 전해지는 초라한 무덤이 있다. 마을 사람들은 가끔 제물을 차려놓고 녹두장군의 영혼을 위로하는 제사를 올렸다. 1990년대에 들어 일 벌이기 좋아하는 호사가들이 이 무덤을 발굴했으나 유물은 한 점도 나오지 않았다. 가묘(假墓)를 조성할 때는 고인의 머리카락이나 쓰던 물건 따위의 유물을 함께 묻는 경우가 있으나 전봉준의 가묘에는 껴묻기 물건조차 나오지 않았다.

마을 사람들이 전봉준 묘소가 없는 것이 안타까워 마음을 모아 가묘를 만들어 추모의 제사를 올렸던 것이다. 파랑새를 목 놓아 부르던 민중이 전봉준이 살던 마을 언덕에 가묘를 조성해 모셨으니 그 의미가 남다르다고 할 수 있을 것이다.

해방 뒤에 천안 전씨 종친들은 조소 마을 전봉준 고택 곁에 전봉준 단소(壇所)를 조성하고 해마다 추모제를 올리고 있으며 그들이 회원이 되어 전봉준장군기념사업회를 꾸려 선양사업을 벌이고 있다. 아마도 연구자들 빼고는 전봉준을 기리는 최초 행사였을 것이다.

전봉준의 처가 송씨들도 많은 핍박을 받았다. 송씨들은 전주를 중심

전봉준 단소와 단비 전봉준의 시신을 찾지 못해 무덤이 없으며, 동학농민혁명 60주년이 되던 해인 1954년에 천안 전씨 종중에서 전봉준 고택지 인근에 단비를 세우고 순국일에 맞추어 제사를 지내고 있다.

으로 집성촌을 이루어 많이 살고 있었다. 그들은 조선 후기 향반으로 어느 정도 재산도 소유하고 있었고 위세도 누렸다. 그들은 조선 말기 부정부패가 만연하자 수령에게 많은 시달림을 받았다. 그리하여 1890년대 말부터 동학에 입교해 민씨 정권에 맞서 저항운동에 가담했다. 전북대 교수 송정수의 조사에 따르면 전봉준의 장인은 송두옥이라고 한다(족보에 나타난 전봉준 장군 처가와 외가 검토). 그런데 송두옥이란 이름을 가진 사람은 세 명으로 나타난다. 고승 경허는 전주 자동리(또는 우동리)에서 태어났는데, 그의 아버지 이름이 송두옥이었다. 송두옥은 부호였는데, 조정에서 원납전을 강제로 거두어들일 때 그에게 10만 냥을 내라고 강요했다. 송두옥이 모든 재산을 팔아 이를 마련해주고 나자 그에게는 물방앗간 한 채만이 남았다. 이 일로 송두옥은 울화병이 걸려 죽었다 한다.

오지영의 『동학사』 기록에 따르면 동학농민혁명 초기 단계에 백산에서 호남 농민군이 집결했을 때 무안의 대접주 송두옥이 참여했다고 한다. 무안에서는 배규인(배상옥)이 대접주로 많은 활동을 했는데, 이들은 무안 일대에서 함께 활동했던 것이다.

정읍 서부면 죽산 마을(오늘날 고부면 신중리)에는 송씨들이 작은 집성촌을 이루고 살았는데, 송두호는 부호로 영향력이 컸다. 1893년 고부군수 조병갑이 수탈을 일삼자 이 마을 사람들을 중심으로 사발통문을 작성했다. 이 사발통문은 송두호의 집에서 작성되었다. 여기에 송두호의 이름이 전봉준과 함께 나란히 기재되어 있다. 송두호의 아들 송대화, 송주성과 재종질이 되는 송주옥 등도 포함되어 있다. 그런 탓인지 1894년 동학농민혁명이 전개된 시기에는 이들 송씨가 많이 가담했다.

한편, 전봉준이 대접주가 되어 활동할 때 전봉준의 비서로 문건을 대필한 송두옥과 6촌 사이인 송희옥이 흥선대원군과 다리를 놓는 역할을 했다. 송희옥의 자세한 내력은 알려져 있지 않다. 그러면 앞에서 설명한 송두옥과는 여러 객관적 조건으로 보았을 때 같은 인물로 볼 수는 없을 것이다. 동명이인으로 뒷사람들에게 혼란을 주고 있다.

전봉준의 외가는 앞의 족보에 따르면 언양 김씨라 한다. 금구 대접주 김덕명이 언양 김씨였다. 이곳 향토사학자 최순식의 수집 증언에 따르면 그들은 금구 일대에 집성촌을 이루고 살면서 향반 또는 지주로 군림했다. 전봉준은 아버지를 따라 유랑생활을 할 때 한때 김덕명이 사는 원평 언저리에서 살았다(『전봉준, 혁명의 기록』 참고).

김씨들은 이곳 대접주인 김덕명의 힘으로 농민군에게 별로 피해를 입지 않았다 한다. 그들은 김덕명이 서울에서 교수형을 당한 뒤 그의 시신을 찾아 모악산 자락에 있는 안정사골에 안장했다. 다섯 지도자 중 유일하게 유해를 찾아 장사지낸 경우일 것이다.

마지막으로 할 이야기가 더 있다. 동학농민혁명 100주년 행사 이후 전봉준 후손이라고 하면서 이 사람, 저 사람이 나타나고 있다. DNA로도 검사할 수 없으니 무엇으로 증명할 것인가? 어떤 사람이 전봉준의 친필 문서라며 가져와 감정을 의뢰하기에 전봉준 친필은 민간 전설에 나타나는 장성 어느 바위에 새긴 글씨 말고는 발견된 것이 없어 감정할 수 없다고 하며 돌려보낸 적이 있다.

3대 두령으로 일컬어지던 김개남이나 손화중의 경우는 자식들이 용케 살아남아서 선조를 기리는 일에 나서고 있다.

2장

항일 의병과 3·1혁명에 참여한 농민군

동학농민군, 의병이 되다

동학농민혁명이 진정된 뒤 일제는 차근차근 조선을 식민지로 만들기 위해 일을 꾸미기 시작했다. 민비는 일본의 간섭에서 벗어나기 위해 러시아에 접근하려 했다. 그러자 일본은 민비를 제거하려는 음모를 꾸며 일본 외교관과 낭인패, 조선의 친일 세력 등을 규합해 1895년 8월 20일 새벽 경복궁으로 쳐들어가 민비를 무참히 살해했다.

이어 개화 정권에서는 연달아 내정 개혁을 단행하면서 양력 사용, 양복 착용 장려, 상투를 자르라는 단발령을 잇따라 내놓았다. 특히 단발령을 시행할 때는 큰 거리와 나루터 같은 곳에서 순검들이 강제로 상투를 잘라 원성이 자자했다. 그리하여 유림 중심의 1차 의병이 일어났다. 이때 잔여 농민군이 의병에 몰려들자 유림 의병장은 이들을 솎아내 처단했다. 하지만 후기 의병 활동에는 농민군 출신들이 참여해 큰 성과를 거두었다.

1919년 3·1혁명이 일어날 때 천도교가 중심이 되어 추진했고, 따라서 농민군 출신 인사들이 개신교 인사들과 손을 잡고 만세 시위에 대거 참여했다. 잔여 농민군은 새롭게 변신해 희생을 치렀다.

유학자 유인석이 이끄는 의병은 국모 시해에 대한 복수, 머리를 보존하자는 보형의 깃발을 내걸고 1895년 말에 제천에서 출발해 충주 일대를 석권한 데 이어 원주, 홍주, 안동, 진주, 춘천, 강릉 등 전국으로 확대되었다. 처음에는 기세를 올렸으나 개화 정권의 관군과 일본군에게 밀려 패배를 거듭했다. 황현은 1차 의병에 대해 다음과 같이 기록했다.

> 충성심을 품고 의리를 붙들려 하는 자는 몇몇 사람에 지나지 않으며 이름이나 날려보려는 자가 떠들어대고 화 꾸미기를 좋아하는 자들이 끼어들었다. 그리하여 농민이 1000명, 100명씩 무리를 이루고는 모두 의병이라고 일컬었다. 심지어는 동비의 남은 무리가 얼굴을 바꾸고 그림자처럼 따른 자들이 그 반을 차지했다.
>
> —『매천야록』

이 글에 따르면 1차 의병에 동학농민군이 반을 차지했음을 알 수 있다. 원래 동학농민군은 항쟁과정에서 많은 적을 맞아 싸워야 했다. 첫째는 관군이었고, 둘째는 유림 세력, 셋째는 일본군이었다. 농민군이 관리의 부패를 규탄하고, 일본 침략 세력의 구축을 내걸고 묵은 체제에서 기생하는 양반과 문벌을 타파하고 그들의 특권을 인정하지 않았으며, 외국 세력을 배척하는 척화까지 내걸었던 데 원인이 있었다. 그런 이유로 개화파나 유림이 농민군을 토벌하는 데 뜻을 같이했던 것이다.

그리하여 정착할 곳도 없었던 농민군은 그동안 산적이나 화적떼로 대부분 변신했고 더러는 흩어져 몸을 숨겼다. 1차 의병이 일어나자 의병에 가담한 것은 자연스러운 현상이었다. 이런 현상은 후기 의병에서도 마찬가지였다. 따라서 친일 개화파는 의병을 진압하는 한 명분으로 의병이 농민군과 한 무리라고 지목했던 것이다.

농민군이 의병에 끼어드는 것을 용납할 수 없었던 유인석은 처음 의병을 일으킬 때 농민군을 가려내 처형했다. 유인석 의병 휘하에 중간 지휘자로 신처사라는 인물이 있었다. 신처사는 양반 유생의 군사 지휘를 깔보고 자신이 지휘하려다 처형당했다. 그는 다음과 같이 말했다.

> 나는 본디 동학의 두령이었다. 갑오년에 실패한 뒤 늘 다시 일어나려고 생각하다가 많은 선비가 군사를 일으켰다는 말을 듣고 섬길 만하면 섬기고 그러하지 않으면 그 장수를 죽이고 그 군사를 빼앗으려 했다. 들어와서 보니 모두 하잘것없는 백면서생(白面書生)들이라 몇 달 동안 모사를 해서 군사를 빼앗아가려 했다.
>
> —『매천야록』

평민 의병장 김백선은 경기도 지평에서 의병을 일으켜 활약하다 포수를 포함한 부하 500여 명을 데리고 유인석 휘하로 들어가 선봉장이 되었다. 김백선은 유림 의병장의 열렬한 환영을 받아 전투가 있을 때는 늘 앞장서서 싸웠다. 수안보전투에서 승리한 유인석 부대는 몇십 리 거리에 있는 충주에 주둔하고 있는 일본군을 공격하기로 했다. 김백선이 선봉장으로 충주성을 공격하고, 중군장인 안승우가 그 후원군을 이끌고 오기로 했다. 김백선은 용감히 싸워 충주성을 점령했고, 충주관찰사이자 일본 통역관 출신인 김규식을 죽였으며, 일본군이 쓰고 있던 전선을 끊어버렸고, 달아나는 일본 군인을 추격해 전과를 올렸다. 일본군과의 접전에서 드물게 이룬 승리였다.

이렇게 김백선이 며칠 동안 싸울 때 일본군은 군량미 통로를 끊고 반격을 시작해 우세한 무기로 의병들을 무수히 죽였다. 하지만 후원병을 보내기로 한 안승우는 끝내 나타나지 않았다. 김백선은 남은 부대를 이끌고 제천으로 도망갔다.

김백선은 나약한 유림 출신 의병장들에게 분노를 느꼈고 약속을 어긴 안승우를 군율에 따라 목을 베려 했다. 또 제천 독락정에서 세월을 보내는 유인석에게 칼을 뽑아들고 서울로 진격할 것을 요구했다. 그러나 유인석은 도리어 김백선의 목을 베고 안승우는 불문에 부쳤다. 김백선은 홀어머니를 만나보고 죽는 것이 원이라 했으나 이마저도 허락하지 않았다. 이 사건은 초기 의병의 이율배반의 성격을 단적으로 드러낸 사례의 하나다.

어쨌든 유인석이 끝내 김백선의 목을 벤 것은 평민 출신 의병장으로 양반 출신 의병장에게 대들었다는 이유에서였다. 유인석은 양반과 상놈의 상하관계가 흐려지는 것은 질서가 문란해지는 것이라 생각했다. 전형적인 양반의식이었다.

이들 의병은 3개월 정도 활동하다 패전했고 안승우도 죽었다. 의병들이 거의 흩어진 상태여서 유인석은 강원도 쪽으로 물러나는 수밖에 없었다. 이 패전은 여러 조건을 따져보아야 하지만 대부분의 학자는 농민군 색출과 김백선의 처형을 주원인으로 보고 있다. 이로 인해 의병들의 사기는 한풀 꺾였다. 구한말의 지사인 송상도는 이렇게 기록하고 있다.

> 그뒤로부터 여론이 뒤숭숭하여 군대의 사기가 제대로 잡히지 아니했다. 뒤에 안승우는 참령 장기렴과 제천에서 싸웠으나 군대가 무너져서 안승우도 죽었으며 의병들도 드디어 기세가 갑자기 꺾여서 거의 남지 않았다.
>
> —『기려수필(騎驢隨筆)』

이 기록은 그때의 실상을 잘 전해주고 있다. 패전의 원인이 의병들의 사기를 꺾은 김백선의 처형에 있었다는 것이다. 농민 의병들로서는 양반 없는 사회를 가장 열망했는데, 그 막연한 기대가 무너졌고 또 자기들도 언제, 어느 때 김백선과 같은 처지에 놓일지 불안한 분위기가 조성되었을 것이다(이이화, 『민란의 시대』).

잔여 농민군의 의병 활동

1897년 봄에 이르러 동학 재기의 움직임이 활발히 전개되었다. 일본영사관에서는 충청도, 전라도, 강원도, 함경도 등지에서 잔여 농민군이 출몰한다는 사실을 파악하고 일본 외무성과 주한 각국 공사관에 보고했다("한국 충청도·전라도 변방에의 동학당 재흥의 건", 『동학농민전쟁사료총서』 21).

황현은 동학의 여당들이 삼남 지방에 출몰하면서 최제우의 신원을 외치거나 의병에 가담했다고 기록했다. 특히 진주, 하동, 곤양, 사천, 남해의 동도들이 지리산포의 손숙개의 인솔하에 출몰했다 했고, 또 동비의 여당 수백 명이 깃발을 휘날리고 북을 울리면서 정읍 향교를 차지했다고 한다(『오하기문 속편』 권6).

때때로 그들은 화적이나 마적 또는 의병과 섞여 구분하기 힘들었으나 일본영사관 보고에는 특별히 '동학당'이라는 주동 세력을 밝히고 있다는 점이 눈에 띈다. 먼저 고부 재봉기 사건을 주목해야 할 것이다.

1899년 4월 18일 정익서가 이끄는 농민군 400여 명은 정읍 입암면 왕십리에 모여 보국안민과 척양척왜의 깃발을 내걸고 봉기했다. 이때 고부, 흥덕, 고창, 장성, 영광, 무장, 함평 등지의 많은 백성이 참여했다. 그들은 먼저 대의소라는 이름으로 격문을 이곳저곳에 띄웠다. 그해 4월 19일자로 표기한 그 글의 요지는 다음과 같다.

> 무릇 우리의 큰 임무는 보국안민의 끝에 있다. 지금 왜와 양이 우리

나라를 침범해 예의와 염치가 날로 버려지는 게 가위 달마다 다르고 해마다 같지 아니하다. 그래서 그 분함을 누르지 못해 창의한다. 이 땅의 중민은 모두 힘을 합해 왜양을 씻어버린 뒤 하나는 국가를 돕고 하나는 민인을 편안케 하기를 바란다.

—"한국 전라도 고부 폭동의 건", 『동학농민전쟁사료총서』 21

농민군은 먼저 고부관아를 습격해 무기고를 털어 무장을 갖추고 이어 흥덕을 들이쳤다. 그들은 기세 좋게 무장으로 진격해 석권한 뒤 구실아치와 수령을 압박했으며, 고창으로 쳐들어갔으나 비가 내려 패배했다. 또 일부 농민군은 부안, 태인 등지를 습격했다. 그들은 점점 늘어나 1000여 명을 헤아렸다. 전주 관찰부에서는 관군 210여 명을 보내 고창 등지에서 농민군을 공격해 해산했다. 농민군은 광주와 전주를 차지할 목적을 세웠으나 5일 정도 활동한 끝에 중간에 실패하고 말았다.

이때 농민군 200여 명이 잡혔는데, 최현식의 조사에 따르면 이화삼 등 지도자들은 거의 1894년에 활동했던 농민군 출신들이었다고 한다. 고창의 천민부대를 거느렸던 홍낙관·홍계관 형제, 사발통문에 이름을 올렸던 김도삼, 흥덕의 대접주 차치구의 아들 차경석 등 농민군 지도자들이었다. 홍낙관·홍계관 형제는 이때에도 살아남은 것으로 알려졌다.

그 무렵 정읍 마항(말목장터)에는 영국인 선교사가 조직한 영학당(英學黨)이 있었다고 한다. 전주에 거주하는 선교사가 주일마다 와서 선교 활동을 했는데, 영학당을 조직하고 수계장은 정읍의 최일서였다. 이들이 중심이 되어 봉기해 영학당사건이라 하기도 한다. 이들을 토벌할 때 일본군은 개입하지 않았으나 비상한 관심을 기울이고 대비책을 세웠다.

1900년 봄 지리산포의 거사계획이 있었다. 우두머리 손숙개는 진주, 하동, 곤양, 사천, 남해 등에 동학도 28포를 거느리고 4만 4000여 명의 농민군을 끌어모았다. 경상도 어사 김화영은 이들의 움직임을 포착하고 비도 4, 50여 명을 잡아들였다. 이어 우두머리 손숙개 등 예닐곱 명을 잡아들이자 모두 흩어졌다. 이때는 의병 활동이 잠시 잠잠할 무렵이었지만 지리산을 근거지로 유격 활동을 벌였다(『오하기문 속편』 권6).

1904년 일제는 한반도 지배 음모를 꾸미고 있는 러시아를 공격해 승리했다. 일제는 러시아 세력을 몰아낸 뒤 조선통감부를 서울에 설치하고 대한제국의 외교권을 박탈했다. 이를 전후로 하여 전국에서 의병투쟁이 전개되었다. 이를 2차 의병이라 부른다. 그 무렵 잔여 농민군의 활동이 전국에 걸쳐 활발히 전개되었다. 먼저 황해도와 평안도에서 봉기가 일어났다. 그 사례를 몇 가지 살펴보자.

1904년 1월에 들어 황해도 일대의 대규모 동학 비밀 조직이 발각되었다. 재령, 신천, 안악, 봉산 토민들이 동학에 입교해 민심을 선동하고 재물을 모았다. 그들 중에는 문화군에 사는 김익채, 정성익, 정성욱 등 세 명은 동학농민혁명 당시 괴수라 했다. 이어 다른 지역의 두령 여섯 명을 잡았다.

그들은 북접 법대도주의 이름으로 된 명첩을 지니고 있었는데, 용담연원(龍潭淵源), 검악포덕(劒岳布德)과 "포덕천하(布德天下), 광제창생(廣

濟蒼生), 보국안민(輔國安民)의 도"라고 쓰여 있었다. 최시형의 임명을 받은 증거였다. 이 접주들은 서울 세력과 연계되어 창의를 서두르고 있었다. 한편, 평안도 용강으로도 조직이 확대되었다. 평안도의 동학 조직은 그 무렵 처음으로 이루어진 것으로 보인다.

1904년 2월 함흥에서 동학당사건이 일어났다. 1894년 당시에는 이 지방에서는 봉기가 일어나지 않았다. 동학 조직이 없었던 데 그 원인이 있었을 것이다. 그 무렵 최시형은 함경도 일대에 동학을 포덕해 많은 교도를 모았다. 이곳 지도자인 윤형천, 승재원, 김학우, 고창균 등은 교도들을 모아 봉기군을 구성하고 하늘에 맹약한 뒤 연판장을 돌리고 총, 창 등 군기를 준비해 일본군 함흥 수비대와 야소교당의 선교사를 습격하려는 계획을 세웠다.

이 정보가 일본 첩자에게 들어가는 바람에 수비대가 선제공격에 나섰다. 간첩들이 밤에 집회 장소에 150여 명이 모이는 것을 정탐하고 수비대에 보고해 2개 소대가 습격을 감행했다. 불의에 습격을 당한 봉기군은 저항하거나 담을 넘어 도망쳤다. 봉기군은 일본군을 향해 총을 쏘아 한 명이 맞아 쓰러졌으나 일본군이 난사해 네 명이 사살되고 29명이 부상을 입었다. 거괴인 김학우는 사살되었고, 윤형천과 승재원은 포로로 잡혔으며, 고창균은 달아났다. 일본군은 많은 깃발과 무기를 노획했다.

또 연달아 함흥관찰사 서정순은 수색을 벌여 12명을 잡아와 인계했다. 이 사건으로 인해 함흥 일대의 민심이 흉흉해지자 일본군과 서정순은 백성들을 모아놓고 회유를 했다. 하지만 함흥과 영흥 일대는 동학당이라 일컫는 무리가 1만여 명이라 했다. 원산의 일본영사관에서는 일본 외무대신에게 다음과 같이 보고했다.

> 본디 함경 지방의 인심이 간악해서 본방인(本邦人, 현지에 있는 일본인)을 만나면 자못 박대를 끝없이 합니다…… 이 일로 이 지방 인심이 의구해 안도한 방책을 쓰고 있습니다.
>
> ㅡ"함흥사건 보고", 『동학농민전쟁사료총서』 21

1904년 4월에 남쪽 일대에서 벌어진 봉기의 실상을 한번 살펴보자. 군산에 있는 일본영사관의 보고에 따르면 고부, 김제 등지에서 연달아 동학당의 봉기 조짐이 일어나고 고을마다 동학당을 사칭하는 무리가 출몰하면서 일본인을 공격한다고 했다. 그리고 그들은 민가의 재물을 약탈한다고도 했다. 그들이 때로는 수십 명, 때로는 수천 명이 무리를 지어 횡행한다고도 했다.

그 지역을 보면 김제, 부안, 고부, 정읍, 태인, 금구, 전주, 임피 등이었다. 사실 남도 쪽도 이와 다름없었을 것이다. 충청도 부강에서는 철도 노동자인 조선인과 일본인을 공격해 죽이거나 피해를 주었다.

북쪽의 사정도 이와 비슷했다. 평양 언저리에 있는 삼등에서는 동학당이 일본군 수비대를 습격하려는 일을 꾸몄다가 실패했고 순천, 희천, 경기도 여주에서도 출몰했다. 이때부터 평안도 일대에도 동학 조직이 널리 퍼져 봉기에 가담하고 있었던 것이다. 이에 대해 일본공사 하야시 곤

스케(林權助)는 일본 외무성에 다음과 같이 보고했다.

> 동학당은 종래에는 지방관의 학정에 고통을 겪어 그 개선을 기도하려 했다. 그래서 지방의 양민이 드디어 동학당에 가담했다. 지금 발동한 원인은 최근 경성에서 일어난 시정을 개선할 목적으로 일심회에서 중앙 지방 관리의 부패와 학정을 바로잡아 시정을 개선할 필요가 있다고 하면서 과격한 격문을 지방마다 배송해 도발한 까닭이다.
>
> —"함흥사건 보고", 『동학농민전쟁사료총서』 21

물론 개화파와 일본군 주둔을 반대하는 척사 세력 또는 의병 계열의 부추김도 영향을 미쳤을 것이다. 하지만 1903년 극심한 흉년이 들어 보릿고개에 민심이 흉흉해 있었다. 일본은 쌀을 군산항, 목포항 등 항구를 통해 일본으로 유출했고 일본제 옷감의 유입은 목화산업을 마비시켰다. 게다가 1904년 2월 러일전쟁이 일어나 러시아가 일본을 몰아낼 것이라는 기대감에 민심이 더욱 충동한 데 더 큰 원인이 있었을 것이다.

녹두장군의 아들 전해산 의병장

1907년에 조선통감부에서는 이른바 정미칠조약을 강제로 체결하게 하고 군대, 경찰 등 대한제국의 내정을 접수했다. 이에 따라 대한제국 군대가 해산되자 구식 군인들은 서울에서 먼지 항쟁을 벌였고 지방으로 내려가 의병부대에 합류했다.

그해 12월에는 의병연합부대의 서울 진격작전이 전개되었다. 이강년 등은 13도 창의군 7000여 명을 결성하고 양주에 모여 서울로 진격하면서 동대문 밖 30여 리 지점까지 진출했으나 일본군의 공격을 받고 후퇴했다. 그 무렵 평민 의병장의 활동이 눈부시게 전개되었다. 이를 3차 의병이라 한다. 3차 의병 시기에는 평민 의병장이 많이 등장했다. 먼저 농민군 출신인 김수민의 사례를 살펴보자. 박은식은 다음과 같이 기록했다.

> 김수민은 경기도 장단 사람이다. 힘이 세고 총을 잘 쏘아 백발백중이었고 스스로 폭탄을 만들어 사용하였다. 13도 총도독이 되어 의병 1000명을 거느리고 장단 덕음동을 차지하고서 군량미를 쌓아놓고 보부상을 모집하여 정찰대로 삼아 곳곳에 포열하고서 적과 교전을 하여 여러 번 승리를 거두었다. 적이 대대 병력으로 공격하니 군사들이 궤멸하여 몸을 숨겨 재거를 도모하였다. 김수민은 경성으로 잠입하여 인력거꾼이 되어 적의 실정을 탐지하다가 끝내 일본의 밀정에게 잡혔다.
>
> —『한국독립운동지혈사(韓國獨立運動之血史)』

김수민은 농민군 출신으로 경기도와 황해도 일대에서 활약한 뒤 마지막 강화를 공격하려다가 잡히고 말았다. 강재언은 일본 사료를 인용해 김수민이 동학농민군 지휘자였다고 밝히고 있다("국권 수호를 위한 군사활동의 평민의병진의 대일항전", 『한민족독립운동사』 1).

이때에 이르러서야 농민군 지도자가 농민군 중심의 의병을 조직하고 활동한 것으로 나타난다. 그 사례 중 하나로 의병장 전해산의 활동을 들 수 있다. 박은식은 다음과 같이 기술했다.

> 전해산은 전라도 임실군 유생이었다. 고전을 널리 알았고 행실이 곧았다. 전라북도에서 의병을 모아 여러 번 싸웠는데, 영산포에서 일병에게 잡혔지만 호방하여 자약(自若)하였다.
>
> —『한국독립운동지혈사』

또 전해산이 의병 활동을 전개한 동기를 이이화는 다음과 같이 기록했다.

> 1908년 심남일, 전해산 등 전라도 일대의 의병 토벌이 이루어졌다. 이때 전라도 일대는 예년보다 미곡과 면화가 4배의 증수가 있었는데도 목포와 영산포를 통해 일본으로 반출된 탓으로 가격 파동이 일었다. 이에 이들은 이를 빌미로 삼아 농민을 선동해 의병 활동을 전개했던 것이다.
>
> —『민란의 시대』

전해산 천안 전씨로 임실 출신이며 전봉준이 진안 일대에서 훈장을 할 때 만났다. 이후 가열찬 독립운동을 전개했다.

국권 수호뿐 아니라 수탈을 당하는 농민의 이익을 대변해 의병 봉기를 서둘렀다고 할 수 있다. 민심을 잘 이용한 것이다. 이때 호남에서는 보성의 머슴 출신 안규홍, 무장 사람으로 필묵상인 강무경 등이 맹렬히 활동했다.

전해산의 본명은 전기홍인데, 천안 전씨로 임실 출신이었다. 전봉준이 진안 일대에서 훈장을 잠시 하면서 동조자를 규합할 때 전씨들과 인연을 맺었다. 전봉준은 이곳저곳 떠돌면서 여러 곳에서 훈장 노릇을 한 것으로 보인다. 전해산은 한때 전봉준에게 글을 배웠다. 그의 큰아버지인 전병화의 주선으로 진안 백운면 오정리에 서당을 열고 전봉준을 훈장으로 초청했던 것이다.

한편, 이곳의 전씨 여러 명은 농민군으로 참여한 것으로 보인다. 오지영의 『동학사』에는 전봉준이 백산대회를 개최할 때 전화삼이 진안의 농민군을 이끌고 참여했다고 나와 있다. 하지만 당시 그의 나이가 열여섯 살이었기에 동일 인물인지는 확인해보아야 할 것이다.

전해산의 의병 활동을 좀더 자세히 살펴보자. 전해산 의병부대는 다른 의병부대와 연합작전을 펴 호남에서 많은 전과를 올렸다. 전해산은 전라도 남원에서 기병한 뒤 남쪽인 광주, 함평, 영광 등지에서 활동했다. 그 무렵 호남 의병들은 어느 지역보다도 활동이 드세어 일본군의 주목을 받았다. 특히 호남에서는 쌀이 일본으로 유출되어 쌀값이 폭등했고, 일본제 광목의 공급으로 농가의 목화산업이 마비되었으며, 일본 어민들이 어업 이권을 앗아가는 일도 벌어졌다.

전해산이 의병 활동을 할 때 전봉준의 아들이라는 잘못된 소문이 널리 퍼졌는데, 민중은 그를 더욱 우러러보았다. 전해산은 1879년생으로 1894년 동학농민혁명 당시에는 10대 중반의 소년이었다. 전봉준의 아들과 딸은 태인 동곡리에서 살다가 전봉준이 잡히자 도망쳤다는 말이 전해진다. 이런 이유로 전봉준과 전해산 사이의 연결고리를 만들어 낸 것으로 볼 수 있다(『전해산 장군의 구국항일투쟁기』).

더욱이 미국에서 발행된 『공립신보』와 『신한민보』에도 그와 관련된 보도 기사가 자주 실렸는데, 다음과 같은 기사도 있다.

> 전라남도 해남군에 의병 중 남일파 대장 전해산씨는 동학 주장 전봉준씨의 아들인데 그 기세가 점차 치성하여 그 형세가 굉장한데…….
>
> —『공립신보』

『신한민보』는 전해산의 활동을 알리면서 "녹두장군의 아들 전해산"이라는 기사를 내보낸 적도 있었다. 이는 비록 사실이 아닐지라도 여러 가지로 관련이 있었다. 소문처럼 그의 휘하에는 농민군 후예가 많이 참여한 것으로 추정된다. 조선통감부에서는 남쪽에서 의병 활동이 맹렬히 전개되자 1909년 남한폭도대토벌작전을 전개해 의병 수만 명을 몰살했다. 동학농민혁명 당시와 같이 '남한대토벌작전'을 벌여 의병을 바닷속으로 밀어넣으려 했다.

이때 전해산은 연고가 있는 임실, 장수 등지로 몸을 피하면서 재기를 모의하다 영산포에 주둔하고 있는 일본 헌병 분견대에 잡혀 대구 감옥에서 교수형을 받고 처형당했다. 그는 순국할 때 유시를 남겼는데, 그 앞 구절을 살펴보면 다음과 같다.

> 서생이 잘못되어 전포를 입었다가,
> 싸늘한 감옥에서 긴 한숨 쉬노라니 평소의 뜻 어그러졌구나.
> 조정의 신하들이 못된 짓 하는 것을 통곡하노니,
> 바다 밖 도둑들이 우리 지경 짓밟는 것을 참으랴.

천도교 창건과 3·1혁명

손병희는 1905년 천도교를 창건했다. 동학이 일제로부터 탄압을 받아 교도들이 흩어졌을 때 평생 동지인 이용구와 손을 잡으려 했으나 이용구가 친일파로 돌아서자 과감히 손을 뿌리치고 동학 개편에 나섰다. 이때 그는 기본 강령을 발표했는데, ① 독립의 기초, ② 정부 개혁, ③ 군정

재정의 정비, ④ 국민의 생명 재산 보호 등을 내걸었다. 이런 내용은 마치 정당의 강령과 별반 다를 바 없었다.

이용구도 이에 맞서 일진회를 이용해 친일 행각을 벌이면서 시천교를 조직해 천도교에 맞섰다. 시천교에서는 교도를 철도공사 노동자로도 활용했는데, 거의 동학교도들이었다 해도 틀리지 않을 것이다. 일본과 야합하고 벌인 행동이었다.

천도교가 창건되자 예전 동학교도 또는 농민군 출신들이 대거 몰려들었다. 더욱이 손병희가 스승 최시형을 모시고 서북 지방의 동학 조직을 확대해 큰 성과를 거두었고 이용구의 주선으로 동학이 공인되기도 했다. 여러 가지 정세가 무르익자 방황하던 동학교도가 몰려들어 천도교는 급속도로 퍼져 큰 교파를 형성했다. 이런 교세를 알려주는 1910년대의 교구와 교도 통계표를 살펴보자.

1910년대 천도교 교구 및 교인 현황(1916년 기준)

도별	경기	충남	충북	전남	전북	경남	경북
교구	23	11	9	23	18	8	5
신도	47,507	16,219	12,238	55,925	68,905	7,714	3,603
도별	강원	황해	평남	평북	함남	함북	
교구	18	18	20	21	16	7	
신도	47,173	65,113	215,451	341,139	118,149	29,358	

* 출처 : 홍동현, 「한말-일제시기 문명론과 '동학란' 인식」, 2018.

전국의 교도 수는 총 102만 8494명이었다. 그중에서 평안도와 함경도가 가장 많은 교도 수를 차지했다. 또한 서간도와 북간도에도 3만여 명의 신도가 있었다. 그리하여 천도교에서는 3·1혁명 시기에 교도 수가 100만 명이 넘었다. 그 무렵 개신교는 20여만 명, 천주교는 8만여 명에 지나지 않았다. 이에 대해 김정인은 그 원인을 다음과 같이 논급했다.

> 당시 천도교에 대한 선풍적인 입교 증가는 동학혁명에 대한 기억과 정서적으로 박래품인 기독교를 수용하기 어려웠던 지식인과 대중에게 천도교는 위안과 희망의 전도사로 받아들여졌기 때문이며 실제 당시 서교에서 천도교로 개종하는 이들도 상당수 있었음을 밝힌 바 있다.
>
> —『천도교근대민족운동연구』

이렇게 교세를 자랑하면서 성미를 거두어들이고 의연금도 답지해 재정 상태도 아주 좋았고 정치적·사회적 영향력도 높았다. 손병희는 사치를 일삼는다는 비난도 받았지만 교육, 문화 등 여러 사업을 벌이면서 3·1혁명을 준비할 수 있었다. 손병희가 민족 대표 33인을 선정할 때 천도교 인사 15명을 뽑아 그 반수를 차지했다. 이들 15명에는 동학농민군 출신 아홉 명이 포함되어 있었다.

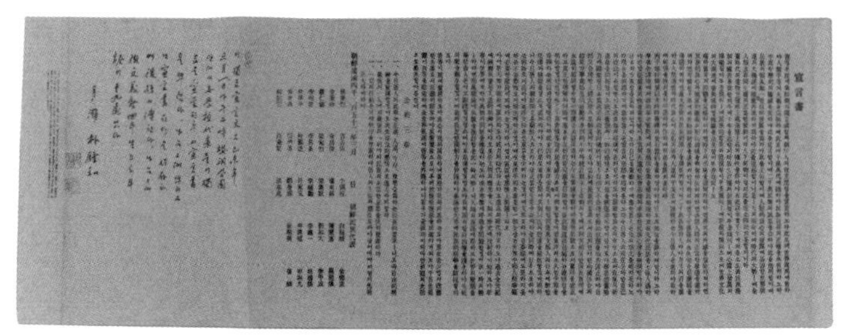

3·1혁명 독립선언서 1919년 3·1혁명 당시 조선이 독립국이며 조선인이 자주민임을 민족 대표 33인의 이름으로 선언했다.

농민군 출신의 민족 대표

1919년 3·1혁명은 자주독립국을 지향한 거대 민족운동이었다. 민족 대표로 이름을 올린 손병희는 앞에서 여러 차례 설명했으므로 다른 참여자를 살펴보자(재판 기록 등 종합).

이종훈 경기도 광주 출신이다. 일찍 동학에 입도해 최시형의 가르침을 받았다. 그는 동학교도로 접주가 되어 여주, 이천, 안성, 충주 등지에서 포덕했다. 남북 연합군이 편성되어 공주전투를 벌일 때 손병희 휘하의 일선 지휘관을 맡아 공주전투를 이끌었다. 공주전투에서 패전한 뒤 최시형, 손병희와 함께 북실전투에 참여했다가 다시 최시형을 모시고 지하 포덕에 나섰고 천도교 창건에 참여했다. 독립선언 당시 예순네 살로 민족 대표 중 가장 나이가 많았다.

나용환 평남 성천 출신이다. 1893년에 동학에 입도해 동학농민혁명에 참여했다. 1897년 정식 접주가 되었다. 나인협의 형으로 보기 드물게 형제가 나란히 민족 대표로 이름이 올랐다.

이종훈

나인협 평남 성천 출신이다. 1894년 강원도 원주에서 동학에 입도해 동학농민혁명에 참여했다. 그뒤 손병희의 충실한 문도로 15년 동안 천도교 포덕에 힘썼다.

박준승 전북 임실 출신이다. 1890년 무렵 동학에 입도했다. 1892년 광화문 복합상소에 참여했다. 유교 지식이 풍부했다. 권동진의 권유로 민족 대표 33인에 서명했다. 정읍군 안계리에서 별세했는데, 호남 사람으로 북접에 들었다.

홍기조

홍병기 경기도 여주 출신으로 서자로 태어났다. 무관으로 출세했으나 이종훈 휘하에서 공주전투와 영동전투, 북실전투에 참여했다. 최시형을 수행해 측근이 되었다. 최시형의 아들 최동희를 사위로 맞이했다.

권병덕

홍기조 평남 용강 출신으로 1893년 황해도에서 동학에 입도했다. 황해도 농민군에서 활동한 뒤 1896년 정식으로 접주가 되었고 1900년 평안도 대접주가 되어 동학과 천도교 전파에 공로를 세웠다.

3·1혁명 동학농민혁명의 영향을 받았으며 전 민족적 운동으로 발전했다.

임예환 평남 중화 출신으로 1894년에 동학농민혁명에 참여했다. 늘 손병희를 수행했고 동학의 불모지인 평양의 포덕에 큰 공로를 세웠다. 천도교 전파에도 많은 노력을 기울였다.

권병덕 충북 청주 출신으로 1885년 동학 초기에 입도했다. 보은집회와 광화문 복합상소, 공주전투에도 참여했다. 그가 겪은 동학농민혁명을 토대로 「갑오동학란」을 집필해 천도교측에서는 최초로 그 전말을 기록한 저서를 남겼다.

3·1혁명 당시 농민군 출신 아홉 명이 장년의 나이로 민족 대표에 이름을 올렸다. 동학농민혁명이 끝난 뒤 25년이 흘렀으니 적어도 20대 또는 30대에 동학농민혁명에 가담했던 것이다. 이들은 이를 캐묻는 경찰과 검사의 신문에 일말의 망설임도 없이 사실을 당당하게 시인했다.

그런데 이들은 모두 북접 계통이었다. 다시 말해 최시형, 손병희의 가르침과 지시를 받은 인사들이었다는 것이다. 당시 남접으로 오지영 등이 천도교에서 활동했으나 민족 대표로 이름을 올리지 않은 까닭은 북접 계통이 아니어서 손병희의 관심에서 벗어난 데 있었을 것이다. 대신 서북 지방 인사들이 대거 참여했다.

현장의 시위자들은 천도교인이 다수를 차지했다. 적어도 여기에 참여한 장년들은 동학농민군 출신이었다는 역사적 사실을 인정해야 할 것이다. 이들은 그동안 도시의 빈민굴이나 깊은 산골, 외로운 섬에 숨어살고 있었다. 다만 개신교 학생들이 만세 시위에 많이 참여해 대조를 이루었다고 할 수 있을 것이다.

식민지시대의 왜곡된 인식

3·1혁명이 일어난 뒤 조선총독부에서는 이른바 문화정치를 내세우며 사상, 언론, 출판 등의 자유를 부분적으로 허용했다. 이에 종교단체도 조금 숨통을 틔울 수 있었고 숨어다니던 농민군도 나와 어깨를 펴고 활동했다. 쥐구멍에 볕이 들었다.

하지만 금서로 지정한 저술은 쉽게 풀어주지 않았다. 그동안 동학농민군 관련 저술이 금서였던 탓에 여느 사람들은 쉽게 접할 수 없었다. 금서 목록에 올라 판매가 금지된 저술에는 안국선의 『금수회의록』(1908), 신채호의 『을지문덕전』(1908), 박은식의 『한국독립운동지혈사』(1920), 김동진의 『갑오동학란』(1931), 김구의 『도왜실기』(1932) 등이 있었다. 이처럼 수백 종이 금서 목록에 포함되었다.

이와 달리 조선사편수회 편수원들이 중심이 되어 펴낸 『신조선사』는 조선 역사가 분열, 정체, 사대로 점철되어 있다는 이른바 식민사관을 깔아놓았다. 게다가 동학농민혁명은 1차 봉기만 서술했고 2차 봉기는 아예 기술조차 하지 않았다. 곧 1차 봉기는 조선의 모순과 비리를 타파하려 봉기했다고 서술하고 2차 봉기에서는 일제의 침략에 맞선 사실을 감추려 한 것으로 보인다.

이런 시대 분위기 속에서 동학농민혁명 관련 저술이 출간되기 시작했다. 먼저 박은식은 1914년에 집필한 『한국통사』에서 "그 발단은 매우 희미했지만 그 결과는 매우 컸다. 빛나는 불길은 초원을 태웠고 굽이치는 물결은 강하를 이루었다. 한국의 큰 난은 중일의 대전을 일으켰다"라고 전제하면서 그 과정과 의미를 짚었다. 이어 "동학당이 관군, 일본군과 9개월 동안 싸워 30여만 명이 죽어 유혈의 참극이 우리 역사에서 있어본 적이 없다"라고 전제하고 다음과 같이 기록했다.

> 아마도 그 동력이 양반의 압제와 관리의 탐학에 격동되어 나온 것인즉 평민의 혁명이었다. 오직 그 무리들이 거의 어리석고 무식했고 그 거동 또한 난폭하고 기율이 없어서 개혁정치는 그들이 할 수 있는 게 아니었고 옛 관습을 파괴하는 일에는 남음이 있었다. 외인의 간섭이 없게 하면서 다시 유능한 자가 그들 사이에 나왔다면 그 파

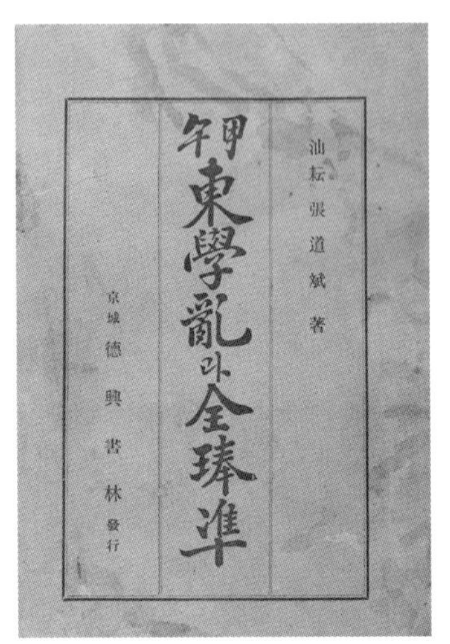

『갑오동학란과 전봉준』 장도빈은 1926년 최초로 동학농민혁명을 대상으로 한 저술을 간행했다.

괴로 해서 하나의 새로운 조선의 독립국을 세우는 것도 비로소 불가함이 아니었다.

—『한국독립운동지혈사』

장도빈은 1926년 최초로 동학농민혁명을 다룬 저술을 간행했다. 그는 동학란을 혁명운동, 전봉준을 영웅으로 그리면서 발생 원인과 경과를 기록했으며 전봉준 최후의 모습과 〈파랑새〉 노래까지 소개했다. 그리고 사상자가 10만 명이었다고 기록하면서 다음과 같이 평가했다.

> 갑오동학란의 영향이 동학당 자체에는 더욱 호영향을 주었으니 갑오동학란이 실패하였으나 그 무리불법(無理不法)한 관리와 양반을 타격하여 그들을 응징한 후로는 관리와 양반의 탐학 잔인한 행위는 그치고 약소 인민도 생명 재산을 보호하게 되었다. 동학란은 정신상이나 물질상이나 자유 평등의 파종을 이루어 조선인의 일조광명(一條光明)이 되었다. 동학당과 전봉준의 희생이 헛된 것으로 돌아가지 않았다.

—『갑오동학란과 전봉준』

장도빈은 '동학란'을 처음으로 혁명으로 규정했고 전봉준을 역적이 아닌 혁명가로 평가했다. 양반사회를 타파하는 데 공헌했다고 평가했으나 일제 침략과의 관련성은 말을 아꼈다. 이 책은 최초로 동학농민혁명 관련 저술로 간행되었으나 금서로 지정되었다가 1945년 발행한 『한국말년사』에 수록되었다.

황의돈은 1926년에 『조선지위인(朝鮮之偉人)』을 발표했다. 그는 전봉준을 위인이라 표현하면서 '선생'이라 불렀고 '조선 역사에서 유일무이한 민중적 운동으로 갑오혁신운동'이라 평가했다. 이 책은 최초로 쓴 전봉준 전기 성격의 저술이 될 것이다.

이 뒤를 이어 김상기는 1931년 8월 21일부터 10월 9일까지 36회에 걸쳐 『동아일보』에 "동학과 동학란"이라는 제목으로 글을 연재했다. 여기에서는 그 시말과 결과, 일본군의 움직임도 설명했다. 그리고 지방에서 떠도는 이야기도 실었다. 동학농민군의 처절한 활동을 기록했지만 장도빈과는 달리 혁명으로 규정하지는 않았다. 식민지 시기에는 간행되지 못했다가 1947년에 『동학과 동학란』이라는 제목으로 발행되었다.

사회주의 계열의 평가도 있었다. 먼저 모스크바에서 개최된 1922년 1월 원동민족혁명단체대표회(극동노력자대회)에서 「한국의 혁명운동」이라는 보고 논문이 발표되었는데, 이 논문은 '동학농민혁명을 혁명적 농민의 최초 봉기'라고 평가했다. 또한 양반을 타파하려는 계급투쟁과 농민의 혁명적 요구가 맞아떨어졌다고 평하면서 동학농민혁명은 동학도의 반란이 아니라 민중 폭동이라고 규정했다. 이 논문이 최초로 '동학도의 반란이 아니라 민중 중심의 최초의 혁명'이라는 성격을 제시했다. 일본 대표도 참석한 이 대회는 소련 혁명 지도자 레닌이 최시형의 노선을 알게 되는 계기가 되었다.

이청원은 1937년 『조선역사독본』을 간행했는데, 동학농민혁명을 평가하면서 갑오혁명을 중국의 태평천국운동과 연결지어 동학천국운동이라고 규정했다. 그는 이 혁명을 "외국 자본주의의 침투로 대중이 더욱 어렵게 살아 그 저항으로 일어났다"고 평가하면서도 그 한계로 계급적 이데올로기로 무장되지 못했고 동학은 '종교적 외피로 기능'했다고 보았다.

권병덕은 동학농민혁명 당시에 북접 농민군으로 참여한 인사였다. 1935년 「갑오동학란」을 집필했다. 이 글은 단행본으로 나온 것이 아니라 『이조전란사(李朝戰亂史)』의 한 부분으로 포함되어 있다. 모두 28쪽으로 엮여 있는 이 기록은 북접 중심으로 동학농민혁명사의 모든 과정을 요약해 다루었고 남접의 활동도 비교적 정확하게 기술했다. 여기에서 조선 팔도에는 함경도를 제외한 모든 도에서 참여했다고 기술하고 사상자가 10여만 명이라고 밝혔다. 그러면서 평안도 용강에서도 봉기했다고 서술하면서 그 자세한 내용은 밝히지 않았다. 하지만 이 글은 단행본으로 간행되지 않아 독자의 주목을 끌지 못했다.

오지영은 동학농민혁명 당시에 참여한 지도자급 인사였다. 그는 천도교 혁신운동을 벌이기도 했는데, 1940년 『동학사』를 단행본으로 펴냈다. 이 책은 제목 그대로 동학사이지 동학농민혁명사는 아니라고 할 수 있다. 하지만 동학농민혁명 관련 사실이 많이 실려 있다. 『동학사』는 쉽

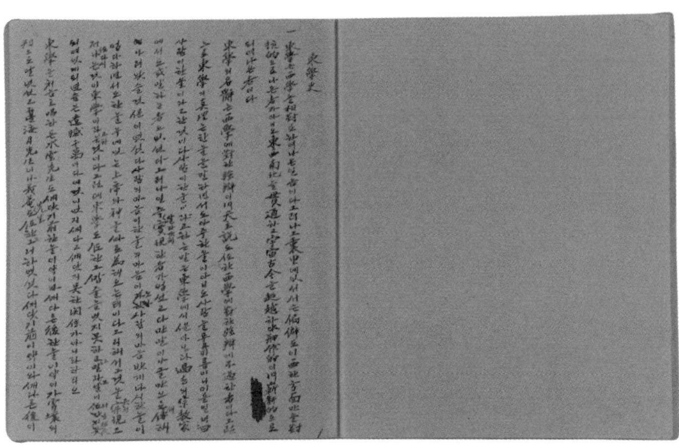

『**동학사**』 동학농민혁명에 직접 참여한 오지영이 기술한 책으로 1940년에 간행되었다(국사편찬위원회).

고 재미있는 표현을 써서 독자의 호응을 얻었다. 게다가 직접 경험한 사실을 적어 실감을 주었다. 그런데 이 책은 많은 사실의 오류를 제쳐두고서라도 내용적 결함이 많았다. 일본의 개입과 횡포에 대해서는 거의 다루지 않았던 것이다. 예를 들어 동학농민혁명의 핵심인 공주전투에 대해 200자 원고지 열 장 정도로 다루면서 "이때 관병과 일병은 세를 합하여 동학군의 앞을 가로막아 들어온다"라고만 표현하고 있다. 결국 관군과 동학군이 전투를 벌인 것으로 마무리지었다. 식민지 시기 검열이 심한 전시에 간행된 탓으로 검열에서 벗어날 수 없었던 것으로 여겨진다.

또 사망자를 30만 명 또는 40만 명이라 기술하면서 조정과 맺은 폐정 개혁 12조를 소개했는데, 경병과 강화조건이라 했다. 이 폐정 개혁안은 이 책에만 소개되어 그 실체를 의심받고 있다. 그의 초고본에는 집강

『시천교역사』 김연국이 시천교 역사를 서술한 책이다. 동학은 1905년에 천도교와 시천교로 분리되었다.

소의 정강(政綱)이라 했는데, 이는 조정과 맺은 강화조건이 아니라 집강소에서 실천적으로 이룬 개혁이라고 보아야 할 것이다. 또 남북접의 갈등 해소에 대한 자신의 역할을 과장하고 있기도 하다(이이화, 「오지영 『동학사』의 내용 검토」 참고).

기쿠치 겐조, 시노부 세이사부로 등 일본인 학자들의 답사기와 연구서가 전봉준의 행적과 초기 봉기의 실상을 알려주고 있으나 일본의 잔학상은 거의 기록하지 않았다. 여기에서는 그에 대한 자세한 설명은 접어두기로 한다. 그들은 동학란이라 부르지 않고 동학당이라 표기하면서 일본군에 항거한 사실에 대해서는 평가하지 않고 있다.

1920년대 이후에는 이돈화가 쓴 『천도교창건사(天道敎創建史)』와 『천도교청년당소사(天道敎靑年黨小史)』, 김연국이 쓴 『시천교역사(侍天敎歷史)』 등이 천도교와 시천교에서 포덕을 목적으로 발행되었다. 이들 저술은 천도교 포덕을 목적으로 하여 사료로 이용할 때 주의해야 한다. 하지만 동학농민혁명 관련 기술이 일정 부분 수록되어 있어서 이용 가치가 전혀 없지는 않을 것이다.

앞에서 이야기한 대로 동학농민혁명에 대한 활발한 기술과 평가는 현실적 조건으로 한계를 지니고 있으면서도 새로운 이론을 제시하고 정의를 내리려는 모습을 보였다. 그 배경과 원인을 세 가지로 요약할 수 있다. 첫째, 한일합병으로 민족의식과 독립정신의 고양을 꼽을 수 있다. 둘째, 천도교 창건으로 동학에 대한 재인식이 높아졌다. 셋째, 3·1혁명으로 동학농민혁명에 대한 관심이 높아졌다.

현대 정치 지도자의 인식

해방 뒤 활동한 정치 지도자들 중 농민 봉기와 관련된 인물 몇 사람의 의식과 행동을 간단히 살펴보자.

여운형은 경기도 양평 신원리(新院里)에서 부잣집 향반의 맏아들로 태어났다. 양평 일대에 사는 여씨들은 지주로 행세하면서 토호의 지위를 누렸으나 안동 김씨 문벌정치 아래에서 소론 계열에 들어 정치 권력에서 소외되어 있었다. 여운형의 아버지 여정현은 양평 신원에 살면서 선비 반열에 들었고 작은아버지 여승현은 개명 지식인이어서 일찍 동학에 입도해 포덕 활동을 벌였다.

여운형은 1886년 종손으로 태어나 여느 양반집처럼 어릴 때 한문을 익혔다. 적어도 그는 7, 8년 동안 전통교육을 받은 것으로 보인다. 1894년 동학농민혁명의 물결이 양평에도 밀려들었다. 그의 할아버지 여규신은 작은아버지 여승현이 동학에 입도한 것을 보고도 아무 말이 없었다고 했으나 아버지와 어머니는 맹렬히 반대했다는 기록이 전해진다

여운형 어린 시절 동학농민혁명을 경험한 여운형은 사회주의적 성향을 가지고 민족운동을 전개했다.

(여운홍, 『몽양 여운형』). 동학은 기본적으로 양반-상놈의 차별을 타파하고 지주를 지탄하는 사상이 바탕에 깔려 있던 터라 지주나 양반의 집안에서는 쉽게 받아들이기 어려웠다.

1881년 최시형은 『동경대전』 개간소를 단양 남면 천동에 위치한 여운형의 작은할아버지 여규덕의 집으로 정했다. 그 무렵 여규신은 최시형을 비롯해 동학 지도자로 떠오른 김연국, 박인호, 손병희 등을 만났다. 이런 관계로 인해 여규신이 동학 지도자들을 만난 것이요, 동학에 대한 이해가 있었던 것이다.

당시 경기 북부인 양평 일대는 강원도와 접경 지역이어서 홍천에 근거지를 둔 차기석 부대가 남하하는 진로였고 경기 의병부대를 이끈 맹영재는 농민군 토벌에 앞장섰다. 그리하여 홍천-양평을 잇는 통로는 위험 지역이었다. 이들 집안은 지주를 타도하려는 여주, 원주 등지의 민란을 피해 1885년에 단양으로 피란을 갔다. 지주의 처지에서는 보신책이었을 것이다. 아버지 여정현은 동학을 믿지 않으면서도 동생에 의지해 다시 단양으로 피란을 갔다 한다. 그는 동학을 거부하는 정도가 아니라 양반 토호로 군림하는 인물이었으며 어머니 이씨는 과단성 있는 여성이었다.

여운형은 10대 중반에 배우던 한문 수업을 중단하고 1900년에 배재학당에 입학해 개화 소년이 되었다. 1905년은 그에게 전환의 시기였다. 어머니를 여의고 다음해에 아버지마저 잃었다. 그는 서울에서 학교도 다니고 활동도 하면서 청년기를 맞이했다.

여운형은 1908년 스물한 살 때 아버지의 대상을 마치고 상속을 받았는데, 아버지의 뜻과는 달리 맨 먼저 빚 받을 문서와 노비관계의 서류를 불태워버렸다. 그리고 종들을 모두 불러 "너희는 이제부터 나의 형제요, 자매들이다"라고 외친 뒤 각기 살길을 마련해주었고 혼인하지 않은 종들은 짝을 맺어주었다(여운홍, 『몽양 여운형』). 이는 조금 과장되어 전해진 듯하다. 당시에는 사노비가 이미 해방되었기 때문이다. 하지만 이런 의식과 행동은 평생 농민과 노동자를 사랑하던 모습과 결부되어 나타난 것으로 보인다.

또 가정 제사를 폐지하기로 했다. 전통 제사는 번잡해 성호 이익 같은 기존의 선비들도 간소화를 주장했는데, 그가 이를 실현했다. 이런 과단한 행동은 양평 일대와 경기도 일대로 퍼져 '패덕의 무리'라 하여 비난과 조소를 받았지만 그의 의지와 행동은 꿋꿋했다. 동학에서는 제사 형식을 간소화해 청수(淸水)로 지내도 된다고 가르쳤다.

여운형은 해외에서 독립운동을 했으며 해방 공간에서는 좌우 합작을 모색하면서 중도 좌파의 노선을 걸으며 통일 정부 수립에 열정을 쏟았다. 그는 민족운동가, 통일운동가, 대중정치가였다. 여운형은 평생 동안 많은 활동을 하면서 신분 차별을 없애고 평등한 관계를 이루려 노력

김성수 생가 김성수는 동학농민혁명의 핵심 지역인 고창 출신으로 3·1혁명 준비과정에서 손병희와 교류를 하는 등 동학농민혁명에 직간접적으로 영향을 받았다.

했고 재산을 나누어준 것은 동학농민혁명의 정신을 실현했다고 볼 수 있을 것이다.

동아일보 사장과 부통령을 지낸 김성수는 고부군 부안면 인촌리(지금의 고창) 출신이다. 그는 유학자 김인후의 후손으로 장성의 토호인 울산 김씨의 후손이었다. 울산 김씨들은 전봉준에 협조한 것으로 알려져 있다. 그의 할아버지 김요협, 양아버지 김기중, 친아버지 김경중은 지주였고 수령 등 벼슬자리를 얻었다. 이들은 고부군수 조병갑과 전봉준 사이에서 시달림을 받았고 부안, 줄포의 객주 상인들과 결탁해 일본 상인에게 쌀을 팔아먹었다. 그러면서 농민군에게 시달림을 받았지만 큰 피해는 입지 않았다.

전봉준이 살던 조소리와 김기중·김경중 형제가 살던 인촌리는 그리 멀지 않은 거리여서 서로 지면을 익힌 사이일 수도 있을 것이요, 나이

차도 그리 나지 않아 안면이 있을 수도 있었을 것이다. 더욱이 전봉준은 이 지방에서 세력을 넓히고 있었으니 부호인 김씨 일가를 주목했을 터다. 고부 봉기가 일어날 때 김성수의 나이는 만 네 살이었다.

김성수의 가계는 이처럼 여러모로 동학농민혁명과 연고가 있었지만 중간파라고 해도 맞을 것이다. 김성수는 젊은 유지로서 사교장인 명월관에 출입하면서 손병희와 교류를 가졌다. 두 사람은 3·1혁명 준비과정에서 어울리는 등 친분을 쌓았고 3·1혁명이 일어났을 때 그의 측근인 송진우, 현상윤 등이 손병희를 지원했다. 시세에 민감하고 정세를 잘 살피는 김성수가 손병희를 만나 전봉준 이야기를 어떻게 했을까?

일제강점기 때 『동아일보』는 일본의 눈치를 살펴 '동학란'을 다루지도 않았지만 반대 논지를 펴지도 않았다. 1931년 전북 김제 출신의 역사학자 김상기가 집필한 "동학과 동학란"이라는 제목의 글을 36회에 걸쳐 『동아일보』에 최초로 연재한 것으로 보아도 짐작할 수 있을 것이다. 어쨌거나 전봉준과 김성수는 길은 달랐으나 근현대사에 나타난 고창 출신의 두 인물이었다.

이승만 독재 정권에 맞섰던 조병옥은 목천의 중간 지주인 조인원의 아들로 태어나 동학농민혁명 당시 두 살의 나이로 강보에 싸여 피란을 다녔다. 그는 미군정 시기 군정청 경무부장을 지내고 민주당 대통령 후보로 추대되었던 인물이다. 조병옥은 제주도 '양민학살'의 오명을 썼지만 『나의 회고록』에서 "농민군은 잘못된 세상을 바로잡으려고 일어난 개혁 세력이었다"라고 평가했다. 그는 우파 정치인이면서 농민군의 이념적 지향을 역사적으로 인정하고 있었다.

또 한 사람 윤보선을 살펴보자. 윤보선은 아산의 토호인 윤치소의 아들로 태어났다. 윤치소는 천안과 아산 일대에서 수성군을 조직해 충청도 일대 농민군 토벌에 나섰고 그 공로를 인정받아 벼슬을 얻어 떵떵거렸다. 호서 지방의 해방 농민군은 그의 집안을 원수로 여겼다. 윤보선의 서삼촌 윤치영은 이승만 정권에서 내무부장관을 지내고 박정희 정권에서 여당인 공화당 총재가 되었다.

유신 정권의 대통령 박정희의 이야기가 남아 있다. 박정희 집안에서는 박정희의 아버지 박성빈이 동학 접주를 지냈다고 주장하고 있으며 주변에서도 이를 받아들이는 것으로 알려져 있다. 1871년 출생이어서 동학농민혁명 당시 스물세 살이었기에 농민군 접주로 볼 수 있겠지만 아마도 그뒤에 동학에 입도한 것으로 추정된다. 또 박성빈은 아버지를 따라 성주에서 칠곡의 약목으로 이사를 왔고 선산의 상모리에 정착했는데, 어느 곳에서 접주를 했는지도 알려져 있지 않다. 하지만 박정희는 이때의 농민 봉기를 '동학혁명'이라 명명하면서 5·16쿠데타와 함께 한국에서 있었던 2대 혁명이라는 주장을 폈다.

마지막 한 사람, 국민의 정부 대통령인 김대중과 여기에 얽힌 이야기가 있다. 김대중은 농민군이 마지막 거점으로 삼았던 신안 하의도 출신이다. 그는 감옥생활과 민주화운동을 하면서 동학농민혁명 또는 전봉준에 대해 지식을 쌓았다. 김대중은 1980년 '서울의 봄'을 맞이했을 때 정읍농고에서 거행하는 "동학혁명전국기념대회"에 국민연합 의장 자격으

동학농민혁명기념관 전경 황토현 전적지에는 동학농민혁명 관련 최대의 전시관이 있는 동학농민혁명기념관이 자리하고 있다.

로 참석해 '동학혁명'의 역사적 의의를 주제로 연설했다. 전두환의 신군부가 5·18민주화운동이 일어난 뒤 김대중을 구금하고 전국기념대회에 김대중을 초대한 정읍시장 등 관련자를 구속했다.

김대중은 대통령이 된 뒤 전봉준을 가장 존경하는 역사 인물로 꼽으면서 황토현 전적지에 동학농민혁명기념관을 지었으며, '동학농민혁명 참여자 등의 명예 회복에 관한 특별법'을 제정할 때 비서 출신 윤철상이 중심이 되어 국회에서 통과시켰다. 이 특별법의 명칭을 '동학농민혁명'이라 지정해 처음으로 국가 공식 용어로 사용했다. 이런 공로로 그의 사후인 2011년에 정읍시에서 동학농민혁명 대상을 수여했다. 김대중은 박정희와 다른 의미에서 동학농민혁명의 계승자라고 할 수 있을 것이다.

3장

동학농민혁명 100주년을 맞이하다

동학농민혁명의 활발한 평가 작업

1945년 이후 미군정 시기와 이승만 독재 시기에는 동학농민혁명에 대한 관심이 별로 높지 않았다. 하지만 박정희 유신 시기에는 이에 대한 대중의 관심이 높아지기 시작했고 반독재 민주운동 과정에서 새로운 평가가 따랐다.

1994년 동학농민혁명 100주년을 맞이해 사료 수집과 논문집, 단행본이 대량으로 발간되어 연구의 수준을 높였다. 이어 전주, 정읍, 고창, 광주, 장흥, 장성, 상주, 예천, 진주, 홍천, 보은, 예산, 태안 등 동학농민군 활동이 활발했던 지역을 중심으로 기념사업단체도 발족했다.

국회에서도 '동학농민혁명 참여자 등의 명예 회복에 관한 특별법'이 통과되고 문화체육관광부에 심의위원회를 두었으며 기념재단이 발족되어 연구와 함께 기념사업이 동시에 이루어졌다. 그 결과 교과서에도 '동학농민운동'이라는 이름으로 그 의의와 평가를 수록해 공식적으로 '동학란'이라는 이름이 사라졌다.

전봉준 동상도 동학농민군 지도자들이 갇혀 심문을 받았던 종로 1가 전옥서터에 세웠다. 정부에서는 동학농민혁명을 기려 국가기념일로 지정하고 공식으로 동학농민혁명이라는 용어를 인정해주고 있다.

해방 뒤 역대 독재 정권에서는 민족운동 세력에 압제를 가하면서 친일파를 등장시켰고 미국에 기대어 정권을 유지하는 수단으로 삼으면서도 민주운동 세력을 탄압할 때 농민군 활동을 민족운동의 효시로 내세웠다.

박정희는 5·16쿠데타 이후 "우리나라에는 혁명이 두 번 있었는데, 하나는 5·16혁명이요, 두 번째는 동학혁명이다"라고 외쳤다. 그 첫 증거가 황토현에 나타난다. 1963년에 들어 공화당이 창당되고 나서 황토현기념탑 건립을 추진했다. 당시 전북도지사 김인(육군 소장 출신)은 공화당의 계획에 따라 이 사업을 서둘렀다. 건립위원장으로 이병기(전북대 인문대학장, 국문학자)를 추대하고 공화당 전북 정읍시에 경비를 지원하고 급조해 1963년 10월에 제막식을 가졌다. 기념탑의 글은 김상기(서울대 교수)가 쓰고 신석정의 시를 곁들였다.

제막식에는 당시 국가재건최고회의 의장이요, 대통령권한대행 박정희가 참석했다. 놀랄 일이었다. 이때 사용된 용어는 '동학혁명'이었고 기념탑 글에는 농민군의 기치였던 척양척왜에서 척양을 슬쩍 뺐다. 이것이

갑오동학혁명기념탑 제막식 정부의 계획에 따라 최초로 건립된 동학농민혁명 관련 기념시설로 1963년에 제막식을 거행했다. 이때 박정희 국가재건회의 의장이 참석했다(국가기록원).

정부에서 최초로 세운 기념조형물이었다(문병학 증언, 『전북일보』 참고). 군사 정권이 농민혁명 또는 전봉준을 정권에 이용하려는 것이 아닌가 하는 의구심이 들기도 했다.

또 농민군 최후의 전적지인 공주 우금치에 천도교 공주교구 이창덕의 주선으로 1973년 11월 동학혁명군위령탑을 세웠다. 탑명은 박정희가 썼고 비문은 건립위원장 이선근(문교부 장관)이 썼는데, 동학혁명은 5·16쿠데타와 10월 유신으로 계승되었다고 새겼다. 최초의 전승지인 정읍 황토현과 최후의 패전지인 공주 우금치에 세운 동학혁명군위령탑은 군사 정권이 세웠다는 아이러니가 연출되었다.

반군사 독재, 반유신 시위대는 때때로 전봉준의 초상화를 앞세우기

동학혁명군위령탑 동학농민군이 가장 많이 전사한 우금치 전적지에 1973년 11월에 세운 위령탑으로 당시 박정희 대통령이 탑명을 썼다. 10월 유신의 흔적이 남아 있다.

도 했다. 이 시기에 이르러 민주 시민들과 학생들에 의해 동학농민혁명이 재평가를 받게 된 것이다. 1980년대는 이런 시대 상황에 맞물려 있었고 민중 정서의 연장선상에 놓여 있었다.

1983년에는 전두환이 황토현 언덕 아래에 전적지를 조성했다. 넓게 터를 닦아 농민군의 전승을 기리게 했다. 1987년에는 전봉준 동상과 함께 유물 전시기념관도 세웠다. 박영석(국사편찬위원장)이 쓴 설명글에는 전두환이 동학혁명의 정신을 기려 건립했다고 기록되어 있다. 전두환은 "전봉준 할아버지가 이루지 못한 꿈을 내가 이루었다"라고 떠벌렸다 한다. 그런데 전봉준 동상은 친일파 김경승이 조각해 논란을 빚었고 전시물에는 전봉준이 효수당한 사진이 전시되어 웃음거리가 되었다.

황토현정화기념비 1983년 전두환 대통령이 황토현 전적지를 조성하고 이를 기념해 황토현정화기념비를 만들었다.

전봉준 동상 황토현 전적지를 조성하고 그 중심부에 전봉준 동상을 세웠다.

1994년은 동학농민혁명이 일어난 지 100주년이 되는 해였다. 이를 앞두고 여러 관련 단체에서 기념사업을 준비했고 사료 수집과 연구 작업도 진행했다. 먼저 역사문제연구소에서는 여러 사업을 벌이기 위해 특별위원회를 두기로 합의하고 동학농민전쟁백주년기념사업추진위원회를 발족했다. "동학농민전쟁 100주년을 맞아 이의 과학적인 연구를 통해 농민전쟁의 역사적 성격을 밝히고 이에 기초해 역사 인식의 대중화와 농민전쟁의 역사적 교훈을 실천하기 위해서"라는 목적을 바탕으로 연구 발표회, 연구 자료집과 사료집 발간 등 학술 출판사업과 대중 강좌, 역사 기행, 다큐멘터리 제작 지원 등의 사업계획을 세웠다.

동학농민전쟁백주년기념사업추진위원회 추진위원장에는 이이화, 추진위원에는 역사문제연구소에서 직책을 맡고 있는 서중석(부소장), 방기중(연구실장) 등이었고 자문위원으로는 송건호, 김중배 등 원로를 추대하고 연구위원 겸 담당 간사로는 신영우(충북대)와 우윤, 연구위원으로는 배항섭, 김양식, 박준성, 왕현종, 김선경 등이었다. 교수 또는 박사과정이나 석사과정을 밟고 있는 소장 전공자들인 이들 연구위원이 일을 추진하는 핵심 구성원으로 학술, 기행, 강의 등을 분담해 진행했고 후원회를 꾸려 지원금도 마련했다.

한편, 100주년을 앞두고 여러 기념사업단체가 전국적으로 조직되었다. 전주에서는 오랜 준비를 거친 끝에 1992년 6월 532명의 회원 이름으로 창립대회를 열었다. 이어 다음해에는 동학농민혁명백주년기념사업회라는 이름으로 사단법인에 등록했고 변호사 한승헌이 이사장, 조성용이 부이사장을 맡아 활동했다. 그리고 신순철, 이종민, 서지영 등이 이사를 맡았으며 사무국장에는 문병학이 선임되었다. 이 단체는 전북을 대표하는 인사들이 참여해 전 도민적 기구로 발족되었다.

한승헌은 이 사업이 동학이라는 종교 활동이 아니라는 점과 100주년을 앞두고 새롭게 그 역사적 의의를 밝히는 기념사업을 벌여야 한다는 취지에 찬동해 참여했다. 한승헌의 지명도와 폭넓은 활동에 힘입어 빠르게 사업이 추진되었다. 이 단체에서는 100주년을 맞이해 걷기대회, 학생 백일장, 학술발표회 등 시민과 학생, 학자가 참여하는 여러 행사를 개최했다.

이어 갑오동학농민혁명계승사업회가 발족되었다. 정읍이 고부 봉기 또는 황토현전투의 발상지인 만큼 1967년에 정읍문화원장 최현식을 중심으로 기념사업회를 발족하고 해마다 황토현전승기념일에 축제를 벌였으며 만석보 유지비 등을 세우는 사업도 추진했다. 그러나 1980년 축제에서 김대중이 축사했다고 하여 신군부가 기념행사를 중단시켰다. 그 뒤 100주년을 앞두고 민간단체 중심의 정읍동학농민혁명계승사업회가 1993년에 재발족되었는데, 김현·조광환 등이 회장 또는 이사장을 맡았다. 이 단체에서는 정읍시의 지원을

최현식 정읍 지역에서 동학농민혁명을 연구한 향토사가다.

무명농민군위령탑 정읍동학농민혁명계승사업회가 정읍시 고부면 신중리 주산 마을에 무명농민군위령탑을 건립했다.

받아 전국적 규모로 대대적인 황토현 전승기념식을 거행했다.

한국민족예술인총연합회에서는 산하에 동학농민혁명기념사업 특별위원회를 설치하기로 하고 1993년에 발족했는데, 다른 기념단체와 연대를 위한 특별위원회의 위원을 두었다. 임진택, 정희섭, 양정순 등이 이 일을 맡아서 진행했다. 이들은 역사맞이굿, 추모굿, 기념음악회 등을 열면서 정부 지원 예산을 확보하기도 했다.

고창에서는 기념사업회가 1994년 1월에 창립되었다. 고창문화원 원장 이기화는 오랫동안 농민혁명 관련의 여러 유적, 곧 무장관아, 전봉준 생가 마을, 마애불 등을 조사해왔다. 이를 바탕으로 농민군이 무장기포를 하여 첫 고부로 불발한 구수내 마을 표석비를 건립하는 등의 사업계획을 세우고 출범했다. 2000년대 이르러 진윤식 등이 활발히 사업을 펼쳤고 고창군수 이강수가 많은 지원을 했다.

광주-전남에서는 1994년 1월에 기념사업회가 발족되었다. 이 단체는 광주-전남의 단체와 국회의원을 망라해 참여하게 했는데, 전남대 교수 이상식이 모든 일을 추진하고 이끌었다. 이 단체에서는 농민군이 최초로 중앙에서 내려온 관군과 맞붙어 승리를 거둔 장성 황룡촌에 승전기념탑을 세우고 기념공원을 조성하는 사업을 추진했다. 이 사업은 강연균(화가) 등이 기획을 맡았고 박성현 고려시멘트 대표 등의 지원을 받아 건립했다.

상주에서는 1994년 4월에 기념사업회가 발족되었다. 회장에는 상주문인협회 회장 박찬선, 사무국장에는 한겨레신문 상주지국장 강효일이 맡았다. 강효일은 이곳 민주운동을 줄기차게 전개했다. 그는 위령제 등 여러 행사를 개최하면서 반대 인사들의 많은 견제를 받았다.

공주에서는 동학농민전쟁우금티기념사업회가 1994년 6월에 발족되었다. 공주는 동학혁명군위령탑이 있는 곳이다. 1993년 초 한 업자가 이 탑 옆에 주유소를 세우려 했다. 그러자 시민단체에서 반대했고 그 연장선상에서 기념사업회를 발족한 것이다. 여기에는 공주교육대 교수 진영일의 노력으로 우금치 성역화를 추진했고 이어 사업회가 이루어졌던 것이다. 그뒤 해마다 김정헌, 지수걸, 정선원 등이 주관해 기념행사를 열고 있다.

이어 가장 의미 있는 단체가 발족되었다. 그동안 동학농민전쟁백주년기념사업추진위원회 연구자들은 많은 유족을 만나 증언을 듣고 자료를 수집했다. 이들 유족은 각기 흩어져 일정한 조직체가 없었다. 그런 이유로 한 조직체에서 서로 의견을 나누고 여러 기념사업에 조직적으로 참여해야 하는 과제가 주어졌다. 1994년 1월에 동학농민전쟁백주년기념사업추진위원회에서 역사문제연구소 필동 사무실로 초청해 간담회를 가졌는데, 30여 명이 참석했다. 이들은 연구자들이 그동안 답사를 다니면서 발굴한 경우도 있었고 다른 기념사업회에 연락해 찾아낸 경우도 있었다. 후손으로 처음 만난 자리여서인지 동지애를 확인하면서 화기애애했다.

이 첫 모임에서 유족을 대표해 정남기와 우윤 연구위원이 실무를 맡아 유족들에게 연락하고 유족회 발족의 의의와 사업계획을 세우기도 했다. 동학농민전쟁백주년기념사업추진위원회에서는 이들이 자연스럽게 만나 스스로 조직체의 필요성을 느끼고 자발적으로 참여하게 유도했다. 역사문제연구소에서 가진 발기인대회에서는 농민정신 계승, 농민군 명예 회복, 증언록 제작 지원, 추모대회에 동참할 것 등을 선언했다.

마침내 3월 3일 동아클럽에서 창립대회를 가졌는데, 회원 69명을 포함해 각계 인사 300여 명이 참석했다. 당시 문화체육관광부 김도현 차관과 국회의원 조세형과 이부영, 천도교 교령 오익제, 변호사 이돈명, 충남대 교수 이종수, 작가 박완서, 그리고 기념단체 인사인 최현식, 이기화, 김범수 등이 참석했는데, 그 의의와 농민군의 서훈 문제를 두고 조세형 의원이 주제 발표를 했고 그 밖의 사람들은 축사와 격려사를 했다. 또 임종석, 임수경 등 학생운동권 인사들도 참석했다. 100년 만에 처음 있는 일이었다. 첫 출발은 열기가 넘쳤으며 화려했다. 100여 년 동안 숨을 죽이며 벌벌 떨면서 쉬쉬하고 살아왔는데, 이것으로 해원(解冤, 한풀이)이 되었을까? 회장에는 김영중(영호 대접주 김인배의 후손)이 추대되었으며 실무는 정남기, 손주갑 등이 맡았다.

참여한 유족들, 특히 민주운동가 김재훈, 정남기, 이이화 등이 유족의 기와 자부심을 높이기 위해 각계 인사를 초청했고 호응도 매우 좋았다. 그런데 작은 사달이 벌어졌다. 동아클럽 관계자들이 임종석, 임수경이 참석한 것을 알아서인지, 농민군 유족들이 데모라도 벌일 줄 알아서인지 장소 대여를 해주지 않으려 했다. 실랑이를 벌인 끝에 겨우 계약할 수 있었다.

이들의 단결력은 매우 높았고 만나면 유대가 돈독했다. 회원의 애경사가 있으면 너나없이 몰려들었다. 또 여러 기념대회에 많은 유족이 참여해 분위기를 고조했다. 5월 16일에는 농민군 명예 회복과 서훈 문제를 담은 "겨레에게 드리는 호소문"을 각계에 발송했다. 무엇보다 첫 사업으로 동학농민전쟁백주년기념사업추진위원회에서 추진하는 유족 증언록 작성에 후원금을 내서 완성할 수 있게 도와주었다. 그 결과 『다시 피는 녹두꽃』과 『전봉준과 그의 동지들』이란 제목으로 구구절절한 사연을 담은 증언록이 햇빛을 볼 수 있었다. 유족회는 많은 활동을 벌인 끝에 오늘날에는 회원이 1만 527명을 넘는 거대단체로 성장했다.

그 밖에 기념전시회조직위원회(위원장 김정헌)를 비롯해 홍천, 진주, 상주, 예천, 장흥, 태안, 예산 등지에서 기념단체를 발족하고 지역 단위의 행사를 개최했다. 이들 기념단체는 전국에 걸쳐 11개를 헤아렸다. 100주년 행사를 앞두고 이들 단체를 묶을 연합 조직이 필요했다.

그래서 각 단체의 대표자들이 모여 논의한 끝에 단체협의회가 결성되었다. 애초에 100주년 기념사업 단체들이 진행하는 사업의 조정과 협조를 위한 통일적인 협의체 구성의 필요성을 적은 글을 각 단체에 보냈고 이에 각 단체들이 호응해왔다. 그런 뒤 여러 차례 준비 회의를 거쳐 1993년 12월 전주의 동백장에서 창립총회를 가졌다. 이 여관에는 그때로서는 드물게 50여 명이 모일 방이 있었다. 회의할 때는 목소리들이 커서 여관방이 떠나갈 정도로 시끌시끌했다. 또 동백장 강당의 기자 회견장에는 실무자 80여 명이 참석했고 기자 수십 명이 몰려왔다.

이 동백장단체협의회에는 아홉 개 단체가 가입했고 공동대표로는 지역을 감안해 김범수(진주), 명노근(광주), 염무웅(민예총), 이이화(동학농민전쟁백주년기념사업추진위원회), 한승헌(전주) 등이 추대되었다. 천도교 관련 단체는 종교 성격 때문에, 정읍의 기존 단체는 관변이라 하여 제외하기로 했다. 먼저 100주년을 맞이하는 의의를 표명하고 "다시 쓰는 사발통문" 행사를 벌이고 기념사업의 지원 협조를 하기로 결정했다. 그 주요한 사업은 기념 주간, 국가가 공식으로 인정하는 농민군 서훈, 주요 전적지를 국가 사적지로 지정, 주요 지역에 기념물 건립 등이었다.

그 자리에서 발표된 창립선언문은 "우리가 의를 들어 여기에 이름은 결코 딴마음이 있어서가 아니라 창생을 도탄 속에서 건지고 국가를 반석 위에 두고자 함이라"고 한 1세기 전 이 땅에 울려퍼진 동학농민군의 장엄한 창의문을 떠올리며 오늘 왜곡된 역사를 바로잡고 자랑스러운 유산을 닦고 빛내는 일에 모두가 나설 것을 7000만 겨레에 호소한다로 시작해 "우리는 우리의 정성이 온 겨레의 가슴으로 번져 새로운 사회를 열어나가는 건강한 힘으로 솟아날 것을 기대하며 100년 전 반봉건, 반외세를 소리높이 외쳤던 동학농민군의 기백을 되살려 자유와 평등이 실현되는 통일 조국을 앞당겨나갈 것을 다짐하며 다음과 같이 결의한다"로 마무리했다.

그리고 결의 내용으로는 민족 자주와 민주 개혁, 농민군의 명예 회복, 100주년 행사의 남북 등 민족사업, 고통받는 농민들과 뜻을 같이함을 내걸었다. 이 선언문은 여러 의견을 모아 이이화와 우윤이 작성했다. 거창하게 들릴지도 모르겠지만 그런 결의로 일을 시작했던 것이다. 이어 이날 오후에는 전봉준 고택에서 "다시 쓰는 사발통문" 발표회를 가져 100주년을 맞이하는 자세를 새롭게 했다. 그 내용은 앞에서 말한 선언문을 요약했다.

다음 동백장단체협의회와 지역단체가 공동으로 벌인 일 두 가지만 살펴보자.

첫째, 정읍에서 한국민족예술인총연합이 기획과 연출을 맡아 고부 봉기일인 2월 26일부터 이틀간 "고부 봉기 역사맞이굿" 행사를 개최했다. 이 행사를 하면서 거리 행진을 할 때는 전국에서 수만 명이 몰려와 지켜보았고 정읍 천변과 말목장터의 행사에도 사람들이 북적였다.

둘째, 호남 농민군이 백산에 총집결해 전봉준을 대장으로 추대한 날인 4월 29일과 30일 사이에 진행된 100주년 기념대회였다. 전주 시청 앞에서 행사를 치렀는데, 전북 도지사, 전주시장, 전북경찰국장 등 기관장과 시민사회단체 대표가 참석했다. 이는 처음 있는 일이었다. 시민들의 동참을 이끌어내기 위해 거리 행진을 벌여 선전 활동을 하기도 했다. 이 행사에는 탐관오리의 징치를 주제로 한 연극 공연에 시민들이 몰려들었다. 또 전주 출신인 김명곤과 유인촌 두 배우가 참석해 시민들의 눈길을 끌었고, 안숙선·김연 등 국악인의 판소리에 시민들이 열띠게 호응했으며, 김용택·안도현 시인의 활기찬 시 낭송에도 학생들이 유달리 관심을 보였다. 특히 문화체육관광부 차관 김도현의 주선으로 행사비 8800만 원의 국비를 지원해준 일도 예전에는 없던 일이었다.

사료 발굴과 편집 간행

한국전쟁이 끝난 뒤 여러 방면에서 안정이 되자 역사학계에서도 연구 풍토가 조성되어 동학농민혁명 관련 연구도 성과를 얻었다. 무엇보다 연구의 기초가 되는 사료 발굴이 활발하게 이루어졌다.

국사편찬위원회에서는 1958년 『동학란기록』이라는 제목으로 사료집 두 권을 펴냈다. 국사편찬위원회에서는 신석호를 중심으로 전문가를 동원해 서울대학교 중앙도서관과 고려대학교 도서관 및 구황궁 장서각에 비장되어 있는 공사 기록 문서는 말할 것도 없고 멀리 '동학농민혁명'의 발상지인 전라남북도와 충청남북도에 개인이 소장하고 있는 기록과 문서까지 수집했다. 게다가 『갑오실기』 『양호초토사등록』 『순무선봉진등록』 『전봉준공초』 등 수십 종도 수집했다. 이를 『동학란기록』이라 하고 시대순과 종류별로 정리해 『한국사료총서』로 출판했다.

당시로서는 상당한 노력을 들여 정리를 했다고 볼 수 있지만 체계가 잡히지 않아서 많은 흠을 지니고 있다. 또 활자를 사용하다보니 오식이 많아 초보자들이 활용하기에는 어려움이 많다. 하지만 최초로 집대성한 사료집이어서 연구자들에게 많은 도움을 주었다.

1970년대에는 동학사상과 관련해 자료집이 편찬되거나 천도교 관련 자료 출간이 이루어졌다. 1970년대에 들어 새삼 동학을 주목하기 시작해 동학사상과 동학의 조직을 통해 동학농민혁명이 일어났음을 강조하는 작업에 착수했다. 이에 힘입어 서지학자 백순재, 고려대 신일철, 서울대 신용하, 서강대 이광린이 편집위원이 되어 『동학사상자료집』(아세아문화사)을 편찬했다. 백순재가 천도교와 도서관 등에 소장된 자료를 수집한 내용을 중심으로 1978년 영인본으로 간행했다. 여기에는 사료보다 자료의 성격을 띤 내용들이 많다. 그러다보니 원사료는 거의 없고 2차 사료라 할 자료들이 주를 이루고 있다.

수록 내용은 먼저 동학 관련 자료를 싣고 이어 동학 지도자들의 생애와 활동 항목을 만든 다음 동학농민혁명 내용을 게재했다. 그리하여 최시형과 손병희, 박인호의 활동을 통해 동학농민혁명을 언급한 결과를 빚었다. 여기에는 『동경대전』 『용담유사』 『도원기서』 『전봉준공초』 『천도교회사』(초고) 『천도교창건사』 『동학사』 『시천교역사』 등이 수록되었다.

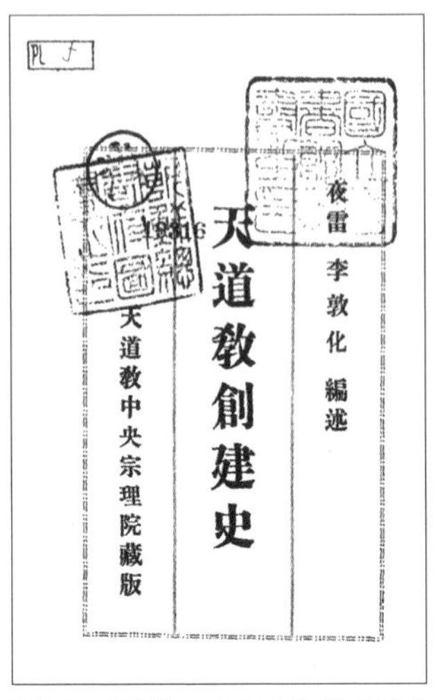
夜雷 李敦化 編述
天道敎創建史
天道敎中央宗理院藏版

『천도교창건사』 1978년 『동학사상자료집』이 간행되었고 여기에는 『천도교창건사』 등이 수록되었다.

동학과 동학사상, 그리고 천도교의 창건과정과 식민지시대 민족운동 과정을 알려주는 자료들이어서 이 관련 연구를 끌어올리는 성과를 보였다. 특히 『시천교역사』에서 전봉준 주도의 원평집회를 단편적이나마 기술해 남접 농민군 활동 연구에 도움을 주었다. 하지만 확실하지 않은 내용으로 채워져 있어서 사실을 제대로 탐구하는 데 많은 문제가 있다.

1986년에는 조선시대 중심의 여러 민중운동사 관련 사료를 수집해 이이화, 신용하, 정석종을 편집위원으로 하여 『한국민중운동사대계』를 간행했다. 여기에 『1894년의 농민전쟁편』 두 권이 간행되었다. 1권에서는 8건의 직접 관련 자료, 2권에서는 규장각에 소장된 「동학문서(東學文書)」를 수록했으며 원본(原本) 영인이라는 점과 새로 발굴된 사료가 포함되어 있다. 하지만 본격적인 동학농민혁명 관련 사료를 모은 것이 아니어서 『동학란기록』을 보충하는 수준이었다.

역사문제연구소 동학농민전쟁기념사업추진위원회에서는 『동학농민전쟁사료총서』에 가장 방대한 사료를 수집해 수록했다. 100주년을 앞두고 연구 수준을 높이려는 의도에서 진행되었다. 다음은 『동학농민전쟁

사료총서』 편찬 관련 내용이다.

『**동학농민전쟁사료총서**』 역사문제연구소 동학농민전쟁기념사업추진위원회가 동학농민혁명 관련 사료를 총망라해 발간했다.

편찬 배경 동학농민전쟁 100주년을 맞이하는 해인 1994년에 사료 총서를 간행하기로 계획하고 편집사업을 착수했다. 그리하여 먼저 편찬위원을 표영삼, 정창렬, 신용하, 이이화, 조광, 신영우, 강창일, 이해준, 이종범, 우윤, 박맹수, 왕현종 등으로 구성했다. 이들 구성원은 모두 전문 연구자이지만 각 지역 또는 사료를 확보하고 있는 인사를 배려한 것이었다.

간행 경위 먼저 연구자들을 확보하고 사료를 수집했다. 정창렬과 이이화는 연구를 위해 모은 규장각, 국사편찬위원회 등에 소장된 사료를 제출했고, 표영삼은 천도교와 충청남도, 신영우는 경상북도와 충청북도, 신순철·박맹수·이종범은 전라남북도, 김준형은 경상남도, 조광은 뮈텔문서, 강창일(고석규 협조)은 일본 자료를 수집해 제출했다. 또 왕현종 등 편찬에 참여한 연구자들은 앞의 사료를 바탕으로 여러 관련 기관에 보관되어 있는 사료를 모았다. 1994년 간행계획에 차질이 생겼으나 1996년 사운연구소 이종학의 지원으로 1996년에 경인문화사에서 영인본을 간행했다. 부록을 포함해 전 30권으로 구성되어 있다.

표영삼 천도교 출신으로 천도교 상주선도사를 역임했으며 동학과 동학농민혁명을 연구한 학자다.

수록 내용 1권에서 18권에는 농민전쟁 관련 사료를 실었다. 모두 122건이다. 앞에서 언급한 『동학란기록』에 수록된 내용을 모두 모아 원소장처에서 복사했고 활자본은 새로 컴퓨터로 작업해 영인했다. 19권에서 25권에는 일본 외무성 자료와 일본 외무성 외교사료관 소장 문서, 일본의 신문 자료와 그 밖의 단행본 등을 수록했다. 26권에서 29권에는 동학 관련 사료를 실었으며 마지막 30권에는 각 책에 수록된 해설을 모으고 연구 논저 목록과 이종학과 표영삼이 수집한 사진과 자료 영인을 실었다. 여기에는 경상도, 전라도, 충청도를 비롯해 강원도와 황해도의 사료가 망라되어 있지만 경기도 일대의 사료가 부족했고 북한 지역의 사료는 전혀 발굴할 수 없었다.

내용 분류 여기에서는 국내 사료만을 대상으로 수록한 내용을 검토하기로 한다. 먼저 보고서, 전령 등 관변 문서로 『갑오군공록』 『공산초비기』 등을 수록했고, 둘째는 황현의 『오하기문』, 오지영의 『동학사』(초고본) 등 단일 저술이 포함되었다. 『오하기문』은 국사편찬위원회에 소장된 것을 이이화가 복원했는데, 당시의 저술로서는 가장 풍부한 내용을 담았다. 또 『동학사』는 저자의 필사본으로 국사편찬위원회에 소장되어 있는데, 간행본과는 상당히 다른 내용이 실려 있다.

다음으로는 농민군 토벌에 참여한 자들의 기록과 개인 문집에서 관련 사료를 발췌해 수록했다. 공적비 등의 비문을 모았으며 최시형 판결문 등 재판 기록과 농민군이 발표하거나 당국에 보낸 문서, 자신들의 행동 규약에 관련된 사료를 모았다. 마지막으로 일본에서 나온 사료는 강창일과 고석규가 수집한 내용을 수록했으며 부록으로 표영삼이 수집한 동학 관련 사료를 모았다.

이용도 다양한 필자의 글을 수집하고 관변측 사료를 망라했다. 또 단편적 사료도 실어 이용 가치를 높였다. 특히 농민군을 반역의 무리로 보는 유림 등의 의식도 살펴볼 수 있다. 게다가 3세대 연구자들에게 가장 기초적 사료를 제공해 연구 수준을 높은 단계로 이끌었다. 그리하여 지난 연구에서 보인 사실 오류를 바로잡는 역할도 했으며 지역 사례 연구에도 많은 도움을 주었다.

『주한일본공사관기록』과 동학농민혁명 관계 자료집

1945년 해방될 때 앞에서 언급한 일본공사관에 보관되어 있던 자료들 중 일부 공개되지 않은 기록이 있었다. 이는 조선총독부 문서과에 보관되어 있었는데, 조선사편수회에서 사진 복사로 만들어 관리하고 있었다. 원본은 일본이 소실했는데, 국사편찬위원회에서 사진 복사를 대본으로 하여 1980년대에 『주한일본공사관기록』으로 번역해 간행했다. 이는 일본 외교 문서와 구분된다. 이 자료에는 1894년부터 1910년까지의 기밀문서가 포함되어 있다. 동학농민혁명과 청일전쟁에 대한 일본의 정책과 그 진행과정, 토벌 상황 등이 망라되어 있다.

한국정신문화연구원에서 일본의 외교사료관 소장의 동학농민혁명 관련 자료 10권을 모아 2000년에 간행했다. 박맹수의 수집과 편집으로 이루어졌다. 이는 일본 외무성 소장의 기록을 모은 것이다. 청일전쟁을 비롯해 동학농민혁명 자료로서는 내용이 방대하지만 『주한일본공사관 기록』이나 일본 신문 자료와 중복되는 부분이 있다. 여기에서는 그에 대한 세밀한 검토는 뒷날로 미룰 것이다.

한편, 동학농민혁명기념재단에서는 수집한 사료를 계속 번역해 간행하고 있다. 『군정실기』, 『소모사실』 등을 수집해 간행했고, 이어 기존에 발굴된 사료를 모두 번역한 뒤 간행해 연구자들에게 제공하고 있다. 이들 주요 사료는 무형문화재로 지정하는 작업도 전개했다.

또 신영우가 정리한 『갑오군정실기』는 동학농민혁명기념재단에서 번역, 간행했다. 이 사료는 현재 국립고궁박물관에 소장되어 있다. 원래 조선통감부의 통감인 이토 히로부미가 대한제국의 여러 도서와 자료를 일본으로 반출했는데, 이 자료도 포함되어 있었다. 그동안 일본 궁내청에 보관되어 있었다가 2011년 반환 도서에 포함되었다. 이 도서와 자료를 고궁박물관에서 전시를 통해 공개하면서 동학농민혁명의 기본 사료임이 밝혀졌고 신영우의 검토를 거쳐 내용을 발표했다.

10권으로 구성된 이 사료는 필사본으로 정리한 사람은 밝혀져 있지 않다. 서문과 발문이 게재되어 있지 않아 그 경위를 알 수 없다. 2차 봉기 시작 단계에서 끝날 시기까지 월일순으로 바른 글씨로 정리되어 있다. 당시 관군의 총지휘부인 도순무영에 보고된 내용을 정리한 것이다.

이 사료에 기록된 관군 총병력 수는 2501명으로 기재되어 있고 농민군 참여자 또는 희생자는 전체 269명(신영우 교수 조사)으로 나타나 있다. 장위영 우선봉과 좌선봉을 비롯해 여러 군영과 각 도의 관찰사, 지방관, 소모사 등 관련 기구에 내린 관문, 전령, 첩고, 그리고 백성에게 알리는 고시 등을 망라해 수록했고 무기, 양곡 등 군수품, 자금 조달의 내역도 포함되어 있으며 오가작통 등 여러 대비책도 열거되어 있다.

관찬 사료와 같이 체제가 잘 정리되어 있어 내용 파악이 쉬우며 기재된 내용을 검토해보면 인명, 지명 등 관계 사실은 다른 기록보다 오류가 아주 적다. 이들 사료에는 다른 기록에서 찾아볼 수 없는 주요한 내용이 포함되어 있다.

논문집, 증언록, 역사 기행 등 간행

해방 뒤 1960년대부터 한우근(서울대), 김용덕(중앙대), 김의환(충북대), 김용섭(연세대), 표영삼(천도교) 등이 동학농민혁명 연구 관련의 논문을 발표했다. 특히 김용섭의 논문인 「전봉준공초의 분석」(1958)은 진일보한 선구적 연구로 꼽혔다. 뒤를 이어 정창렬(한양대), 신용하(서울대), 이이화 등이 진전된 여러 논문을 발표했다. 또 외솔회에서 간행한 『나라사랑』 15호에는 전봉준 특집호를 실어 관심을 불러일으켰다(1974). 한편, 일본에서는 강재언, 박종근, 박경식, 조경달 등 한국인 학자들이 이 분야의 연구 업적을 차례로 내놓았다.

그런데 그동안 발표된 논문과 저술에 사용된 용어는 모두 제각각이었다. 많이 쓰인 용어로는 동학란을 비롯해 동학혁명, 동학농민전쟁, 혁명, 갑오농민전쟁 등이었다. 동학란은 왕조시대의 용어로 왕조시대의 민란과 같은 의미로 사용되었다. 이를테면 '역적질'을 했다는 것이다. 동학혁명은 천도교에서 주로 쓰는 용어로 동학이 주도해 혁명을 추구했다는 뜻이다. 박정희 군사 정권에서는 이를 그대로 받아서 썼다. 동학농민전쟁은 농민이 주체 세력이었지만 동학이란 조직 또는 민중적 정서로 부분적으로 포용했다는 의미를 주고 있다. 가치중립적 성격이라 할 수 있을 것이다. 동학농민혁명은 동학과 농민이 결합해 혁명을 추구했다고 보는 것이다.

이와 달리 북한에서는 갑오농민전쟁으로 썼고 남쪽의 진보학계에서도 이를 그대로 받아들였다. 곧 그 운동 주체는 생산 대중이 농민이라는 것, 즉 동학은 종교적 외피라는 의미였다. 종교의 역할을 배격하는 마르크스의 이론을 답습한 것이다. 재일 한국인 출신의 진보학자들도 이 용어를 따르고 있었다.

동학농민전쟁백주년기념사업추진위원회에서는 역사학자, 정치학자, 사회학자를 모아 1990년 6월에 토론회를 열었다. 각기 주장을 폈으나 결론이 날 리 없었다. 다양한 학문 경향을 추구하는 풍토에서는 결론이 나지 않아도 문제될 것이 없다. 그래서 한국역사연구회 회원인 소장학자들은 1894년 농민전쟁으로 바꾸어 썼다. 이이화는 동학은 외피보다 인간존중사상과 봉기과정에서 나타난 조직 동원 등의 사실을 들어 동학농민혁명으로 쓰기로 했다.

무엇보다 이 분야의 연구자들은 100주년을 앞두고 연구 수준을 한 단계 높이기 위해 1990년부터 1994년에 걸쳐 5개년 계획으로 연구 논문집을 내기로 하고 준비를 서둘렀다. 마침 한국역사연구회 회장 안병욱과 역사비평사의 장두환 대표가 연구비 지원을 약속했다. 장두환은 5년에 걸쳐 해마다 2000만 원씩을 지원하기로 했다. 동학농민전쟁백주년기념사업추진위원회에서도 연구 논문집 간행을 계획했다. 여기에 동학농민전쟁백주년기념사업추진위원회 연구자들이 참여하기로 뜻을 맞추었다. 그래서 동학농민전쟁백주년기념사업추진위원회에서는 배항섭 연구위원(고려대)이 이 계획에 참여하게 되었다.

해마다 주제에 따라 계획된 내용의 발표회를 가졌다. 연차로 설정한 그 주제를 살펴보면 동학농민혁명의 사회경제적 배경, 18세기와 19세기의 농민 항쟁, 동학농민혁명의 정치사상적 배경, 1894년 동학농민혁명의 전개과정, 1894년 동학농민혁명의 역사적 성격 등이었다. 이 주제에 따라 발표와 토론이 이루어졌다. 발표회는 한국역사연구회의 안병욱, 이영호(인하대), 고석규(목포대) 등이 이끌었다.

발표회에는 관심이 있는 학자들과 학생들이 발표회장을 가득 메웠다. 토론도 진지했고 열기도 넘쳐났다. 필진 50여 명이 집필해 해마다 한 권씩 역사비평사에서 논문집을 차질 없이 펴냈는데, 논문집 제목을 보면 모두 '1894년'이 붙어 있었다. 많은 논의를 거친 끝에 동학이란 종교적 외피를 배제하고 농민운동의 성격을 제시하려는 의도에서 용어를 '1894년 농민전쟁'으로 결정했던 것이다.

주요 필자를 보면 김정기, 이영호, 왕현종, 고동환, 서영희, 하원호, 도면회, 고석규, 홍순민, 한상권, 한명기, 오수창, 배항섭, 이윤상, 최덕수, 주진오, 김도형, 안병욱, 우윤, 박맹수, 박찬승, 정진영, 이이화 등으로 당시 한국근대사 전공자들이 망라되어 있었다. 이 논문집 간행은 연구 수준을 한 단계 끌어올렸다고 평가할 수 있을 것이다.

또 이이화는 『역사비평』에 1년에 걸쳐 4회로 나누어 「전봉준과 동학농민전쟁」이라는 제목으로 봉기의 전 단계를 비롯해 1·2차 봉기, 각 지역의 봉기 사례를 연재했다. 이는 개설서의 의미를 담고 있어 전체의 윤곽을 알려준다는 평가를 받았다.

한편, 전주 MBC 창사기념으로 개최한 100주년기념학술대회에서는 "폐정개혁과 갑오개혁"(발표 이이화, 토론 우윤), 공주대 개교기념 충청 지역의 동학농민전쟁 학술대회에서는 "동학농민전쟁의 역사적 의의"(발표 이이화, 토론 배항섭), 전남광주기념사업회에서 개최한 100주년기념학술대회에서는 "장성 황룡촌전투와 동학농민혁명"(발표 이이화)과 "장흥·강진 지역의 농민군 활동"(발표 우윤)과 "진주·하동 지역의 농민군 활동"(발표 김양식), 전주의 동학농민혁명기념사업회에서 개최한 동학농민혁명의 지역적 전개와 사회변동 발표회에서는 "강원도 농민군의 활동과 성격"(발표 박준성) 등을 발표했다.

이들 발표회의 주제는 미시적 분야를 포괄한 탓에 매우 다양했고 그 범위도 일정 지역의 전개뿐 아니라 전국적으로 봉기한 내용을 모두 담았다. 또 지역적 특성을 부각시키는 주제를 다루기도 했다. 이들 발표회에는 시민들이 많이 참석해 단순히 전공자들이 떠들어대는 발표가 아니었으며 역사 대중화에 성과를 거두기도 했다.

한편, 동학농민전쟁백주년기념사업추진위원회에서는 현재의 연구자들에게 도움을 주기 위해 지금까지 이루어진 동학농민혁명에 대한 연구성과 중에서 주요한 연구사적 의의를 지닌 논문들을 모아 『동학농민전쟁연구자료집』이란 제목으로 여강출판사에서 자료집을 펴냈다. 1945년 이전에 발표된 논저들이었다. 각 발표 논문 작성의 시대 배경과 경향성을 곁들여 설명해 이용자들의 이해를 도울 수 있도록 편집했다.

또 동학농민혁명기념사업회(전주)에서도 두 차례 학술발표회를 가졌는데, 1993년에는 "동학농민혁명과 사회변동", 1994년에는 "동학농민혁명의 지역적 전개와 사회변동"을 주제로 다루었다. 즉 처음에는 동학농민혁명 전체상, 두번째는 동학농민혁명 지역 전개의 특수성을 주제로 발표했는데, 이를 묶어 두 권의 책으로 펴냈다. 그 밖에 정읍계승사업회 등 다른 기념단체에서도 학술발표회를 개최했다.

그 무렵 북한에서도 100주년을 앞두고 『갑오농민전쟁 100돌기념논문집』을 과학백과사전종합출판사에서 낸 바 있다. 그곳 역사연구소에서 활동하는 학자들이 주로 집필자로 참여했는데, 원종규·박득중·허종호 등 12명이 집필을 맡았다. 논문집 용어는 '갑오농민전쟁'으로 제시했고 역시적 배경과 동학의 발생을 내세우고 삼례와 보은 봉기에서 집강소 활동과 반일투쟁, 그 역사적 교훈으로 나누어 실었다.

반봉건·반침략의 기저가 내용에 깔려 있으나 연구 분야의 다양성이 부족하고 사료의 미비로 사실 오류가 군데군데 보인다. 당시 동학농민전쟁백주년기념사업추진위원회에서 수집, 간행한 『동학농민전쟁사료총서』가 전달되지 않아 이용할 수 없었던 것도 한 원인이었을 터다. 이 총서는 1997년에 들어서야 사운연구소의 이종학 소장과 강만길 교수의 배려로 북한의 사회과학원과 역사연구소에 전달될 수 있었다.

한편, 유영익(고려대) 등 시비를 걸고 싶은 학자들은 농민군의 폐정개혁을 보수 개혁이라 보면서 농민군의 변혁운동의 한계를 지적했다. 이들 계열은 전봉준 등 지도부가 군주를 받드는 의식 또는 집강소 활동에 의미를 두려고 하지 않으려는 의식을 보여주고 있다고 비판할 수 있을 것이다. 그런데 그 의도를 들여다보면 이승만을 근대화의 선구자, 대한민국 건국위원회 영웅으로 받드는 의식과 맥이 닿아 있다. 근래에 이른바 '뉴라이트' 계열의 교수들은 이런 이론을 곧이곧대로 받아들여 사료 검토도 제대로 하지 않고 농민군 활동의 한계를 지적하면서 농민군의 개혁운동을 평가절하하려는 의식을 보였다.

이런 논문을 근거로 하여 이이화는 『한겨레신문』에 1993년 2월부터 30회에 걸쳐 동학농민혁명과 관련된 인물 30명을 골라 단독 집필로 연재했다. 여기에는 농민군 지도자를 비롯해 직간접적으로 관련된 인물과 역할을 소개했다. 역할과 성격이 같은 인물을 제외하고, 또 지역으로 황해도·강원도 등 전국에 걸쳐 안배해서 전체의 실상을 알게 하는 데 도움을 주었다. 전봉준, 김개남, 손화중 등 3대 지도자를 포함시켰으나 지역에 따라 다른 역할을 한 인물들을 조명했다.

또 『무등일보』에서는 동학농민전쟁백주년기념사업추진위원회 기행팀의 경비까지 지원해주면서 전국에 걸친 답사글을 1년에 걸쳐 연재했으며, 『전북일보』에서는 박맹수를 중심으로 기행글을 1년 동안 연재해 관심을 끌었다. 다른 언론사에서도 짧게나마 연재글을 실었으나 이른바 『조선일보』 등 '거대 신문'은 완전히 외면했다. 월간 『예향』에서는 호남 일대의 전개과정, 『새농민』에서는 전국에 걸친 전개과정을 현장 답사를 통해 재구성하는 글을 실었다.

또 유족 증언록이 간행되었다. 유족들은 그동안 입을 다물고 살아왔다. 그러면서도 할머니와 어머니에게 들은 이야기나 친척 및 이웃이 단편적으로 귀띔해준 말을 모아 책으로 펴내는 작업을 했다. 1권 『다시 피는 녹두꽃』에는 54명의 후손 증언을 담았고, 2권 『전봉준과 그의 동지』에는 45명의 증언을 채록했다.

여기에는 전봉준의 직계 농민군 지도자인 손여옥의 손자 손주갑, 전봉준의 비서 정백현의 손자 정남기, 장흥전투의 두령 이방언의 손자 이종찬, 영호 대접주 김인배의 손자 김영중 등 유명 두령의 후손들과 함께 무명의 농민군 후손들의 증언도 담았다. 지역으로는 강원도와 황해도의 두령 후손들이 있었고 증언한 사람은 거의 증손자들이었다. 그들은 조상들이 어떻게 도망쳐 살아남았는지, 머슴 노릇을 하면서 어떻게 숨어 살았는지, 어떻게 재산을 모조리 갈취당했는지 등 그야말로 기구한 삶의 이야기를 들은 대로 증언했다.

한편, 많은 연구자와 동학농민전쟁백주년기념사업추진위원회 연구원들은 정기적으로 답사를 했다. 답사를 마친 지역을 중심으로 다시 대중역사 기행을 떠나는 프로그램을 진행했다. 그러고 나서 그 기행문을 『역사비평』 등에 발표했다. 이는 역사 대중화의 밑천이요, 현장감을 살리는 지름길이었다. 그때까지만 해도 다른 전공 교수들은 거의 연구실에서 사료만 뒤지고 있었다.

답사할 때 향토사학자인 현지 인사들, 곧 천안의 이원표, 공주의 구상회, 예산의 이상재, 서천의 박수환, 정읍의 최현식, 고창의 이기화, 김제의 최순식, 장흥의 강수의, 진주의 김범수, 예천의 정양수 등이 길을 안내해주었다. 이들은 지역 문화원장을 맡아보았거나 지역 역사를 조사한 전문가라 해야 할 것이다.

또 정읍 일대의 유적지를 돌아볼 때 초기 개척자라 할 수 있는 최현식을 만나 많은 이야기를 들었다. 그중 황토현위령탑 개막식과 관련한 박정희 일화와 전두환이 지시해 지어진 황토현기념관이 대표적이다. 정읍 황토현기념관의 건립과정을 설명하는 글에는 전두환 대통령의 뜻에 따라 건립했다는 박영석 국사편찬위원장의 글의 '전두환' 세 글자가 돌로 찍혀 있는데, 이는 이곳을 찾는 사람들의 민주-민중 의식을 보여주는 대목이라 할 수 있을 것이다.

김제·원평의 최순식은 답사팀을 가장 환영하고 접대도 잘 해주었다.

그는 스스로 찾아낸 주민 증언을 수집해 그곳에서 전봉준이 어렸을 때 살았던 이야기, 외가인 언양 김씨와 얽힌 이야기, 원평집회에서 벌어진 장면, 원평전투가 있었던 앞산의 농민군 무덤, 김덕명이 잡혀갈 때의 모습 등을 증언해주었다. 그는 답사팀의 연락을 받으면 미리 조사한 내용을 메모해두었다가 차근차근 들려주었다.

최순식 김제·원평의 최순식은 동학농민혁명을 연구한 대표적인 향토사가다.

장흥에서는 100주년을 앞두고 장흥동학농민혁명기념탑을 세웠다. 기념탑의 비문은 고은이 지었는데, 반농민군 세력의 후손들이 방해해 개막식을 하지 못하고 있었다. 장성의 황룡강 언저리에 있는 신호리에는 관군 지휘관으로 전사한 이학승순의비가 세워져 있었다. 그곳에 1994년 이상식이 주선해 장성승전기념탑을 세웠는데, 웅장한 모습과는 달리 들판 언덕 아래 수풀 속에 초라하게 서 있었다.

정읍 조소리에 복원한 전봉준 고택을 찾아가는 길은 처음부터 어리둥절하게 만들었다. 도로 안내판에 "생가길"이라 쓰여 있었고 고택 안내판에는 "전봉준은 양반으로……" 따위의 구절들이 보였다. 더군다나 초가삼간에 살았다는 전봉준의 고택은 옆집을 한 채 헐어 널찍하게 정원처럼 꾸며두었고 담은 흔히 가난한 농가에서 볼 수 있는 싸리 울타리가 아니라 지주 부자들의 집 담으로 만들었던 두꺼운 흙벽으로 둘러놓았다.

황토현기념관에는 전봉준 동상에 "전봉준 선생상"이라 쓰여 있었다.

우리는 '장군'이 아니라 '선생'이란 표현에 고개를 가로저었다. 민중은 그를 장군이라 불렀는데, 굳이 선생이라고 고쳐야 했는가. 전봉준의 강렬한 '이미지'를 흐리는 호칭일 것이다. 더욱이 그곳 전시실에는 칼로 머리를 잘라 막대기에 달아 조리를 돌린, 교수형을 당한 전봉준의 사진을 걸어두고 있었다. 또 제민당이라는 간판을 내건 곳에는 유명 화가에게 사례를 듬뿍 주고 그렸다는 전봉준의 초상화가 걸려 있었다. 그림 속의 전봉준은 정자관을 쓴 도포 차림에 술을 길게 늘어뜨린 선비의 모습을 하고 있었다. 다른 전시물들도 시대성에 맞지 않은 농기구들을 전시해 놓고 있었다.

예천에는 농민군을 토벌한 보수 집강소가 있던 건물이 보존되어 있었다(현재 대창중고등학교). 이곳에서는 농민군이 벼슬아치 다섯 명을 한내의 모래에 생매장했다는 증언도 들을 수 있었다. 하동의 고성산 아래에 있는 마을에서는 지금도 한 마을에 수십 집의 사람들이 같은 날에 제사를 지낸다는 증언을 들을 수 있었다. 주민들은 농민군의 시체가 약수암 우물에 쌓여 있었고 산마루에는 농민군 지휘소가 있었다고 전해주었다. 그곳을 찾아가보니 약수암 우물은 바위에서 흘러나오는 물을 받는 동굴처럼 생겼는데, 수십 구의 시체를 쌓아둘 만했으며 산마루에는 탁자처럼 생긴 바위 옆에 의자처럼 생긴 돌이 댓 개쯤 놓여 있었다.

공주 경천의 노인당에서는 농민군이 이 일대에 머물면서 감영을 공격할 때 쇠가죽으로 밥을 지어먹었다는 이야기를 들려주었다. 말목을 네 개 세워 쇠가죽을 걸어놓고 쌀을 부은 뒤 솔가지로 쌀을 덮고 밑에서 불을 지피면 익은 밥이 된다고 했다. 또 우금치 옆 마을 주민은 우금치 옆의 높은 봉우리인 견준봉을 두고 '개좆바위'라 불렀다. 한자로는 '개 발꿈치 바위'라는 뜻인데 주민들은 산세가 험하다 하여 '개좆'이라고 욕을 한 탓에 그 이름이 붙여졌다 한다. 아마 '개좆'을 뜻과 음이 비슷한 '견준'으로 바꾸어 표기한 것으로 보인다.

다양한 분야의 소재가 된 동학농민혁명

100주년을 맞이해 동학농민혁명을 주제로 다룬 시와 소설 들을 검토했다. 아직 '동학농민전쟁'이 학문적으로 정리가 안 되어 있고 사료 발굴이 미흡한 상태이지만 그동안 '동학농민전쟁'을 소재로 다룬 작품들은 너무나 당혹스러울 정도로 혼란을 빚고 있었다. 그래서 "역사소설의 반역사성"이라는 제목으로 소설, 곧 최인욱의 『전봉준』, 이용선의 『동학』, 서기원의 『혁명』, 유현종의 『들불』, 박연희의 『여명기』 등의 작품에 대한 평론을 썼다(『역사비평』 창간호, 1987). 이를 몇 가지로 다음과 같이 요약해본다.

이들 소설은 지배계층의 부정부패, 민중에 대한 압제에 초점을 두었다. 하지만 봉건체제의 제도상 모순은 분명하게 부각하지 못했다. 지배세력의 착취가 왜 일어났는지, 왜 노비·백정 등 민중의 불평등관계가 성립되었는지, 왜 지주와 소작농의 불균형관계가 이루어졌는지 등에 대해 구조적 모순을 이해하지 못하고 있었다. 더욱이 한결같이 동학이라는 종교에 초점을 맞추면서 '농민적 코스'를 중요하지 않게 다루었다. 그런 탓에 농민 통치라 할 집강소 활동을 소홀히 다루거나 거의 무시하고 있었다. 또 농민군이 척양척왜를 내건 것과는 달리 금광개발권의 독점이나 사치품의 범람 등 외국 세력의 경제 침탈 모습은 아주 무시하거나 가볍게 다루었다.

『전봉준』에서는 전봉준이 비복 두 명을 거느리고 있었다거나 동학사상을 전파하기 위해 봉기했다는 따위로 이야기를 이어갔고 『동학』에서는 최제우가 살아 있을 때부터 최시형을 신사라 부르거나 최시형이 새재에 있는 이필제를 찾아갔다고 묘사했다. 게다가 집강소의 농민 통치를 무정부 상태로 보면서 농민군을 "무식한 상것들-농민들뿐이었다"라고 표현했다. 『혁명』에서는 전봉준의 부하들이 전봉준의 사랑채에서 잠을 자거나 전봉준을 포악한 인물로 표현하면서 전봉준의 부하가 된 양반의 아들은 굉장히 덕이 있는 사람으로 그렸다. 『들불』에서는 최제우가 천도교를 창건했다든지, 유학을 설명하면서 이기설은 『장자』에서 비롯되었다든지, 『주역』을 주자의 학설이라고 했다. 그리고 전봉준을 선비로 부안 접주라 하고 김개남은 자기 이름 석 자도 쓰지 못하는 까막눈이라고 한 것으로도 모자라 김개남과 손화중은 땅밖에 팔 줄 모르는 순수한 농투성이라고 했다. 『여명기』에서는 구실아치였던 전봉준의 아버지가 효수되어 전봉준이 아버지의 죽음을 복수하기 위해 봉기했다고 했다.

그 밖에 홍주목에 감영이 있었다든지, 호칭으로 "감사 나리"라고 부른다든지, 전봉준에게 "영감마님"이라 한다든지, 감사를 도백이라 부른

영화 〈개벽〉 김용옥이 시나리오를 쓰고 임권택이 감독을 맡은 영화로 최시형의 일대기를 그렸다.

다든지, 정보를 탐지하는 간자를 탐보원(개화기의 신문기자의 호칭)이라 부른다든지, 토지 단위를 필지(일제 시기에 쓴 토지 단위)라 표기한다든지 해서 용어의 시대성을 무시하고 있는 표현들이 줄거리에 쭉 깔려 있었다.

이들 소설보다 먼저 출간된 박태원의 『갑오농민전쟁』에서는 줄거리 설정에 무리는 있으나 기본 시대 흐름과 고증은 비교적 오류가 적었다. 그리고 이들 소설보다 뒤에 나온 송기숙의 『녹두장군』은 고증이나 줄거리 설정에 큰 무리가 없었다. 여기에서는 작품성을 거론하려는 것이 아니다.

다음은 김용옥이 시나리오를 쓰고 임권택이 감독을 한 영화 〈개벽〉을 살펴보자. 최시형 일대기를 주제로 한 영화로 전봉준이 주인공이 아니다. 하지만 최시형을 설득해 영해 봉기를 주도한 이필제를 부정적인 인물로 그리면서 영해 봉기 당시 이필제가 민가에 불을 지르고 아이가 불에 타죽는 장면을 그렸다. 그러나 실제로 이필제는 민가에 불을 지른 일이 없다. 그는 관아의 쌀을 백성들에게 나누어주고 소를 사면서 돈을 주기도 했다.

이 영화에서 전봉준은 무수한 희생자만 내고 동학교단 조직을 결딴내는 부정적 인물로 표현하면서 역할도 아주 미미하게 그렸다. 그리하여 동학농민혁명이 실패로 돌아간 뒤 최시형의 입에서 "30년의 노력이 헛되었다"를 뇌까리게 만들었다. 그러므로 새로운 미래를 연다는 '개벽'은 현실 속에서는 실종되었던 것이다. 또 김용옥이 줄거리를 만든 가극 〈천명〉도 〈개벽〉보다는 차별성을 보이고 있고 농민전쟁도 일부 다루고 있지만 동학에 초점을 맞추고 있다.

이와 달리 문호근이 연출한 뮤지컬 〈금강〉은 신동엽의 서사시 「금강」의 주제에서 소재를 빌려왔지만 거기에 매몰되지 않고 농민 저항을 민중운동의 줄기로 보면서 전개해 주목을 받았다. 집강소 활동을 부각하고 전봉준 등 농민 지도자들의 활약을 비중 있게 다루어 동학이라는 종교에 매몰되지 않았다. 연구자들의 자문을 받기도 했지만 연출자의 접근방식이 달랐기 때문일 것이다.

방송매체에서도 많은 관심을 보였다. 맨 먼저 전주 MBC에서는 2부작 〈가보세 가보세〉(피디 김병헌)를 제작해 1991년 7월에 방영해 관심을 끌었다. 이때 리포터는 이이화가 맡았다. 그 밖에 KBS를 비롯해 MBC, TBS, CBS 등의 TV와 라디오에서 다큐멘터리 또는 강의 형식으로 아홉 번에 걸쳐 방영하거나 방송했다.

무엇보다 KBS에서 〈동학농민전쟁 100년〉이라는 타이틀로 4부작으로 제작해 1994년 5월에 방영해 주목을 끌었다. 나형수 보도제작국장의 지원과 책임연출을 맡은 남성우 피디와 장해랑·이상우 피디, 김옥영 작가가 팀을 이루어 진행했다. 이이화와 우윤이 자문과 리포터로 도움을 주었다.

이이화와 우윤은 담당 피디의 요청으로 사발통문 작성을 주도한 송두호·송대화 부자의 역할 분장을 하고 짧게 출연해 작은 화젯거리가 되었다. 제작과정에서 쇠가죽을 이용해 밥을 짓는 장면을 실감나게 재현하려 했다. 공주기념사업회팀은 공주전투의 격전지였던 공주 경천 옆 골짜기에서 재현 실험을 했다. 쇠가죽을 네 개의 말뚝을 박아 펼친 뒤 쌀 한 말에 적당량의 물을 붓고 불을 지폈다. 30분쯤 지나자 밥은 익지 않고 가죽이 터져 물이 조금 샜다. 실패한 것으로 지레짐작하고 있었는데, 위에는 쌀이 설익었지만 안쪽으로는 밥이 잘 되어 있었다. 밥 짓는 경험이 없었던 터라 쌀 위에 솔가지도 덮지 않은 것은 물론 살살 지펴야 하는 불을 세게 하여 가죽이 탔던 것이다. 전해지는 말이 사실로 확인되었다. 전봉준은 공주에서 후퇴해 남쪽으로 쫓겨가는 중에도 김제, 원평에서 일본군과 전투를 벌였는데, 그때 일본군 노획물 중에 쇠가죽이 여러 장 있었다. 이 쇠가죽이 밥 짓는 도구였던 것이다.

100주년을 맞아 모두 9회에 걸친 TV와 라디오를 통한 대중화사업은 큰 반향을 불러일으켰다. 농민전쟁이라는 주제로 안방을 파고든 효과를 가져왔다. 많은 시청자가 "아니, 이럴 수가 있었나"라는 반응을 보였다. 그동안 농민전쟁에 대해 잘 몰랐던 대중들에게 역사의 저편에 묻혀 있던 사실이 아니라 우리와 친숙할 수 있는 역사이며 이 시대의 문제를 고민하게 하는 현장임을 확인시켜주는 효과를 얻었다.

한편, 유족들과 관계자들은 오그라들었던 마음을 보자기 펴듯 펼치고 희망을 갖는 동기가 되었다. 그동안 숨겨왔던 조상들의 이야기를 털어놓거나 자료와 유물, 유품을 내놓았다. 곧 농민군을 죽인 작두, 땅에 묻어두었던 조총, 옥중에서 보낸 편지 등을 공개하기도 했다.

100주년 행사가 끝난 뒤 전주역사박물관이 설립되었다. 동학농민혁명기념사업회를 주관했던 한승헌의 주선으로 전주시의 지원을 받아 전주 효자동에 역사박물관을 개관한 것이다. 초대관장 우윤은 농민군과 관련된 여러 자료를 수집해 전시하고 부대사업으로 학술발표, 기념사업을 벌였다. 또 학술과 자료의 국제 교류를 전개해 중국 난징의 태평천국박물관과 활발한 교류를 가졌다.

전주 동학농민혁명백주년기념사업회에서는 100주년 기념사업 연장선상에서 하나의 추모사업을 추진했다. 1995년 일본 홋카이도대학의 유골상자에서 "한국동학당 수괴의 수급"이라 쓰인 해골이 발견되었다는 몇몇 신문사의 보도가 있었다. 이 두개골은 생체실험용으로 알려져 있었다. 이를 이사장 한승헌과 사무국장 신순철이 문학부 교수 이노우에 가쓰오(井上勝生)의 협조를 받아 돌려받았다. 이 유해는 전주역사박물관에 보관하는 등 우여곡절 끝에 2019년 6월 1일 전주시장 김승수와

유해 봉환 1995년 일본 홋카이도대학에서 동학농민군 유골을 봉환해 2019년 6월 전주 완산공원에 "무명 동학농민군 지도자 안장"이라 명명하고 석조무덤을 조성해 안장했다.

기념사업회 이사장 이종민의 주선으로 전주 완산공원에 "무명 동학농민군 지도자 안장"이라 명명하고 석조무덤을 조성해 안장했다. 완산공원은 동학농민군 전적지였는데, 석조무덤 입구에는 이와 관련된 사적을 기록해놓아 학습장의 기능도 하게 했다.

정읍계승사업회에서도 조광환의 주선으로 태평천국박물관과 학술발표 등 교류를 가졌으며 뒷날 동학농민혁명기념재단에서도 상임이사 신영우의 주선으로 태평천국박물관과 공동 학술발표회 등을 개최했다. 이어 동아시아평화인권연대에서는 서승의 주선으로 전주에서 국제학술대회를 열었는데, 일본인 100여 명이 참석했다. 전주에서는 처음 열리는 국제회의라는 기록을 세웠다.

특별법 제정, 심의위원회와 기념재단 발족

다양한 동학농민혁명 100주년 행사를 끝내고 유족회·기념사업회 관계자와 전공 연구자 들은 농민군을 역적이라 부르는 누명을 벗기고 명예 회복을 위한 입법을 추진했다. 그 과정에서 전국의 수만 명의 찬동 서명을 받아 국회 등 관계 요로에 보내 특별 입법을 촉구했다.

국회에서는 2001년 갑오동학농민혁명연구회를 발족하고 회장에 김태식, 간사에 윤철상과 권오을을 선임했다. 그들은 관계자들을 초청해 세미나를 열어 의견을 들었다. 또한 정남기, 신영우, 우윤, 이이화 등이 청문회에 나가 그 역사적 의의를 발표하기도 했다. 청문회 위원장 강인섭과 위원 김원웅, 김희선, 서상섭 등은 호의적이었다.

이와 달리 당시 국회의장 박관용은 "100년 전의 이 사건 참여자의 명예를 회복시켜주려면 임진왜란 때 희생된 사람들도 명예를 회복시켜야 한다"라는 발언을 서슴지 않아 화젯거리가 되기도 했다. 대체로 한나라당 의원들의 분위기는 좋지 않았지만 안동 출신 권오을은 열심히 도와주어 법안을 통과시키는 데 힘을 보탰다.

마침내 "동학농민혁명 참여자 등의 명예 회복에 관한 특별법"이 통과되어 2004년 3월에 공포되었다. 윤철상 의원과 이요섭 보좌관의 노고가 컸다. 이 특별법에는 보상 규정은 없었으나 농민군의 역적 누명을 국가에서 공식으로 벗겨주고 110년 만에 명예를 회복시켜주었다. 그리하여 기념사업은 동학농민혁명기념관 및 동학농민혁명기념탑 건립, 동학농민혁명 관련 자료의 수집, 조사, 연구, 보존, 관리 및 전시, 동학농민혁

유족 조사 국무총리를 위원장으로 하는 심의위원회가 구성되어 유족에 대한 조사를 실시하고 이를 심의하고 등록해 국가 차원에서 명예를 회복시켜주었다.

명 유적지 발굴 및 복원에 중점을 두었다. 심의위원회는 국무총리를 위원장으로 관련 부서의 장관과 유족 연구자 등 관계자들을 위원으로 위촉했고 문화체육관광부 내에 사무국도 개설되었다. 또한 지방자치단체에 실무위원회를 설치해 보조사업을 추진하기도 했다.

심의위원회의 정부위원은 위원장으로 국무총리 이해찬을 비롯해 문화체육관광부 장관 등 6개 장관, 민간위원으로는 결정 및 등록심사분과위원장 이만열, 명예회복추진분과위원장 이이화, 기념사업지원분과위원장 김정기와 각 분과위원으로 안병욱, 우윤, 신영우, 정남기, 이상희, 정창렬, 신순철, 김한식 등으로 구성되었다. 민간위원은 유족과 기념사업단체 관계자, 변호사, 천도교 인사가 임명되었다. 국무총리 이해찬이

딱 한 번 심의위원회를 연 적이 있었지만 민간인 심의위원들이 정기 회의를 열어 관련 사업을 추진했다.

이 특별법은 농민군 지도자들을 독립유공자로 인정하지 않고 동학농민군 유족에 대한 물질적 보상이 제외되어 있었다. 이를 유족들이 요구하지도 않았지만 보상 대상의 손자녀는 극히 일부로 모두 작고했다. 유족은 거의 증손자녀와 고손자녀로 이들은 선조의 명예 회복과 의미 있는 기념사업을 바라고 있었다.

이어 문화체육관광부 소속의 심의위원회 사무국 초대사무국장에는 이승진이 맡아 기초 작업을 추진했다. 문화체육관광부 소속 공무원인 사무국 소속 직원들은 이와 관련된 소양이 있는 이들로 구성되었고 전문 연구자인 허수, 이병규, 홍동현, 조재곤, 유바다 등이 참여해 실무에 도움을 주었다. 사무국에서는 자체로 사료 발굴과 번역, 선양사업과 기념 행사에 도움을 주었다. 심의위원회 사무국에서는 5년 동안 목적사업을 벌여 한계가 있었지만 성과가 없었던 것은 아니다.

2004년 11월에는 정남기, 우윤 등이 주선해 유족과 각계 인사를 중심으로 기금을 모아 동학농민혁명기념재단을 발족했다. 이사에는 진영일, 윤철상, 김영중, 김재훈, 신건, 신영우, 신순철, 우윤, 이종민, 하원호 등으로 구성되었다. 기념단체 관계자들과 많은 인사가 성금을 해주었다. 박근혜 한나라당 대표도 유족의 자격으로 기금을 냈다. 재단이사장에는 이이화, 상임이사에는 정남기가 선임되었다. 뒤이어 김대곤과 신영우가 상임이사, 박기수와 문병학이 사무국장으로 실무를 보았고 유족회 사무국장인 손주갑이 협조했다. 문화재청 청장 유홍준의 배려로 재단 사무실이 경복궁 안의 옛 국립박물관(지금의 고궁박물관)에 개설되었다. 심의위원회 사무실이 있는 곳이었다. 농민군이 타도의 대상으로 삼았던 궁궐 안에 재단 사무실이 들어서게 되어 상징적 의미가 매우 컸다. 재단에서는 해마다 심의위원회의 재정 지원을 받아 유적지에서 전국 기념대회를 열었다.

동학농민혁명 112주년이 되는 해인 2006년 12월 충청남도 공주에서 열린 기념대회는 국가 예산의 지원을 받아 처음으로 치른 행사였다. 문화체육관광부 장관과 공주시장이 참석하고 전국에서 모인 동학농민혁명유족회 회원이 참가해 성황을 이루었다. 이 기념대회는 명예 회복과 함께 동학농민혁명 정신을 계승해 미래의 사회 발전을 기약했다.

공주전국기념대회에서는 작은 일이 벌어졌다. 조기숙 청와대 홍보수석은 공주 유스호스텔에서 가진 유족회의 밤에 눈물을 흘리면서 조상의 잘못을 대신 사죄했다. 조기숙은 고부군수 조병갑의 증손녀였다. 조기숙은 자신이 참회하는 길은 세 가지라고 했다. 절에 가서 108배를 계속하는 것, 유족회와 재단에 성심어린 기금을 내는 것, 공식 석상에서 사죄의 절을 하는 것이었다. 그가 조병갑의 후손으로 태어나고 싶었겠는가. 그 용기에 찬사를 보내고 싶었다. 유족회에서는 단 한 사람도 딴지를 걸지 않고 그 사과를 흔쾌히 받아주었다.

2007년 11월 8일과 9일 이틀에 걸쳐 경복궁 앞에서 개최된 113주년 전국기념대회는 서울에서 처음 이 행사가 열렸다는 데 의의가 있었다. 동학농민군은 서울로 진군해 부패한 관료를 몰아내 정치를 깨끗하게 하고 일본 침략 세력을 쫓아내 나라를 위험에서 구하려 했다.

이 기념대회는 기념식과 더불어 전국에서 300여 명의 유족이 구성한 유족의 밤, 기념사업이 앞으로 나아가야 할 방향을 제시하는 토론회, 국내외 민중운동을 조명하는 학술대회, 문화패의 창작극 〈파랑새〉 문화공연으로 구성되었다. 또한 이번 대회의 주요 의미는 동학농민군 후손들이 경복궁에서 진압군과의 '화해의 만남'을 갖는 것에서 찾을 수 있었다. 조상의 영령 앞에 해원과 화해, 상생을 굳게 다짐하면서 서로 평등을 누리고 인권을 존중하는 미래를 개척해나가자고 선언했다. 선언 요지를 살펴보자.

> 우리의 조상들은 민중이 압제에 짓눌려 존엄성이 말살되고 나라의 운명이 외세 앞에 흔들릴 때 감연히 목숨을 역사에 던졌다. 그 소용돌이 속에서 같은 민족인 동학농민군과 관군-민보군은 불행히도 일본의 간교한 술수로 서로 맞서 살육을 저지르며 원한을 만들어냈다…… 그동안 우리 후손들은 식민지 지배를 겪고 민족이 분단되는 비극의 시대를 살아왔다. 1세기가 지난 오늘날, 우리 후손들은 진정 서로 손을 맞잡고 해원과 화해를 이룩하고자 한다. 이는 상생의 길임과 함께 자유롭고 평화롭고 풍요로운 미래사회를 여는 길이 될 것이다.
>
> —"화해의 사발통문", 이이화·신영우 작성

이 자리에서는 농민군 유족 외에도 고부 봉기와 거의 같은 시기에 봉기했던 금산 농민군을 제압한 유림들과 보부상들의 후손도 참석해 의미가 뜻깊었다. 금산기념사업회 회장 이동복은 이들 후손을 설득해 화해와 상생의 마당에 동참해달라고 부탁했다. 그리하여 박찬요 등 일곱 명이 즐거운 마음으로 참석해 유족들과 어울렸다. 그들은 열린 마음으로 인사말을 하면서 "예전 우리 조상들은 다같이 나라를 위해 싸웠지만 우리는 새로운 시대를 만나 서로 화해하고 상생합시다"라고 말했다. 대단한 의미의 말은 아니었지만 주최측에서는 너무나 감격스러웠다. 행사를 마치고 유족회 사람들과 악수를 나누며 서로 자극하는 말은 하지 않고 잘 어울렸다.

전국기념대회는 해마다 고창, 장흥, 태안 등 유적지에서 행사를 개최하고 전국의 유족들이 가족과 함께 참석해 축제처럼 즐겼다. 물론 해당 지방자치단체에서도 협조를 아끼지 않았다. 재단에서는 심의위원회의 지원을 받아 여러 사업을 전개했다.

한편, 재단에서는 심의위원회 사무국과 함께 특별법 개정을 서둘렀다. 곧 유족 범위를 손자녀에서 현손(고손)으로 확대하는 개정법을 추진했고 심의위원회 활동이 끝난 뒤 기념재단의 설립 규정을 마련했다. 2007년과 2008년 두 차례에 걸쳐 강창일과 이광철이 앞장을 서주었다. 실제 생존해 있는 농민군 손자는 수십 명에 지나지 않아 입법 취지에 어긋나 있었던 것이다. 그 결과 유족 등록을 받아 1만 500여 명을 확보했다. 특히 이해찬 심의위원회 위원장이 주도하는 심의위원회 회의를 통해 사업에 힘을 불어넣어주었다. 심의위원회 회의를 국무총리가 직접 주관한 것은 처음 있는 일이었다.

기념재단에서는 문화체육관광부의 지원을 받고 후원금을 마련해 해마다 전국기념대회 이외에 학술발표회를 열고 중국 태평천국박물관 등과 교류했다. 하지만 경복궁 사무실이 고궁박물관 건물로 지정되면서 이곳저곳 떠돌이생활을 하느라 많은 고생을 겪기도 했다. 그런 환경에서도 유족회와 공동운명체로 유대가 생겼다.

이 일을 6년 동안 진행하면서 후기 상임이사 신영우와 사무국장 손주갑, 간사 김미연은 사업과 살림을 알뜰하게 챙겨주었고 이사였던 신순철과 전성준의 헌신적인 노력이 있었다. 사무실을 옮길 때나 행사를 할 때 이들은 개인 주머니를 털었다. 또 진영일(교수), 박재승(변호사), 장병화(기업인) 등 이사들은 이사회비와 필요할 때마다 경비를 지원해주었다. 이 과정에서도 정서를 같이하는 문화체육관광부 장관인 정동채와 김명곤의 배려가 있었다.

마지막으로 한 가지 전할 이야기가 있다. 특별법에 따라 이 재단은 특수법인으로 승계하게 규정되어 있었다. 하지만 정부가 승인해주지 않으면 아무 힘이 없었다. 다른 과거사 위원회가 재단 설립 규정을 무시하고 지금까지도 아무 준비를 해주지 않고 있는 사례가 있다. 그래도 담당부서인 문화체육관광부 담당자들은 다행히 특수법인 설립을 위해 준비를 서둘러주었다. 문화체육관광부 장관 유인촌, 문화예술국장 박광무 등 당국에서는 협조를 아끼지 않았다. 다만 재단 상임이사 신영우와 행정사무관 오진숙은 연구소 설립을 두고 줄다리기를 했다. 이를 재단 이사장인 이이화와 심의위원회 심사담당관 이병규가 주선해 연구소 기구가 빠진 새 재단 설립이 실현되었다. 특히 이병규는 문화체육관광부의 계획을 재단에 알리고 재단의 의사를 잘 전달해주어 인수 작업을 원만하게 마무리할 수 있게 해주었다.

단지 장관이 새 재단 사무실을 전라북도의 건의를 받아 전라북도 문화국장 유기상과 협의 끝에 정읍동학농민혁명기념관으로 결정했다. 그 과정에서 재단측에서는 심의위원회의 여러 사업을 승계하면서 연구소 설립을 강력히 요구했으나 예산 절감의 이유로 실현하지 못해 아쉬움을 남겼다. 하지만 16억 정도의 예산으로 사업을 지속적으로 진행하게 되었다. 특별법이 통과될 때와 마찬가지로 하나의 성과를 이룬 셈이었다. 사실 이 수준에서 사업이 진행될 수 있었던 것만으로도 만족할 수밖에 없었다.

그런데 재단 관계자를 실망시키는 일이 벌어졌다. 새로 재단 이사장을 추천하면서 엉뚱하게도 국회의원에 낙선한 인사를 추천하거나 이 분야에 아무 관심이나 이해가 없는 인사를 추천했다. 기존 재단의 정관에는 기존 재단 이사회에서 새 재단 이사장을 추천하게 되어 있었는데도 이를 무시했던 것이다. 최소한의 품위를 지닌 인사를 새 이사장으로 추대하고 싶었다.

그러나 재단 관계자들은 특수법인 설립을 포기할 수 없었다. 몇십 년 동안 어떻게 걸어온 길인데……. 유인촌은 새 이사장은 대학총장 출신 정도의 명사여야 하지 않겠냐는 말을 했다. 재단에 대한 이해가 없는 발언이었지만 여기에서 하나의 타협점을 찾았다. 문화체육관광부 장관이 2배수로 추천하면 기존 이사장이 한 사람을 선택하는 편법을 쓰기로 했다. 그렇게 하여 2010년 2월 정식으로 특수법인인 동학농민혁명기념재단이 발족되었다.

민간재단에서는 특별법 규정에 따라 모든 재산을 정부 주도의 재단으로 인계했다. 그 과정에서 진 빚은 이사장과 이사들이 개인 자금으로 탕감했다. 이 기념재단은 민간재단을 인수했으나 반관반민의 성격을 띠고 있었다. 게다가 정부 예산을 받아 예전 심의위원회 사무국 사업과 민간재단의 모든 사업을 총괄해 진행하면서 정읍 소재의 동학농민혁명기념관에 자리를 잡고 전국에 걸친 기념사업과 조사 발굴에 헌신하고 있다.

전봉준 동상, 종로에 자리잡다

"동학농민혁명 참여자 등의 명예 회복에 관한 특별법"이 통과되고 서울에서 전국기념대회를 열면서 많은 사람이 "왜 전봉준 동상은 서울에 세우지 않았나?"라는 질문을 했다. 이에 기념사업 관계자들과 유족들이 전봉준 동상을 서울에 건립하자는 운동을 했다. 이이화는 남산의 안중근기념관과 백범공원, 효창공원, 사직공원 그리고 종로 일대를 답사했다.

전봉준은 일본의 외교관들과 낭인패들이 자신을 살려 이용하려 하자 "내 부하가 싸우다가 무수히 죽었다. 내 어찌 살아 이들을 외면하리오. 내 피를 종로 거리에 뿌려라"라고 외쳤다. 그리하여 일제는 전봉준, 김덕명, 손화중, 최경선, 성두한 등 다섯 지도자를 종로 1가에 있는 전옥서에 가두었다가 교수형에 처했다. 그래서 전옥서터를 주목했다.

이이화는 박원순이 서울시장이 되고 난 뒤 전봉준 동상 건립을 제안하고 서울 시내에 마땅한 자리를 조사했다. 또한 문병학도 박원순이 전주를 찾았을 때 전봉준 동상 서울 건립을 제안했다. 이에 박원순이 마침내 '장소를 찾아보라'고 화답했다. 박원순은 단국대 사학과에서 석사논문의 주제를 동학농민혁명과 전봉준으로 하여 쓴 적이 있었던 터라 남다른 관심을 갖고 있었다.

그뒤 이이화와 신영우, 문병학이 전국기념대회 장소인 백범기념관에서 만나 이를 추진하기로 합의하고 천도교 수운회관에서 유족회 정남기, 이기곤, 전해철 등과 만나 동상 건립을 추진하기로 뜻을 맞추고 그 대표를 추대하기로 했다. 그리하여 2017년 3월 22일 성균관대 600주년 기념관에서 전봉준장군동상건립위원회 창립총회를 가졌다. 이 자리에는 박원순 서울시장, 유성엽 국회 문화관광위원장, 김생기 정읍시장, 박우정 고창군수, 임헌영·조광·김정기·윤경로 등이 참석해 뜻을 함께했다. 이 총회에서 이이화가 대표로 결정되었다. 이어 오후에는 학술발표회를 열고 이이화의 기조 발제, 배항섭·왕현종·신영우 등이 발표를 맡았다. 이렇게 하여 추진단체가 결정되어 사단법인 전봉준장군동상건립위원회가 출범되었다. 사무실은 전성준의 주선으로 서초 전원마을에 마련하고 서울 문화예술정책과에 등록을 마쳤다. 상임이사에 신영우, 이사에 전해철·전성준·신순철·진윤식·김정기·이종민·김영진·이기곤·이상면·전영한·주영채·정남기 등을 선임했고 감사에 박용암·문명화, 사무국장에 손주갑, 대외협력본부장에 하정우, 사무차장에 전영준, 간사에 오정은 신재웅 등을 선임했다.

이어 장소를 옛 전옥서터인 종로 1가 종각역 5, 6번 출구 사이(옛 종로 1가 파출소 자리)로 결정했다. 답사팀이 조사한바 현 제일은행 언저리에 있는 좌포도청과 우포도청이 있던 좌감옥 등 부지는 사유지인 데 반해 전옥서터는 서울시 소유였다. 서울시에서도 이곳이 마땅하다는 결론을 내렸다. 그리하여 서울시에서 종로구청에 협조를 요청해 결정이 났다.

사전 작업이 필요했다. 서울시 공공미술위원회에서는 동상의 높이를 낮추라는 것, 좌대는 설치하지 말 것, 설치 장소의 주민 허락과 관련 학술단체 세 곳 이상의 자문 결과를 받으라는 조건을 달아 허가했다. 그리하여 한국학중앙연구원 원장 안병욱, 독립기념관 관장 이준식, 동학농민혁명기념재단 이사장 이승우의 동의를 받았다. 이에 공공미술위원회 위원 다섯 명 찬성, 반대 두 명, 기권 한 명의 표결 결과로 통과되었다.

신영우 등 동상 담당팀은 먼저 동상 작가를 신중을 거듭한 끝에 공모 형식을 통해 충북대 교수를 지낸 김수현을 선정했다. 김수현은 원로 작가로 동상 제작에 권위가 있었다. 그리하여 본격적으로 작품 제작과 국민 모금을 병행해 추진했다. 마침내 1년의 제작과정을 거쳐 동상이 완성되었다. 전봉준이 재판받기 위해 들것에 실려가는 모습을 기본으로

전봉준 동상 2018년 4월 24일 전봉준이 순국한 날에 순국한 터인 옛 전옥서가 있던 종로 1가 종각역 5, 6번 출구 사이에 전봉준 동상이 세워졌다.

하여 앉은 채 거리를 쏘아보는 듯한 눈빛으로 바라보는 자세였다. 높이 서서 손으로 하늘을 가리키는 것이 아니라 촛불 시민과 대화하려는 듯한 모습이었다. 더욱이 촛불 시위가 있던 종로에 대화하는 모습처럼 조형되어 더욱 상징성을 표현했다는 평가를 받았다.

동상 앞 제목에는 여태명의 글씨로 "녹두장군 전봉준"이라 새겼다. 이 대목에서 그 의미를 간단히 살펴보자. 역사 인물로는 흔히 민중들이 최영이나 이순신을 장군이라 부르면서 신으로 받들었으나 민중 봉기를 이끈 조선 중기의 이몽학이나 조선 후기의 홍경래는 장군으로 받들지 않았다. 또 독립군 지휘자인 김좌진이나 홍범도도 흔히 장군이라 불렀다.

또 어떤 사람은 "전봉준 선생"이라 부르기도 했다. '선생'이란 호칭은 글을 배운 사람이나 선배를 이름 밑에 붙여 부르는 경우 말고 일반적으로는 지사의 의미를 띠고 있다. 문화재위원장 임창순(태동서당 설립자)은 선생이라 부르는 것은 전봉준을 무장(武將)의 이미지보다 지사의 이미지를 더 부각시키려는 뜻이 있다고 설명하면서 자신이 처음으로 이 호칭을 썼다고 했다. '전봉준 장군'이나 '전봉준 선생' 모두 우러러보는 뜻이 담겨 있다.

이렇게 전봉준을 부르는 호칭이 다양한 것도 여느 사람과 달리 특별하다 할 수 있을 것이다. 그는 민중의 가슴속에 자리잡고 오래 기억되어 지워지지 않는 영웅적 이미지로 새겨졌다. 그리하여 민중이 불렀던 '녹두장군'을 부각시킨 것이다.

다음 국민 모금의 진행과정을 알아보자. 모금 홍보물에는 "이번에 서울시와 관계자들이 뜻을 모아 전봉준 장군이 죽음을 맞이한 자리에 국민 모금으로 동상을 세우려는 것입니다. 많은 시민이 1만 원을 내서 동상이 세워진다면 우리 역사를 바로 세워 인간이 존중받는 민주사회를 이룩하는 지름길이라 생각합니다. 아이들의 손을 잡고 동상을 바라보면서 '나도 성금을 내어 세웠단다'라고 일러준다면 즐겁지 않겠습니까? 민주 시민 여러분, 촛불 시위에 동참했듯이 이 일에도 함께해주시기를 간절한 마음으로 당부를 드립니다"라는 문구를 넣어 전했다.

건립위원회 관계자들은 먼저 친척과 동창생을 대상으로 모금 활동을 벌였고 이이화와 신영우는 정읍, 광주, 대구, 장흥, 전주, 무안, 순천, 강진 등지를 돌면서 설명회를 열었다. 또 지역 단위로 유력 인사와 뜻을 맞추어 모금하기로 했다. 무안의 배종렬, 광주의 임추섭과 정진백, 대구의 이정우, 태안의 문영식, 장흥의 최경석 등이 적극 동참해주었다.

또 민주운동단체와 학술단체, 공기업에서 호응해주었다. 예를 들어 민주화운동기념사업추진위원회(지선), 동학농민혁명기념재단(이승우), 3·1운동100주년기념사업회(박남수), 전봉준기념사업회(전해철), 전국농민회총연맹(김용호), 원광학원(신순철), 민족문제연구소(함세웅), 역사문제연구소(이용기) 등이 응해주었고 공기업으로는 산림조합중앙회(이석형), 한국농어촌공사(최규성), 한국서부발전(김병숙), 한국농산물유통공사(이병오)가, 종교단체로는 만기사(원경), 부산불교문화원(김광호), 서문교회(박원홍), 원불교중앙여자수도원(박혜명), 원불교은덕문화원(이선종), 천도교(이정희) 등이, 그리고 그 밖에 전국농민회, 민주노총, 전교조 등이 동참했다.

이어 교수와 사회운동가 등 저명인사로는 박석무, 안병욱, 임형택, 이준식, 조광, 강만길, 장두환, 한상권, 유승원, 장병인, 임현진, 서지영, 안득수, 이상식, 박재승, 장병화, 김정란 등이었다. 또 국회의원으로는 국회의장 정세균을 비롯해 강창일, 김두관, 이종걸, 송영길, 천정배, 주승용, 유성엽, 이춘석, 이개호, 원혜영, 최경환 그리고 전 의원인 윤철상 등이었다. 또 작고한 이로는 원평의 최순식의 딸 최고원이 지원해주었고 김판수는 거리 모금을 했다.

특히 정읍에서는 시장 김생기의 주선으로 시 단위로 모금 활동을 벌였다. 정읍시의회와 시청 공무원, 초등학교 학생들과 마을 주민들이 모금에 열성으로 참여해주었다. 광주에서는 임추섭, 정진백 등의 주선으로 전교조 등 많은 민주사회단체와 광산구청(민형배)의 호응이 있었다.

고창에서는 동상 건립식 다음날 녹두대상을 건립위원회에 주어 상금을 기금으로 전환했다. 대구에서는 이정우, 정지창 등 주로 전직 교수들이 많이 참여해주었다.

한편, 이웅일 담당으로 스토리펀딩을 활용해 모금할 때는 청소년들이 많이 호응해주었다. 그 액수는 1만 원에서 몇천만 원에 이르렀다. 마침내 2000여 명이 참여해 1년 동안 모금한 결과 3억여 원이 모여 경비를 제외하고도 동상 제작비를 채울 수 있었다. 다만 제작팀도 재능 기부처럼 아주 적은 경비를 받았다.

2018년 4월 24일 11시 조수미의 〈새야 새야 파랑새야〉 노래와 김연·이정인 모녀의 판소리 가락이 울려퍼지는 속에 전봉준이 순국한 날에 제막식을 갖게 되었다. 식장에는 박원순 시장, 김영종 종로구청장을 비롯해 정세균 국회의장, 강창일·유성엽 국회의원, 조희연 서울시 교육감, 한승헌 변호사, 민주화운동기념사업회 이사장 지선, 천도교 교령 이정희, 농민운동가 배종렬, 민주운동가 임추섭, 그리고 유족 등 600여 명이 참석했다.

이사장인 이이화의 인사말에는 "오늘 전봉준 장군이 순국한 장소인 종로 거리에 순수한 국민 모금으로 동상을 제작해 제막식을 갖게 되었습니다. 다들 지난번 광화문과 종로 거리에서 벌어진 거대한 함성이 메아리친 촛불문화제를 보셨지요? 이는 동학농민혁명, 3·1혁명, 4·19혁명, 5·18민주화운동과 6월의 민주항쟁을 마무리하는 시민혁명이라고 평가할 수 있습니다. 일본 요인들이 전봉준을 살려 일제 침략에 하수인으로

써먹으려 했습니다. 그러자 전봉준은 '일본 침략을 막기 위해 내 부하가 싸우다가 무수히 죽었다. 나를 컴컴한 도둑의 소굴에서 죽이려 하느냐? 내 피를 종로 거리에 뿌려라'라고 외쳤습니다. 그리하여 일제는 전봉준, 손화중, 김덕명, 최경선, 성두한 등 다섯 지도자를 종로 전옥서 감옥(좌감옥)에서 새벽 시간을 틈타서 교수형에 처했습니다"라고 외쳤다. 정세균, 한승헌, 지선, 박원순 등은 축사에서 동학농민혁명이 민족-민주화운동의 시발임을 강조했다.

전봉준 동상은 경복궁 앞 세종대왕, 광화문 입구의 이순신과 함께 나라를 사랑한 겨레의 상징으로 자리잡고 있다. 그뒤 동상 건립의 역사적 의미를 밝히는 학술발표회와 1주년 기념식을 개최했으며 앞으로 전봉준의 반봉건·반외세의 혁명정신을 기리는 사업을 펼치기로 다짐했다.

마침내 국가기념일로 제정되다

처음 동학농민혁명 100주년을 맞았을 때 요구 사항으로 먼저 두 가지를 정부에 제기했다. 첫째, 동학농민혁명의 국가기념일 제정 둘째, 기념우표 발행이었다. 이를 두고 천도교를 대표해 오익제 교령, 기념사업단체를 대표해 이이화, 유족을 대표해 정남기 등이 회합했다. 국가기념일 제정은 우리가 정부에 요청하는 문제였지만 기념우표는 정보통신부의 고위 공직을 지낸 진기홍이 체신 당국과 협의해 합의를 이끌어낸 상태였다.

그런데 천도교측은 최시형과 관련되는 연대를 내세웠고 이이화는 전봉준 관련 사실의 연대를 내세워 합의를 이끌어낼 수 없었다. 이이화를 비롯한 진기홍과 정남기는 기념사업단체의 뜻을 받아 전봉준 중심으로 가야 한다는 주장을 굽히지 않았고 오익제는 최시형이 동학혁명의 뿌리이니 양보할 수 없다는 주장을 펼쳐 합의를 보지 못해 무산되고 말았다. 진기홍은 "모든 준비를 끝냈는데"라고 말하면서 아쉬워했다.

특별법이 통과된 뒤 전국기념대회를 해마다 열면서 법의 규정에 따라 기념일 제정이 논의되었다. 기념단체와 연구자들이 여러 차례 모여 논의할 때 첫째, 고창 기포가 최초로 선전포고의 성격을 띠었다는 점을 들었고 둘째, 최초로 농민군과 관군이 전투를 벌인 황토현 전승일이라는 점을 들었으며 셋째, 전주성을 점령하고 집강소 활동을 벌인 사건에 중심을 두어야 한다는 주장을 폈고 넷째, 가장 큰 규모로 일본군과 전투를 벌인 공주 우금치전투가 큰 의미를 띠고 있다는 주장이 나왔다.

각기 주장을 팽팽하게 내세우고 감정싸움으로까지 번지자 공주기념사업회 대표 지수걸은 우금치전투일 지정을 포기한다고 했다. 대신 부안의 백산대회일을 기념일로 지정해야 한다는 주장이 보태졌다. 여러 차례 논의를 했으나 끝내 합의를 보지 못했다. 동학농민혁명기념재단에서는 새로 위원을 구성해 합의를 보려 했으나 또 실패했다. 특히 고창과 정읍의 관계 인사들은 한 치의 물러섬도 없이 자기주장을 폈다.

그동안 주관 부처인 문화체육관광부에서 합의를 이끌어내려 노력했으나 끝내 합의를 보지 못하자 2018년 새로 위원회를 구성했다. 그리하여 유족을 대표한 이기곤, 천도교를 대표한 이정희, 기념단체를 대표한 이승우, 전공 연구자를 대표한 조광과 안병욱을 위원으로 선정했고 실무는 기념재단의 문병학이 맡았다. 이들 다섯 명으로 위원회가 꾸려지자 위원장을 맡은 안병욱은 전원 합의제를 제의하고 여러 차례 논의했다.

그 결과 최종으로 황토현 전승일로 전원 일치 합의를 이끌어냈다. 이를 문화체육관광부를 거쳐 국무회의에서 마지막으로 의결해 대통령의 재가를 받았다. 이렇게 하여 처음 논의가 시작된 지 25년, 동학농민혁명이 발발한 지 125년 만에 동학농민혁명 기념일이 제정되었다. 이로써 그 의미와 정신을 기리는 국가적 행사가 이루어져 공동 행사를 개최하는 계기를 마련했다. 하지만 이를 인정하지 않으려는 일부 주장이 있었지만 일단 결정되어 다시 논의할 수 없는 분위기가 이루어졌다.

2019년 5월 11일 오전 11시, 화창한 햇살 아래 경복궁 앞 광화문 북측 광장에서 "다시 피는 녹두꽃, 희망의 새 역사"라는 제목으로 유족과 기념사업 관계자, 시민 등 2000여 명이 참석한 가운데 국가기념일 제정이 이루어진 뒤 첫 기념식을 거행했다. 이날 문화체육관광부 주최, 동학농민혁명기념재단 주관 기념식에는 국무총리 이낙연의 기념사, 동학농민혁명기념재단 이사장 이형규의 경과보고 등이 있었고 다채로운 기념 공연이 펼쳐졌다.

이 자리에는 많은 유족과 열성어린 기념사업을 펼쳤던 기념단체 관

동학농민혁명기념식 2019년 5월 11일 경복궁 앞 광화문 북측 광장에서 이낙연 국무총리 등이 참석한 가운데 국가기념일이 제정되고 첫번째 기념식이 거행되었다.

계자, 그동안 역사학자로서 도움을 주었던 이만열, 이상식, 안병욱, 조광, 신영우, 주진우 등과 문화체육관광부 장관 박양우, 국회의원 정동영, 김두관 등 저명인사, 그리고 평생 기념사업을 추진한 이종민과 최경석, 판소리꾼 임진택 등 민주 시민이 참석해 축제 한마당을 벌였다.

국무총리 이낙연은 기념식 행사에 앞서 종로 1가에 자리잡고 있는 전봉준 동상을 참배한 뒤 건립과정에 대한 설명을 듣고 흐뭇해했다. 국민의 힘으로 전봉준이 서울로 올라와 수많은 시민의 시선을 받고 있으니 국정 책임자로 마땅히 그 의미를 음미하는 것이 정치 지도자의 자세일 것이다.

이제 동학농민혁명은 3·1혁명, 4·19혁명, 반독재·반군부 민주항쟁, 촛불혁명의 근원으로서 오늘날의 시대정신에 맞게 새로운 의미를 부여해 분단 구조 등 민족 모순을 청산하는 동력이 되고, 진정한 평등과 자주를 실현하는 과제를 안고 인권을 보장하는 학습장 또는 토론장이 되어야 할 것이다. 미래 조국의 통일을 위해 그 정신을 올곧게 계승해야 할 것이다.

현재에도 농민군의 지향과 정신은 미래의 역사적 자산이 될 것이며, 통합과 화해는 민주주의 구현에 잣대가 될 것이고, 반외세·자주의 지향은 통일의 화두가 될 것이다.

그런데 아직도 한국 근대사 인식의 천박함을 보여주는 사례가 엄연히 존재하고 있다. 촛불혁명으로 그 정신을 계승했다는 마당에 그들 희생자를 독립유공자로 지정하는 일을 주저하고 있는 것이다. 현행 "독립유공자 예우에 관한 법률" 제4조는 다음과 같다.

> **순국선열** : 일제의 국권 침탈 전후로부터 1945년 8월 14일 국내외에서 일제의 국권 침탈에 반대하거나 독립운동을 위하여 일제에 항거하다가 그 반대나 항거로 인하여 순국한 자
>
> **애국지사** : 일제의 국권 침탈 전후로부터 1945년 8월 14일까지 국내외에서 일제의 국권 침탈을 반대하거나 독립운동을 위하여 일제에 항거한 사실이 있는 자

이 기준대로라면 경복궁을 강점해 국왕과 왕비를 유폐하고 쿠데타를 일으켜 개화 정권을 수립한 일본에 맞서 항거한 전봉준 등 농민군 지도자들은 왜 순국선열과 애국지사에 포함되지 못하고, 국모 시해와 단발령 등 낮은 단계에서 항거한 1차 의병부터 그 범주에 포함시키는 것이 역사적

진실과 합리적 사리에 맞는단 말인가? 이를 통해 아직도 왕조적 역사의식이 남아 있음을 알 수 있다. 이는 미래 역사의 발전을 위해 하루빨리 바로잡아야 할 것이다. 그러므로 이들 지도자를 독립유공자로 서훈해야 한다.

부록

동학농민군이 직접 작성해 발표하고 전달한 관련 문서는 거의 압수되어 불태워지거나 유실되었다. 여기에 모은 붙임 자료는 지금 전해지는 것을 거의 모두 모았다고 할 수 있다. 다만 관변의 관련 문서는 포함시키지 않았다. 이해하기 어려운 용어는 현대말로 바꾸었다.

사발통문

고부 주산 마을에서 전봉준과 그의 동지들이 작성한 통문으로 현재 전해지는 전문은 다음과 같다.

> 오른쪽과 같이 격문을 사방에 날려 전하니 여론이 비등했다. 매일 난망(亂亡)을 구가하던 민중들은 곳곳에 모여서 말하되, "낫네 낫서 난리가 낫서 에이참 잘 되얏지. 그양 이대로 지내서야 백성이 한 사람이나 어데 남어 잇겟나" 하며 기일이 오기를 기다리더라.
>
> 이때 도인들은 선후책을 토의, 결정하기 위해 고부 서부면 죽산리 송두호 집에 도소를 정하고 매일 운집하여 차서(次序)를 결정하니 그 결의된 내용은 좌와 같다.
>
> 하나. 고부성을 격파하고 군수 조병갑을 효수할 사
>
> 하나. 군기창과 화약고를 점령할 사
>
> 하나. 군수에게 아부하여 인민을 갈취한 탐관오리를 쳐 징계할 사
>
> 하나. 전라감영을 점령하고 서울로 곧바로 올라갈 사

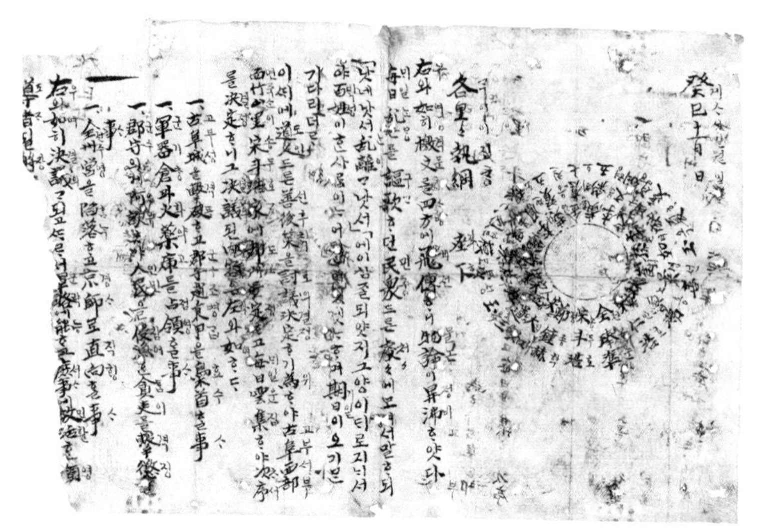

사발통문 전봉준 등 20명의 이름으로 작성된 사발통문

> 오른쪽과 같이 결의가 되고, 따라서 군사 전략에 능하고 모든 일에 민활한 영도자가 될 장……(이하 판독 불능).

현존하는 사발통문은 지난 1968년 전북 정읍군 주산 마을의 송기태 집안 족보 속에서 발견되어 공개되었는데, 끝부분이 떨어져 있었다. 1946년 송대화의 조카 송재섭이 소장한 사발통문을 보았다는 주산 마을의 임두영은 현존하는 사발통문의 일부 내용, 곧 서명자의 필체가 모두 달랐으며(현존하는 것은 서명에 모두 한 사람의 필적으로 되어 있다), 기름에 젖은 창호지로 기름이 묻지 않은 지금의 것과 달랐다고 증언했다. 그것은 이듬해인 1947년 초 서울의 한 신문사(동아일보) 기자에게 넘겨진 뒤 행방을 알 길이 없어졌다고 말했다.

신순철 교수 등이 1990년대에 종이를 감정한 결과 적어도 100년 전의 것이라 하여 신순철, 이이화 등 연구자들은 원본을 필사한 것으로 추정하고 결론을 내렸다.

무장 포고문

무장에서 발표한 최초의 선전포고문으로 황현의 『오하기문』과 공문서를 모은 『수록』에 수록된 것을 번역했다.

사람이 세상에서 가장 귀하게 여김은 인륜이 있기 때문이며 군신과 부자는 가장 큰 인륜으로 꼽는다. 임금이 어질고 신하가 충직하며 아비가 자애롭고 아들이 효도를 한 뒤에야 국가를 이루어 끝없는 복록을 불러오게 된다. 지금 우리 임금은 어질고 효성스럽고 자애로우며 지혜롭고 총명하시다. 현량하고 정직한 신하가 있어서 잘 보좌하여 다스린다면 예전 훌륭한 임금들의 치적을 해를 가리키며 바랄 수 있다. 지금 신하가 된 자들은 나라에 갚으려는 생각을 아니하고 한갓 작록과 지위를 도둑질하여 임금의 총명을 가리고 아부를 일삼아 충성스러운 선비의 간언을 요사스러운 말이라 하고 정직한 사람을 비도라 한다. 그리하여 안으로는 나라를 돕는 인재가 없고 바깥으로는 백성을 갈취하는 벼슬아치만이 득실거린다. 인민의 마음은 날로 더욱 비틀어져서 들어와서는 생업을 즐길 수 없고 나와서는 몸을 보존할 대책이 없도다. 학정은 날로 더해지고 원성은 줄을 이었다. 군신의 의리와 부자의 윤기와 상하의 구분이 드디어 남김없이 무너져내렸다. 관자가 말하기를 "사유(四維, 예·의·염·치)가 베풀어지지 않으면 나라가 곧 멸망한다"고 했다. 방금의 형세는 예전보다 더욱 심하다. 위로는 공경대부 이하 아래로는 방백과 수령에

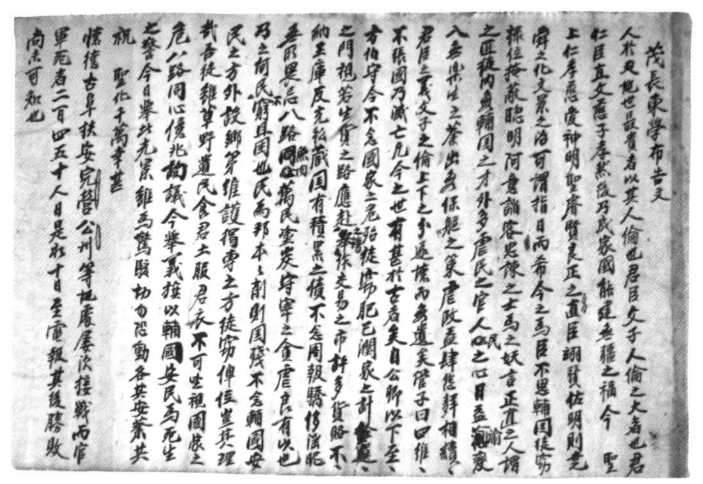

茂長東學布告文
人之於世最貴者以其人倫也君臣父子人倫之大者也君
仁臣直父慈子孝然後乃成家國能逮無疆之福今 聖
上仁孝慈愛神明聖睿賢良正直之臣翊贊佐明則堯
舜之化文景之治可指日而希今之爲臣不思報國徒竊
祿位掩蔽聰明阿意諂容忠諫之士謂之妖言正直之人謂
之匪徒內無輔國之才外多虐民之官人民之心日益渝變
入無樂生之業出無保軀之策虐政日肆怨聲相續
君臣之義父子之倫上下之分遂壞而無遺矣管子曰四維
不張國乃滅亡方今之世有甚於古者矣自公卿以下至
方伯守令不念國家之危殆徒竊肥己潤家之計銓選
之門視若生貨之路應試之場擧作交易之市許多貨賂不
納王庫反充私藏國有積累之債不念圖報驕侈淫昵
無所畏忌八路魚肉萬民塗炭守宰之貪虐良有以也
乃之何民窮且困也民爲邦本本削則國殘不念輔國安
民之方外設鄕第惟謀獨全之方徒竊俸位豈其理
哉吾徒雖草野遺民食君土服君衣不可坐視國家之
危八路同心億兆詢議今擧義旗以輔國安民爲死生
之誓今日之光景雖屬驚駭切勿恐動各安其業共
祝 聖化千萬幸甚
惟願古阜扶安完營公州等地屢次接戰而官
軍死者二百四五十人日是於十日至靈報其後勝敗
尙未可知也

무장 포고문 전봉준과 손화중은 1894년 3월 20일 무장현 동음치면 당산 마을에서 무장 포고문을 발표했다.

이르기까지 국가의 위태로움은 생각지 아니하고 거의 자기 몸을 살찌우고 집을 윤택하게 하는 계책에만 몰두하여 벼슬아치를 뽑는 문을 재물을 모으는 길로 만들고 과거 보는 장소를 교역의 장터로 만들고 있다. 그래서 허다한 재물이나 뇌물이 국고로 들어가지 않고 도리어 사사로운 창고를 채운다. 나라에는 쌓인 부채가 있는데도 갚으려는 생각은 아니하고 교만과 사치와 음탕과 안일로 나날을 지새워 두려움과 거리낌이 없어서 온 나라는 어육이 되고 만백성은 도탄에 빠졌다. 진실로 수령들의 탐학 때문이다. 어찌 백성이 곤궁치 않으랴. 백성은 나라의 근본이다. 근본이 깎이면 나라는 잔약해짐은 뻔한 일이다. 그런데도 보국안민의 계책은 염두에 두지 아니하고 바깥으로는 고향집을 화려하게 지어 제 혼자 사는 방법에만 몰두하면서 녹위만을 도둑질하니 어찌 옳게 되겠는가? 우리 무리는 비록 초야의 유민이나 임금의 토지를 갈아먹고 임금이 주는 옷을 입으면서 망해가는 꼴을 좌시할 수 없어서 온 나라 사람이 마음을 함께하고 억조창생이 의논을 모아 지금 의로운 깃발을 들어 보국안민을 생사의 맹세로 삼노라. 오늘의 광경이 비록 놀랄 일이겠으나 결코 두려워하지 말고 각기 생업에 편안히 종사하면서 함께 태평세월을 축수하고 모두 임금의 교화를 누리면 천만다행이겠노라.

백산 격문

백산에서 여러 곳에 보낸 봉기를 알리는 글로 오지영의 『동학사』에 수록되어 있다.

> 우리가 의를 들어 이에 이름은 그 본의가 결단코 다른 데 있지 아니하고 창생을 도탄 속에서 건지고 국가를 반석 위에 두고자 함이다. 안으로는 탐학한 관리의 머리를 베고 밖으로는 횡포한 강적의 무리를 구축하고자 함이다. 양반과 부호 앞에서 고통을 받는 민중들과 방백과 수령 밑에서 굴욕을 받는 소리(小吏, 낮은 벼슬아치)들은 우리와 같이 원한이 깊은 자다. 조금도 주저하지 말고 이 시각으로 일어서라. 만일 기회를 잃으면 후회해도 미치지 못하리라.

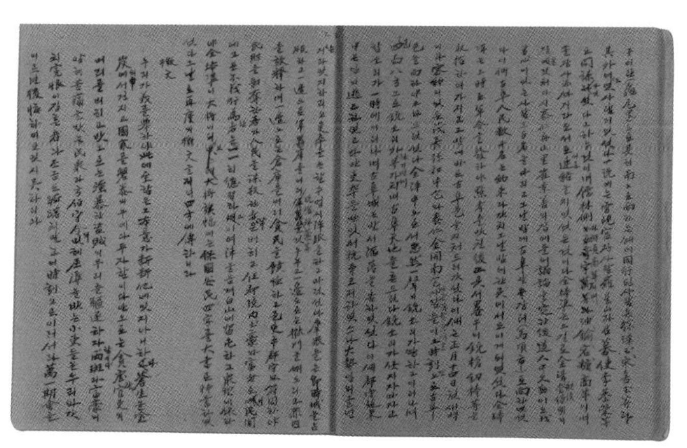

백산 격문 전봉준이 이끄는 동학농민군은 백산에서 격문을 발표했다. 이 격문은 오지영의 『동학사』에 수록되어 있다.

4대 행동 강령

농민군이 지켜야 할 규율로 오지영의 『동학사』에 수록되어 있다.

하나. 사람을 함부로 죽이지 말고 가축을 멋대로 잡아먹지 말라.

하나. 충효의 마음을 다하여 세상을 구제하고 백성을 편안하게 하라.

하나. 왜의 오랑캐를 섬멸하고 성스러운 길을 맑게 하라.

하나. 군사를 몰아 서울로 들어가 세도가를 깡그리 없애라.

폐정 개혁 12조

전주화약 12조의 폐정 개혁안으로 전해진다. 오지영의 『동학사』에 수록되어 있다.

하나. 도인과 정부 사이에는 묵은 혐의를 깡그리 쓸어버리고 여러 정사에 협력할 사

하나. 탐관오리는 그 죄목을 조사하여 낱낱이 엄하게 징벌할 사

하나. 횡포한 부호의 무리는 엄하게 징벌할 사

하나. 불량한 유림과 양반 무리는 엄하게 징벌할 사

하나. 노비 문서는 불태워 없애버릴 사

하나. 칠반천인(七般賤人)의 대우는 개선하고 백정이 쓰는 평양립은 벗길 사

하나. 청춘과부의 개가를 허락할 사

하나. 무명잡세는 일체 부과하지 말 사

하나. 관리 채용은 지벌(地閥)을 타파하고 인재를 등용할 사

하나. 0과 간통하는 자는 엄하게 징벌할 사

하나. 공사의 채무를 가리지 말고 기왕의 것은 소멸시킬 사

하나. 토지는 고르게 나누어 짓게 할 사

평양립(平壤笠)은 평량립(平凉笠)의 오식이다. 평양립은 존재하지 않는다. 초고본에는 "백정의 머리에 패랭이를 벗기고 갓을 씌울 사"라고 되

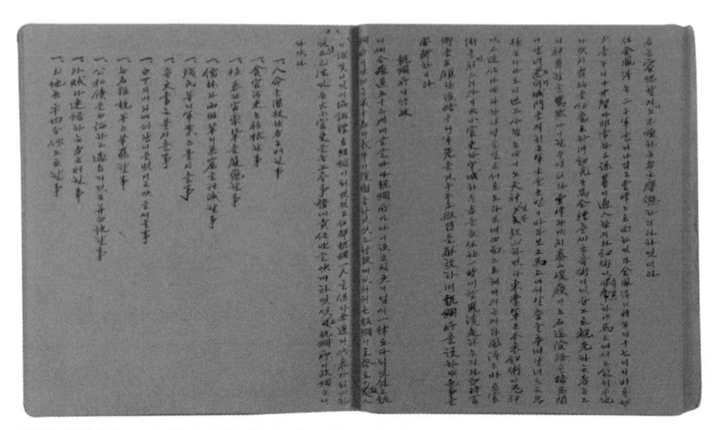

폐정 개혁 12조 오지영의 『동학사』에 수록되어 있다.

어 있다. 또 0의 복자(覆字)는 초고본에 "외적과 연결하는 자는 버힐 사"라고 한 것으로 보아 당시 검열에 따라 적(賊) 또는 왜(倭)를 삭제한 것으로 보아야 할 것이다.

이를 다시 풀어보면 첫째, 탐관오리, 횡포한 부호, 불량한 유림과 양반을 징벌한다는 것 둘째, 노비와 칠반천인, 백정의 신분 차별을 없애거나 개선하는 것 셋째, 고른 인재 등용 넷째, 청춘과부의 개가 다섯째, 무명잡세와 공사 채무의 해소 여섯째, 토지의 분작으로 나뉜다. 그런데 이 개혁안은 전주화약의 조건이 될 수 없다. 일개 지방 행정관이 봉건제도의 골간인 신분제도와 토지 소유의 문제를 함부로 논할 수 없기 때문이다. 다만 이처럼 농민군이 화약의 조건으로 내건 12조는 봉건제도의 모순을 타파하고 '자생적인 근대'를 준비하려는 듯한 동학농민군의 이상을 잘 보여준다. 하지만 이 조항은 신중해야 할 문제가 포함되어 있다.

한편, 『동학사』의 초고본(필사본)에는 집강소 행정이라는 제목을 달고 "정부측은 의군측에 향하여 여러 가지 폐정 개혁안을 제출하여 이를 앞으로 실시하겠다는 서약을 정하고 양방에서 퇴병했다"라고 쓰여 있다. 정부측에서 먼저 마련했다는 뜻이다. 또 12조를 적고 화약조건이라 하지 않고 집강소의 정강(政綱)이라 했다. 즉 집강소에서 농민군이 개혁하려는 기본 항목이라는 뜻이다. 여기에는 앞의 조항과는 달리 "과부의 재가를 허할 사"와 "지벌을 타파할 사"를 빼고 "인명을 함부로 죽인 자는 베일 사"와 끝에 "농군에게 두레법을 장려할 사" 등을 넣어 조금 다르게 제시했다.

고시, 경군과 영병과 이교와 시민에게

공주전투를 끝낸 뒤 전 국민의 애국심을 호소하는 글. 경군은 서울 주둔의 군사, 영병은 감영 소속의 군사, 이교는 하급 벼슬아치, 시민은 장사하는 상인을 말한다. 이 글은 『동학농민전쟁사료총서』에 수록되어 있다. 원본은 고려대 도서관에 소장되어 있고 복사본은 국사편찬위원회에 소장되어 있다.

다름이 아니라 일본과 조선이 개국한 이래 비록 이웃 나라이나 여러 대에 걸쳐 적국이 되었더니 성상의 인후하심을 힘입어 세 개의 항구를 열어주어 통상을 허락했다. 이후 갑신년(1884년 갑신정변) 10월에 네 흉적이 적에 협력하여 군부(君父)의 위태함이 아침저녁에 달려 있더니 종사의 홍복(洪福)으로 간당을 소멸하고 금년 10월에 들어 개화파의 간사스러운 무리가 왜국과 손을 잡고 결탁하여 밤을 틈타 서울로 들어와 군부를 핍박하고 국권을 멋대로 휘두른다. 또 하물며 방백과 수령이 모두 개화의 무리로 인민을 어루만져 구제하지 아니하고 살육을 좋아하며 생령(生靈)을 도탄에 빠뜨리매 이제 우리 동학의 교도가 의병을 들어 왜적을 소멸하고 개화를 제어하여 조정을 청평하고 사직을 안보할새, 매양 의병(동학농민군)이 이르는 곳에서 병정과 군교(軍校)가 의리를 생각지 아니하고 나와서 접전하매, 비록 승패는 없으나 인명이 피차에 상하니 어찌 불쌍하지 아니하리오.

실제로는 조선끼리 서로 싸우자 하는 바 아니거늘 이와 같이 골육이 서로 싸우니 어찌 애달프지 아니하리오. 또한 공주 한밭의 일로 따져보아도 비록 봄 사이의 원수를 갚은 것이라 하나 일이 참혹하고 후회가 막급하며, 방금 대군이 서울을 압박하고 있어 팔방이 흉흉한데, 편벽되어 서로 싸우기만 하면 가위 골육이 서로 싸우는 것이라. 일변 생각건대 조선 사람끼리라도 도는 다르나 척왜와 척화의 뜻은 같은지라. 두어 글자로 의혹을 풀어 알게 하노니 각기 들어보고 충군, 우국의 마음이 있거든 곧 의리로 돌아오면 상의하여 같이 척왜, 척화하여 조선이 왜국이 되지 아니하게 하고 같은 마음으로 힘을 합해 대사를 이루게 하올세라.

『전봉준공초』

해설

전봉준의 심문 기록은 법무아문의 심문관과 일본영사관의 영사가 공동 심문한 내용을 수록했다. 편집과 정리는 법무아문의 뒤를 이은 법부(法部)에서 맡았으며 현재 서울대 규장각 한국학연구원에 필사본으로 소장되어 있다. 한편, 정부기록보관소에도 이 공초가 「전봉준판결선고서」와 함께 필사본으로 보관되어 있다. 한 본은 한문, 한 본은 국한문 혼용(한문에 토를 단 수준)으로 되어 있는데, 이 번역에는 국한문 혼용본을 사용했다.

이 문서의 제목부터 살펴볼 필요가 있다. 공초(供草)는 법률 용어가 아니다. 굳이 뜻을 풀이하면 공초(供招)를 베꼈다는 말이다. 죄인에 대한 문초는 '供招'라고 해야 옳다. 그런데도 '供草'라 표기한 것은 처음 문서의 표지 제목을 쓰면서 잘못 쓴 것으로 보인다. 내용에도 초초(初招), 재초(再招)라고 표시해 '供招'임을 나타내고 있다. 일본 신문에는 공초를 '구공(口供)'이라 표현했다.

전봉준은 태인전투 이후 서울로 올라올 계획을 세우고 정읍과 장성의 경계가 있는 입암산성을 거쳐 순창 피노리로 몸을 숨겼다가 현지 민병에게 12월 2일에 잡혀 나주 초토영 감옥에 억류되었다. 그러다가 정토사령관 미나미 고시로의 인솔로 서울로 압송되어 남산 밑에 있는 일본영사관 감옥에 구금되었다. 이때 손화중, 최경선, 김덕명 등도 함께 간

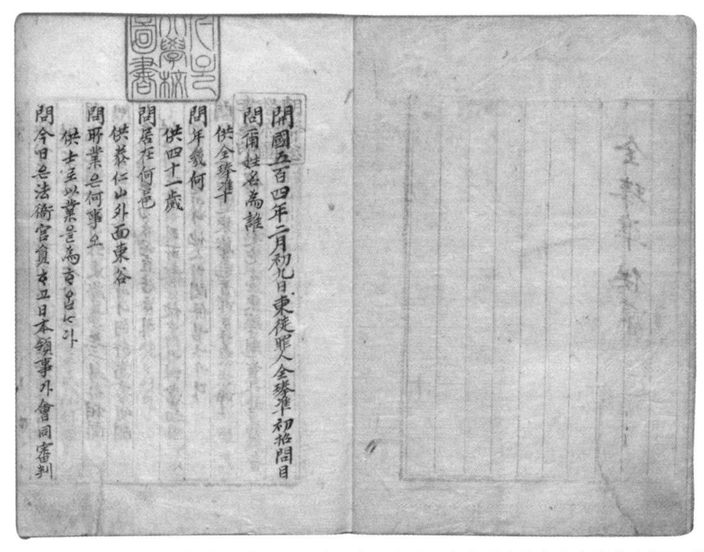
開國五百四年二月初九日東徒罪人全琫準初招問目
問爾姓名爲誰
供全琫準
問年歲何
供四十一歲
問居在何邑
供泰仁山外面東谷
問所業은何事오
供士로以業을爲ᄒᆞᆸᄂᆞ이다
問今日은法衙官員ᄒᆞ고日本領事가會同審判

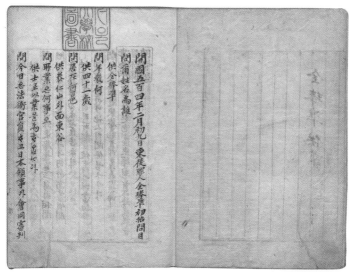

『**전봉준공초**』 전봉준의 심문 기록으로 법무아문의 심문관과 일본영사관의 영사가 공동 심문했으며 총 다섯 차례 진행되었다. 전봉준의 생각을 알 수 있는 1차 사료라는 의미가 있다.

혔다. 미나미 고시로는 포로인 전봉준을 신문한 구공서(口供書)를 경성 주재 일본제국 영사인 우치다 사다쓰치에게 제출했다.

우치다 사다쓰치는 다시 미나미 고시로가 제출한 구공서를 토대로 두 차례에 걸쳐 심문했다. 먼저 신상을 확인한 뒤 왜 봉기를 단행했는지, 일본을 어떻게 생각하는지 등 기초적인 요건을 갖춘 내용의 심문이었다. 이 구공서 한 건과 두 가지 심문 기록은 『도쿄아사히신문』에 게재되어 있다(『동학농민전쟁사료총서』 22책 수록). 그러나 이 번역에는 이 세 건의 내용이 중복되어 제외했다.

개화 정권의 법무아문 심문관과 함께 전봉준 등 연루자를 조사, 심문했다. 공초에는 무슨 연유인지 두 사람 모두 이름이 밝혀져 있지 않다. 하지만 「전봉준판결선고서」에 따르면 선고에 참여한 담당자는 법무아문 대신 서광범 이하 협판 이재정, 참의 장박, 주사 김기조·오용묵 등이요, 우치다 사다쓰치는 회심이라는 이름으로 참여했다.

심문 월일에 따라 5차에 걸친 심문 내용의 순서를 보면 1차 2월 초9일, 2차 2월 11일, 3차 2월 19일(3차는 두 번에 걸쳐 기재되어 있는데, 뒤에 있는 것은 5차로 잘못 표시되어 있다), 4차 3월 7일, 5차 3월 10일에 이루어졌다. 하지만 4차인 3월 초 7일자의 심문 기록이 다섯번째로 수록되어 있고 "4차 문목"이라 기재되어 있어 착각하게 편집되어 있다. 그런데 제목 위에는 "마땅히 위에 있어야 한다"라고 잔글씨로 덧붙여 쓰여 있는데, 3월 10일자 앞에 있어야 한다는 뜻이다. 이 부분은 편집상의 착오이므로 3월 10일 5차 문목은 당연히 맨 마지막에 위치해야 한다. 내용으로 따져보아도 이 순서가 맞을 것이다.

내용은 문(問)과 공(供)으로 표시해 공은 한 글자를 낮추어 기록했다. 여기에서는 일반체제대로 문은 문초, 공은 공술로 표시했으며 관례에 따라 문초 어투는 하대의 말로, 공술 어투는 존댓말로 번역했다. 그리고 문초나 대답에서 죄인을 부르는 관용어인 의신(矣身)도 '나' 또는 '너'로 번역했다. 전봉준은 의연하게 답변했다고 알려져 있으나 일반 관례를 감안한 것이다. 문초는 1차, 2차, 3차는 법무아문 관원과 일본영사가 담당했는데, 4차와 5차는 일본영사가 공초한 것으로 표시되어 있다.

순서에 따라 내용을 요약하면 다음과 같다.

1차 공초 전봉준의 개인 신상과 동학과의 관련 사항, 고부 봉기의 동기, 조병갑의 부정행위, 고부 봉기 뒤의 행적, 안핵사 이용태 관련 사항, 장성전투 과정, 전주성 점령, 집강소 활동, 삼례 결집과 공주전투 등을 다루었다. 비록 사건과정은 사건이 일어난 월일 순서대로 문초하지 않았으나 전봉준 봉기의 실상을 모두 다루었다고 할 수 있다.

2차 공초 주로 탐관오리의 불법 탐학 문제와 집권 세력인 여흥 민씨의 부정행위, 홍계훈과 전주에서 맺은 약속, 동학 접주가 된 동기, 동학 교단의 조직, 2차 봉기의 동기와 목적, 흥선대원군과 소모사 관련, 최시형과의 관계 등을 다루었다.

3차 공초 흥선대원군의 사자인 송희옥 관련 문제, 흥선대원군 효유문 내용 등을 다루었다. 이어 송희옥과 흥선대원군과의 관계를 집중적으로 문초했다. 삼례대회와 재봉기, 흥선대원군 효유문의 진위, 일본군의 경복궁 점령 문제 등의 내용이 수록되어 있다.

4차 공초 다시 전봉준의 이름, 별호 등 신상 문제와 집강소 설치과정, 손화중과 최경선 관련 사항, 삼례 회동과 각지의 접주, 은진·논산 경과와 공주 접전, 전봉준 문서의 대필 문제 등을 문초했다.

5차 공초 전봉준이 통문, 격문을 보낼 때 친필 또는 대필 문제와 주변 인물에 대해 주로 문초했는데, 보충의 성격을 띠고 있다.

이 공초는 대체로 31일, 곧 한 달쯤 진행되었다. 문초는 274개 문항으로 진행되었다. 이 기록을 통해 전봉준이 이끈 봉기의 동기와 목적, 농민군의 규모 등을 살펴볼 수 있다. 더욱이 전봉준이 남긴 개인 기록이 없는 터라 이 1차 사료는 무엇보다 중요하다고 할 수 있다. 다만 전봉준이 동지와 부하, 특히 흥선대원군을 보호하려 했는지에 대한 관련 내용은 부실하다고 할 수 있다. 1차 사료는 「전봉준판결선고서」 원본의 기초 사료가 된다고 할 수 있다. 이 공초가 끝난 뒤 법무아문 권설재판소로 이관되어 판결이 나왔던 것이다.

이 공초를 최초로 분석한 김용섭은 "이 공초는 전봉준 자신의 기록이 발표되고 있지 않은 오늘날에는, 그의 동학란에서의 반봉건적·반제국주의적 태도나 그 이론적 근거를 이해하는 데 가장 중요한 자료가 되는 것이 아닌가 생각된다"(「전봉준공초의 분석」)라고 말하고 있다. 이 지적이 맞기는 하지만 흥선대원군과의 관련설에는 거의 모르쇠로 일관했다고 볼 수 있고 자신의 부하나 동지의 관련 사실에 대해서도 애써 감싸려는 모습을 보였다.

개국 504년(1895)[1] 2월 초 9일 동학도 죄인 전봉준 처음 공초한 문목[2]

문초 : 너의 이름이 무엇이냐?

공술 : 전봉준이오.

문초 : 나이는 몇 살이냐?

공술 : 마흔한 살이오.

문초 : 어느 고을에 사느냐?

공술 : 태인 산외면 동곡 마을이오.

문초 : 생업은 무슨 일로 하는가?

공술 : 선비로 생업을 삼고 있소.

문초 : 오늘은 법무아문[3] 관원하고 일본영사가 회동해 심판해서 공정히 처결할 터이니 낱낱이 사실대로 아뢰어라.

공술 : 낱낱이 사실대로 아뢰겠소.

문초 : 아까 이미 밝히고 타일렀거니와 동학의 일은 한 몸과 관계되는 일이 아니라 국가와 크게 관계되는 일이니 어떤 고등(高等)[4]에 관계가 있더라도 숨기지 말고 사실대로 아뢰어라.

---

1) 1894년 갑오개혁 당시 연호를 개국으로 삼았다. 곧 이성계가 조선을 건국한 해인 1392년을 개국 원년으로 삼아 1894년을 개국 503년으로 표시했다. 전봉준이 공초를 받은 1895년은 개국 504년에 해당된다. 개국 연호는 뒤에 건양(建陽), 광무(光武) 등으로 바꾸었다.

2) 죄인을 신문하는 조목의 뜻을 지닌 법률 용어다.

3) 법무아문은 1894년 갑오개혁 때 사법 행정, 경찰 업무, 사유(赦宥) 따위 법에 관한 업무를 맡은 부서다. 고등재판소 등 재판소를 감독하기도 했다. 다음해에 법부로 개편했다. 당시 일본영사관 영사는 우치다 사다쓰치였다.

4) 고위 인사를 뜻한다. 전봉준과 연계되었다는 소문이 파다한 홍선대원군을 뜻한다고 할 수 있다.

공술 : 그리하오리다. 가르친 바대로 하려니와 당초부터 본마음에서 나온 일이니 다른 사람과는 관계없습니다.

문초 : 네가 전라도의 동학 괴수라 하니 과연 그런가?

공술 : 처음 창의(倡義)로 기포(起包, 동학 조직을 동원한 봉기)했지, 동학 괴수라 할 수는 없습니다.

문초 : 너는 어느 곳에서 사람들을 불러모았느냐?

공술 : 전주 땅과 논산 땅에서 불러모았습니다.

문초 : 작년 3월 사이에 고부 등[5]에서 민중을 많이 모았다 하니 무슨 사연으로 그리하였느냐?

공술 : 그때 고부수령이 정액 밖의 가혹하게 거두어들인 것이 몇만 냥이었기에 민심이 원통해하고 한스러워해 이 거사가 있었습니다.

문초 : 비록 탐관오리라 부르더라도 명색(名色, 명목)이 반드시 그럴 만한 까닭이 있은 뒤에야 나올 일이니 상세히 말해보라.

공술 : 지금 그 세세한 조목을 이루 다 말할 수 없고 대략을 알리겠습니다.

하나는 민보(民洑)[6] 아래에 보를 더 쌓고 늑정(勒定, 강제로 액수

5) 전봉준은 두 차례 농민 봉기를 주도했다. 첫번째는 1894년 1월 10일(양력 2월 15일) 고부군수의 부정을 타도하려고 봉기해 고부관아를 점령한 뒤 해산했다. 두번째는 1894년 3월 20일(양력 4월 25일) 무장 등지에서 농민군을 모아 고부, 부안 등지로 진출해 황토현전투를 벌였다.

6) 민간 인력을 동원해 쌓은 보. 당시 배들평 아래에는 만석보가 있었는데, 이를 가리킨다. 지금 그곳에는 만석보 유지비가 세워져 있다.

를 정함)으로 민간에 전령(傳令)해 상답(上畓)은 한 두락에 2년 세를 거두고 하답(下畓)은 한 두락에 1년 세를 거두니 도합 조(租)가 700여 석이오. 진황지(陳荒地)[7]를 백성에게 갈아먹기를 허가해 관가에서 문권(文券)을 만들어 세를 징수하지 않겠다고 하더니 추수할 때 이르러서 강제로 징수한 일이오.

하나는 부자 백성에게 강제로 빼앗은 돈이 2만 냥이오.

하나는 그 아비가 일찍이 태안군수를 지낸 연고로 그 아비를 위해 비각을 세운다고 알리고 강제로 돈을 거둔 것이 1000여 냥이오.

하나는 대동미(大同米)[8]를 민간에서 징수하기는 정백미(精白米, 도정을 잘한 쌀)로 16두씩 기준값으로 거두어들이고 상납(上納)은 추미(麤米, 조잡한 쌀)를 사서 남은 이익을 모조리 해먹은 일이오.

이 밖에 허다한 조건은 이루 다 기억할 수 없습니다.

문초 : 지금 알린 것 중에 강제로 빼앗은 2만여 냥의 돈은 어떤 명목으로 거두었느냐?

공술 : 불효하다거나 불목(不睦)하다거니 음행(淫行) 또는 잡기(雜技, 놀이)했다는 따위의 일로 죄목을 꾸며서 거두었습니다.

문초 : 이런 일은 한 곳에서 실행했느냐, 또한 여러 곳에서 실행했느냐?

---

7) 황무지와 같은 말로 곡식을 심지 않은 묵은 밭을 가리킨다. 진황지로 지정되면 곡식을 심더라도 조세를 면제해준다.

8) 지방에서 특산물로 바치는 여러 공물을 쌀로 통일해 대신 바치는 조세법이다. 무명을 바치는 대동목(大同木)도 있다.

공술 : 이런 일은 한 곳에 그침이 아니요, 수십 곳이 됩니다.

문초 : 수십 곳이 된다 하니 그들 속에 혹 이름을 아는 자가 있느냐?

공술 : 지금 이름을 기억할 수 없습니다.

문초 : 이 밖에는 고부군수가 무슨 일을 실행했느냐?

공술 : 지금 알린 사건이 모두 민간에서 탐학을 할뿐더러 보를 쌓을 때 수백 년 묵은 큰 나무를 강제로 도끼로 찍어내고 보를 쌓는 일을 하는 백성 장정을 1전도 주지 않고 강제로 일을 시켰습니다.

문초 : 고부군수의 이름은 무엇인가?

공술 : 조병갑입니다.

문초 : 이런 탐학한 일은 고부군수에만 그쳤느냐, 또는 이속(吏屬)의 무리들이 작간(作奸, 나쁜 짓)함은 없었느냐?

공술 : 고부군수가 혼자 실행했습니다.

문초 : 네가 태인 땅에 거주했다는데, 무슨 연고로 고부에서 기료(起鬧, 소요를 일으킴)했느냐?

공술 : 태인에서 살다가 고부로 이사한 지 몇 년이 됩니다.

문초 : 그렇다면 고부에 살 집이 있느냐?

공술 : 잿더미 속으로 들어갔습니다.[9)]

문초 : 너는 그때 강제로 빼앗긴 피해가 없느냐?

---

9) 조정에서는 고부 봉기의 수습책으로 고부군수에는 박원명, 그 조사를 맡을 안핵사로는 이용태를 임명했는데, 이용태는 죄인을 잡아들인다는 명분을 내걸고 약탈과 방화를 일삼았다. 전봉준의 집도 이때 불에 탔음을 말한다.

공술 : 없습니다.

문초 : 한 지경의 인민이 강제로 빼앗긴 해를 모두 입었는데, 너 홀로 없다는 것은 무슨 까닭인가?

공술 : 학구(學究)로 생업을 삼아 전답이라 하는 것이 3두락밖에 없는 까닭입니다.

문초 : 너의 가속은 몇 명인가?

공술 : 가속 모두 합해 여섯 명입니다.

문초 : 한 지경의 인민이 모두 강제로 수렴의 해를 입었는데, 너 홀로 해를 입지 않았다는 것은 실로 의혹하다.

공술 : 나는 아침에 밥을 먹고 저녁에 죽을 먹을 뿐 강제로 수렴할 것이 무엇이 있겠소.

문초 : 고부군수가 부임한 것은 어느 해, 어느 달인고?

공술 : 재작년 동지섣달 두 달 사이입니다.

문초 : 부임이 적확하게 어느 달인가?

공술 : 확실하지 않으니 지난해로 보면 1주년은 됩니다.

문초 : 부임한 처음부터 학정을 곧바로 시행했느냐?

공술 : 처음부터 시행했습니다.

문초 : 학정을 처음부터 시행했다면 무슨 연고로 곧바로 기료하지 아니했느냐?

공술 : 한 지경의 인민이 참고 또 참다가 종말에는 어쩔 수 없어서 실행했습니다.

문초 : 너는 해를 입음이 없는데, 기료함은 무슨 연고인가?

공술 : 한 몸의 해를 풀기 위해 기포함이 어찌 남자의 일이 되리오. 중민이 원통해하고 한탄하는 까닭에 백성을 위해 해를 제거하고자 했습니다.

문초 : 기포할 때 네가 어찌 주모가 되었느냐?

공술 : 중민이 모두 나를 추대해 주모를 하라 하기에 중민의 말에 따랐습니다.

문초 : 중민이 너에게 주모를 하라 할 때 너의 집에 왔더냐?

공술 : 중민 수천 명이 나의 집 근처에 모두 모인 고로 자연스레 된 일이올시다.

문초 : 수천 명의 중민이 무슨 까닭으로 너를 추대해 주모로 하게 했느냐?

공술 : 비록 중민이 수천 명이나 모두 어리석은 농민이요, 나는 문자를 조금 해득하는 연고입니다.

문초 : 네가 고부에 머물러 살 때 동학을 가르치지 않았느냐?

공술 : 내가 남자아이를 약간 훈도하고 동학은 가르친 일이 없습니다.[10)]

문초 : 고부 땅에는 동학이 없느냐?

공술 : 동학도 있습니다.

10) 전봉준은 고부 조소 마을에서 서당을 열고 글을 가르쳤으나 동학 포덕에는 나서지 않았음을 말한 것이다.

문초 : 고부에서 기포할 때 동학도가 많았느냐, 원민(冤民)[11]이 많았느냐?

공술 : 기포할 때 원민과 동학도를 합했으나 동학도는 적고 원민이 많았습니다.

문초 : 기포한 뒤에 무슨 일을 실행했느냐?

공술 : 기포한 뒤에 진황늑징세(陳荒勒徵稅)[12]를 돌려받고 관가에서 쌓은 보를 헐어버렸습니다.

문초 : 그때는 어느 때인가?

공술 : 작년 3월 초순입니다.

문초 : 그뒤에는 무슨 일을 했느냐?

공술 : 그뒤에는 흩어졌습니다.

문초 : 흩어진 뒤에는 무슨 일로 인해 다시 기포했느냐?

공술 : 그뒤에 장흥부사 이용태가 안핵사로 본 고을에 와서 기포한 인민을 동학이라 통틀어 부르고 이름을 죽 적어서 잡아들이며 그들의 집을 태워버렸으며 당사자가 도망가면 처자를 잡아와서 살육을 행했기 때문에 다시 기포했습니다.

문초 : 그렇다면 너희가 처음부터 관정(官庭, 관가)에 소장을 한번 내보

11) 원민은 원통한 백성의 뜻인데, 허균은 「호민론」에서 원망에 찬 백성의 뜻으로 원민이라 표현했다.

12) 면세지인 묵밭에 불법과 강제로 징수한 조세를 말한다. 법정의 조세 용어는 아니지만 일종의 조세로 여겨서 늑징세라 붙였다.

지도 않았느냐?

공술 : 처음에는 40여 명이 등소하다가 잡혀 감옥에 들어가고 두번째 등소하다가 60여 명이 쫓겨났습니다.

문초 : 등소는 어느 때에 했는고?

공술 : 처음에는 재작년 11월이요, 두번째는 같은 해 12월입니다.

문초 : 두번째 기포할 때는 안핵사로 말미암았으며 네가 주모를 했느냐?

공술 : 그러합니다.

문초 : 두번째 기포한 뒤에 무슨 일을 행했느냐?

공술 : 감영군 1만여 명이 고부 인민을 도륙하려 했기 때문에 어쩔 수 없어서 접전을 했습니다.

문초 : 어느 곳에서 접전했느냐?

공술 : 고부 땅에서 접전했습니다.[13]

문초 : 군기와 군량은 어느 곳에서 준비했느냐?

공술 : 군기와 군량은 모두 민간에서 마련했습니다.

문초 : 고부관아 군기고(軍器庫, 무기 창고)와 군물(軍物, 군수품)은 네가 탈취하지 않았느냐?

공술 : 그때는 탈취함이 없었습니다.

---

13) 전라감영군이 고부 농민군을 토벌하기 위해 농민군이 집결한 부안 백산으로 진출했고 이어 농민군이 정읍 도교산과 황토현으로 이동하자 뒤따라 추격해와서 전투를 벌였다가 패했다. 농민군은 1894년 3월 20일(음력) 무장에서 선전포고를 정식으로 하고 정읍, 부안 등지로 진출했는데, 황토현에서 최초로 감영군을 격파한 전과를 올렸다.

문초 : 그때도 네가 주모했느냐?

공술 : 그러합니다.

문초 : 그뒤에는 연달아 고부에 있었느냐?

공술 : 장성으로 앞서갔습니다.

문초 : 장성에서 접전했느냐?14)

공술 : 경군과 접전했습니다.

문초 : 경군과 접전해서 누가 이기고 누가 패했느냐?

공술 : 우리 군사가 밥을 먹을 때 경군이 대포로 사격해 죽은 우리 군사가 4, 50명이었기에 우리 군사가 일제히 추격하니 경군이 패주해 대포 2좌와 약간의 탄환을 가져왔습니다.

문초 : 그때 두 군사의 수는 각각 얼마였는고?

공술 : 경군은 700명이요, 우리 군사는 4000여 명입니다.

문초 : 그때 장성에서 행한 일을 낱낱이 사실대로 알려라.

공술 : 경군이 패주한 뒤에 우리 군사가 길을 빨리 걸어서 전주로 경군보다 먼저 들어가 성을 지켰습니다.

문초 : 그때 감사가 없었는가?

---

14) 전봉준이 이끈 농민군은 황토현전투를 승리로 장식한 뒤 고창, 무장, 영광 등지로 진출했는데, 중앙에서 파견된 장위영병은 전주에서 출발해 농민군의 꽁무니를 따라다니다 대관 이학승을 선발대로 보냈다. 그리고 1894년 4월 23일(음력) 장성 황룡강 가에 있는 황룡촌에서 만나 접전을 벌였다. 이 전투에서 이학승이 전사했고 농민군이 승리했다. 농민군이 최초로 중앙군과 벌인 전투에서 승리했다.

공술 : 감사는 우리 군사가 습격해오는 것을 보고 도주했습니다.[15]

문초 : 성을 지킨 뒤에는 무슨 일을 행했느냐?

공술 : 그뒤에 경군이 뒤따라와 완산(完山, 전주성 외곽 남쪽에 있는 산)에 이르러서 용두현(龍頭峴, 용머리고개)에 진지를 구축하고 성안을 향해 대포로 공격하다가 경기전이 무너진 까닭으로 이 연유를 경군에게 따졌더니 경군 군영에서 효유문(曉諭文)을 지어 너희 소원대로 하자고 했기에 감격해서 해산했습니다.[16]

문초 : 그뒤에는 무슨 일을 했는고?

공술 : 그뒤에는 각기 집으로 돌아가서 농사에 힘썼고 그 나머지 불항(不恒, 일정한 생업 없이 떠도는 사람)의 무리가 민간에 노략질함도 있었습니다.

문초 : 불항의 무리로 노략질한 군사는 너와 관계가 없느냐?

공술 : 관계함이 없습니다.

---

15) 전라감사 김문현은 농민군이 전주로 진격한다는 통지를 받고 변복한 뒤 전주성에서 탈출했다.

16) 양호초토사로 임명받은 홍계훈은 장위영 군사를 거느리고 전주로 내려와 전주에 초토영을 설치했다. 전봉준이 농민군을 이끌고 4월 27일(양력 5월 31일) 전주성을 점령한 뒤 양측에서 몇 차례 접전을 벌이는 과정에서 전봉준이 부상을 입었다. 이때 전봉준과 홍계훈 사이에 27개 항의 협약을 맺었다. 홍계훈은 5월 8일(음력) 이를 의정부에 올려 재가를 받겠다고 약속했다. 그 주요 사항을 보면 전운소(轉運所, 세곡을 나르는 부서)를 혁파할 것, 보부상의 작폐를 금단할 것, 지난 감사가 거둔 환전(還錢, 환곡 몫의 돈)을 다시 걷지 말 것, 포구의 어염세를 걷지 말 것 등이었다. 「전봉준판결선고서」에는 14개 항이 제시되어 있다. 한편, 전봉준은 불량 양반의 징치, 청상과부의 개가를 허락할 것, 토지의 평균 분작을 하게 할 것 등 폐정 개혁 12조를 제시했다고 했으나(오지영의 『동학사』에 수록) 이 공초에는 나타나지 않는다.

문초 : 그뒤에 한 일이 다시 없느냐?

공술 : 작년 10월 무렵에 나는 전주에서 기포하고 손화중은 광주에서 기포했습니다.[17]

문초 : 다시 기포한 것은 무슨 연고인고?

공술 : 그뒤에 들으니 귀국(일본)이 개화(開化)라 일컫고 처음부터 한 마디 언사도 민간에게 전해 알림이 없고 격서(檄書, 알리는 글)도 없이 군사를 이끌고 우리 도성에 들어와 밤중에 왕궁을 격파해 주상을 놀라게 했기로 초야의 사민(士民)들이 충군애국(忠君愛國)의 마음으로 강개함을 이기지 못해 의려(義旅, 의병)를 규합해[18] 일본 사람들과 접전해 이 사실을 일차 청해 묻고자 했습니다.

문초 : 그뒤에는 무슨 일을 행했는고?

공술 : 그뒤에 생각해보니 공주감영[19]이 산으로 가로막히고 강을 두르고 있어서 지리가 아주 좋은 연고로 이곳에 웅거해 굳게 지키려 도모했소. 그러면 일본 군사들이 쉽게 공격해 빼지 못할 것으로 생각했소. 그래서 공주로 들이가서 일본 군사에게 격문을 보내서로 버티고자 했더니 일본 군사들이 먼저 공주에 웅거했소. 사

17) 전봉준은 2차 봉기를 일으킬 때 전주에서 위봉산성의 무기를 거두어 삼례로 진출했고 손화중과 최경선은 해안 방비와 나주성 점령을 위해 삼례 농민군에 참여하지 않고 광주와 나주에서 활동했다.

18) 6월 21일(음력)에 일본군이 경복궁을 점령하고 고종을 유폐했다. 이를 경복궁 강점 또는 경복궁 쿠데타라 부른다.

19) 충청감영이어야 옳은 표현이며 공주는 감영이 있는 위치일 뿐이다.

세가 접전을 안 할 수 없었기 때문에 2차 접전 뒤에 1만여 명의 군병을 점고해보았더니 남은 자가 2000여 명에 지나지 않았소. 그뒤 또 2차 접전한 뒤에 점고해보니 500여 명에 지나지 않았소. 그 때문에 패주해 금구(金溝)[20]에 이르러서 다시 군사를 모집하니 수효는 조금 증가했으나 기율이 없어 다시 개전하기 아주 어려웠소. 일본 군사가 뒤따라오기 때문에 2차 접전하다가 각기 흩어졌소.[21]

문초 : 금구에서 해산한 뒤에는 네가 서울의 속내를 상세히 탐지하고자 하여 상경하려 하다가 순창 땅에서 민병에게 잡혔느니라.

공술 : …….

문초 : 전주로 들어갔을 때 모집한 군사는 전라 한 도 인민이 모두 모인 것이냐?

공술 : 각 도의 인민[22]이 조금 많았습니다.

문초 : 공주로 향할 때도 각 도의 인민이 조금 많았느냐?

공술 : 그때도 또한 그러했습니다.

---

20) 전봉준은 패잔 농민군을 이끌고 전주를 거쳐 금구의 원평에 이르렀다. 이때 일본군이 뒤따라와서 11월 25일(음력) 원평에서 전투를 벌였다.

21) 11월 25일의 원평전투와 11월 27일 태인전투를 종합해 말한 것이다. 전봉준이 이끈 농민군은 원평전투에서 패전하고 태인으로 후퇴했다가 다시 전투를 벌여 패전했다. 실제로는 태인전투가 전봉준이 이끈 농민군의 마지막 전투였다.

22) 전봉준은 무장 포고 이후 여러 곳에 전령을 보내 동참을 호소해 다른 지역 농민군이 많이 합류하기도 했다. 삼례에서 농민군이 진격할 때도 여산, 은진, 논산 등 충청도 접경 지역의 농민군이 합류했다.

문초 : 재차 군사를 모집할 때 무슨 방책으로 규합했느냐?

공술 : 군사를 모집할 때 충의의 선비는 같이 창의하라 하고 방문을 내걸었습니다.

문초 : 군사를 모집할 때 자원한 자만 규합했느냐, 혹 강제로 몰아냈느냐?

공술 : 내가 본래 거느린 4000명은 모두 자원한 자요, 그 밖에 각 곳에 통문한 취지는 만약 이 거사에 응하지 않는 자는 불충무도(不忠無道)라 했습니다.

문초 : 작년 3월에 고부에서 기포해 전주로 향하는 사이에 몇 고을을 경유했으며 몇 차례 접전했느냐?

공술 : 경유한 고을은 무장에서 고부를 거쳐 태인·금구를 경유, 전주에 도달하려다가 감영 군사 1만여 명이 내려온다는 소식을 듣고 부안으로 가서 다시 고부로 돌아와 감영 군사와 접전했습니다.

문초 : 그뒤에는 어느 곳으로 향했느냐?

공술 : 정읍으로 가서 고창, 무장, 함평을 경유해 장성에 도착한 뒤 경군과 접전했습니다.

문초 : 전주에 들어간 것은 어느 때이며 해산은 어느 때인고?

공술 : 작년 4월 26, 27일 사이에 전주에 들어가고 5월 초순 5, 6일 사이에 해산했습니다.

문초 : 재차 기포할 때는 어느 곳에서 시작했느냐?

공술 : 전주에서 시작했습니다.

문초 : 재차 기포할 때 군사 모집은 몇 명인고?

공술 : 4000여 명입니다.

문초 : 공주에 이르렀을 때는 몇 명이었는고?

공술 : 1만여 명입니다.

문초 : 공주에서 접전은 어느 때인고?

공술 : 지난해 10월 23, 24일 사이입니다.

문초 : 처음 고부에서 기포할 때는 같이 모의를 꾸민 자가 누구인가?

공술 : 손화중, 최경선과 아무개, 아무개[23]입니다.

문초 : 그 밖에 다시 다른 사람이 없었는가?

공술 : 이들 세 사람 외에 많은 사람은 이루 셀 수 없습니다.

문초 : 4000명을 규합할 때 이 세 사람에 그치지 않았을 터이니 그 사람들을 상세히 말해보라.

공술 : 그 밖에 자잘한 사람들은 말해서 무엇 하겠소?

문초 : 작년 10월 기포할 때는 같이 모의한 자가 또 없느냐?

공술 : 그 밖에 손여옥, 조준구 등뿐이외다.

문초 : 손화중, 최경선은 그때 서로 관계가 없었는가?

공술 : 이 두 사람은 광주의 일이 긴급하다 하고 미처 오지 못했습니다.

문초 : 손화중과 최경선 두 사람[24]은 광주에 있으면서 무슨 일을 행했

23) 무장에서 봉기한 뒤 고부로 진격할 때 전봉준, 손화중, 김개남 등 셋의 이름으로 창의문을 발표한 것으로 보아 여기서의 아무개는 김개남으로 보인다.

느냐?

공술 : 두 사람은 즉시 공주로 향하다가 일본 병사가 바닷길로 온다는 말을 듣고 바다를 방비하려고 광주만 굳게 지켰습니다.

이상 아룀.

을미년(1895) 2월 11일 전봉준 2차 공초한 문목

문초 : 네가 작년 3월 기포한 뜻은 인민을 위해 해독을 제거하는 것으로 뜻을 삼았다 하니 과연 그런가?

공술 : 과연 그렇소이다.

문초 : 그렇다면 내직(內職)을 차지한 벼슬아치며 외임(外任, 지방 벼슬)을 맡은 관원 모두 탐학한가?

공술 : 내직을 차지한 이가 매관매직으로 일을 삼으나 내외를 가리지 않고 모두 탐학합니다.

문초 : 그렇다면 전라 한 도만 탐학한 벼슬아치만 제거하고자 기포했더냐, 팔도를 한 가지로 제거하려는 의향이었너냐?

공술 : 전라 한 도의 탐학을 제거하고 내직으로 매관매직하는 권신(權臣)을 모조리 쫓아내면 팔도가 자연 일체(一體)로 될 터이외다.

문초 : 전라도 감사 아래로 각 고을의 수령들이 모두 탐관인가?

24) 손화중과 최경선은 삼례로 전봉준을 찾아갔다가 광주로 내려가서 남도 방어를 맡았다. 그 과정에서 나주의 접주 오권선과 함께 나주성을 공격했으나 실패했다.

공술 : 열에 여덟아홉입니다.

문초 : 무슨 일을 지목해 탐학이라 하느냐?

공술 : 각 고을의 수령이 상납이라 일컫고, 혹 결복(結卜, 정해진 전세 액수)에 더 거두며, 호역(戶役, 호구세)도 함부로 징수하며, 조금 부자 백성이 있으면 공연히 죄를 얽어 돈과 재물을 강제로 빼앗고, 전장(田庄, 토지와 건물)도 함부로 침범함이 한 가지도 아니요, 두 가지도 아니외다.

문초 : 내직으로 매관하는 자는 누구인고?

공술 : 혜당[25] 민영준과 민영환, 고영근이외다.

문초 : 이들 사람에만 그치느냐?

공술 : 이 밖에도 허다합니다. 모두 기억할 수 없습니다.

문초 : 이들 사람이 매관함은 무엇으로써 분명하게 아는가?

공술 : 한 세상이 시끄럽게 떠들어서 모르는 사람들이 없습니다.

문초 : 네가 무슨 계책으로 탐관을 제거하려 했느냐?

공술 : 특별한 계책이 있음이 아니라 본마음이 백성을 편안하게 하는데 간절해 탐학을 보면 이루 말할 수 없이 분하고 한탄스러워 이런 탐학을 제거하는 일을 실행했습니다.

문초 : 그렇다면 소장을 들여서 원통함을 풀어달라고 하지, 안 했느냐?

---

25) 민씨 척족인 민영준(뒤에 민영휘로 개명)은 조세를 받아 녹봉을 주는 선혜청 당상의 직책을 맡아보면서 온갖 부정을 저질렀는데, 임오군란 때 난민들에게 쫓겨났다. 민영준의 별호가 혜당이었다. 가장 지탄을 받은 척족이었다.

공술 : 감영과 고을에 몇 차례나 소장을 들였는지 알지 못할 지경입니다.

문초 : 소장을 감영에 들이고 고을에 들인 것은 네가 직접 실행했느냐?

공술 : 매차 소지(所志, 자기 또는 다른 이의 사정을 호소하는 소장)는 내가 지었사오나 들이기는 원민으로 하게 했습니다.

문초 : 묘당(廟堂, 의정부의 별칭)에도 소원(訴冤)했느냐?

공술 : 소를 올릴 길이 없어서 홍계훈 대장이 전주에 유진할 때 이런 연유로 들였습니다.

문초 : 그때 수재(守宰, 수령과 재상) 모두 탐학한데, 소를 들이면 어찌 들어줌이 있었으랴?

공술 : 그러나 호소할 길이 없어서 어쩔 수 없이 거기라도 소를 들였습니다.

문초 : 감영과 고을에 들인 것은 어느 때이냐?

공술 : 작년 정월 2월과 3월 사이이외다.

문초 : 정월 이전에는 소를 들이지 않았느냐?

공술 : 정월 이전에 고부 한 고을에 민장(民狀, 백성이 연명으로 올린 소장)[26]을 냈을 뿐 크게 소를 들이지는 않았습니다.

문초 : 여러 차례 감영과 고을에 들였으되, 끝내 들어주지 아니하기로 기포했느냐?

---

26) 고부의 백성들이 조병갑의 부정을 들어 등소를 낼 때 전봉준은 등소 내용을 적은 글을 써주었으나 직접 이름을 올리지는 않았다. 그 대신 아버지 전창혁이 소두(疏頭)로 이름을 올렸다가 잡혀가서 고문을 받아 죽었다고 한다.

공술 : 그렇소이다.

문초 : 네가 고부 군수에게 해를 입음이 많지 않은데, 무슨 연유의 의견으로 이런 거사를 행했느냐?

공술 : 세상일이 날로 그릇되기로 분개하와 한번 세상을 구제하자는 의견이외다.

문초 : 너와 함께 모의한 손화중, 최경선 등이 모두 동학을 몹시 좋아하는 자냐?

공술 : 그러합니다.

문초 : 동학이라는 것은 무슨 주의(主意), 무슨 도학(道學)인고?

공술 : 수심(守心, 마음을 지킴)해 충효로 근본을 삼아 보국안민하자는 일이외다.

문초 : 너도 동학을 몹시 좋아하느냐?

공술 : 동학은 수심경천(守心敬天, 마음을 지키고 하늘을 공경하는 것)하는 도이기 때문에 몹시 좋아합니다.

문초 : 동학은 어느 때에 시작했느냐?

공술 : 동학의 시작은 30년 전에 비롯되었습니다.

문초 : 어느 사람이 시작했는가?

공술 : 경주에 사는 최제우가 시작했습니다.

문초 : 지금도 전라도 안에 동학을 존숭하는 자가 많은가?

공술 : 난리를 겪은 뒤에는 사망이 연이어져 지금은 크게 감소했습니다.

문초 : 네가 기포할 때 거느린 이는 모두 동학이냐?

공술 : 이른바 접주는 모두 동학이요, 그 나머지 거느린 하졸은 충의의 선비라 일컫는 사람이 많습니다.

문초 : 접주와 접사는 무슨 명색인고?

공술 : 영솔(領率, 지도자급)의 칭호입니다.

문초 : 그렇다면 기포할 때 군기와 군량을 마련하는 자냐?

공술 : 모든 일을 다 지휘하는 자입니다.

문초 : 접주와 접사는 본래부터 있었느냐?

공술 : 이미 있었고 기포할 때 창설함도 있었습니다.

문초 : 동학 중에 영솔의 명색이 접주와 접사뿐이냐?

공술 : 접주와 접사 외에도 교장, 교수, 도집, 집강, 대정, 중정 등 여섯 종류[27]입니다.

문초 : 접주란 이는 평소에는 무슨 일을 행하느냐?

공술 : 행하는 일은 별로 없습니다.

문초 : 이른바 법헌은 무슨 직책인가?

공술 : 직책은 아니고 장로의 별호입니다.

문초 : 이상 여섯 종류의 명칭은 무슨 일을 행하느냐?

공술 : 교장과 교수는 어리석은 백성을 교도하는 이요, 도집은 풍력(風力, 사람의 위력)이 있고 기강을 밝히며 경계(經界, 사람의 옳고 그

27) 하부 동학 조직을 육임(任)이라 했다. 한편, 집강소의 임원으로는 서기, 성찰, 집사, 동몽을 두었다고 한다.

름을 분간)를 아는 이요, 집강은 시비를 밝히고 기강을 잡는 이요, 대정은 공평을 견지하고 후원[28]을 근후하게 하는 이요, 중정은 직언과 강직을 능히 하는 이라 합니다.

문초 : 접주와 접사는 직책이 같으냐?

공술 : 접사는 접주의 지휘를 들어 행하는 자입니다.

문초 : 이상 많은 명색은 누가 임명하느냐?

공술 : 법헌으로부터 교도의 다소를 보고 차례로 임명합니다.

문초 : 동학에 남접과 북접이 있다 하니 무엇에 따라 남접과 북접을 구별하느냐?

공술 : 호남은 남접이라 일컫고 호중은 북접을 일컫습니다.[29]

문초 : 작년 기포할 때 이상 각 종류의 명색들에 따라 무슨 사건을 지휘했느냐?

공술 : 각기 맡은 일에 따라 행했습니다.

문초 : 각기 맡은 일은 모두 너의 지휘를 들어 행했느냐?

공술 : 내가 모두 지휘했습니다.

문초 : 수심경천하는 도를 어찌 동학이라 일컫느냐?

공술 : 우리 도는 동쪽에서 나왔기 때문에 동학이라 일컬으나 처음부터

28) 대정은 집강소의 하부 조직에 들어가는데, 여기 후원(厚員)은 회원(會員)의 오자로 보인다.

29) 본디 최제우가 살아 있을 때 최시형이 북쪽 지대에서 포교를 하면서 최제우와 구분해 북접이라 불렀는데, 농민 봉기를 두고 서로 견해를 달리할 때 보은 중심의 최시형 계통을 북접, 호남 중심의 전봉준과 김개남, 손화중 계통을 남접이라 불렀다.

본뜻은 시작한 사람이 분명히 알 것이요. 나는 다른 사람들이 일컬음을 따라서 일컬을 뿐이외다.

문초 : 동학에 들어가면 괴질을 면한다 하니 그러하느냐?

공술 : 동학의 글 속에 이르기를 3년 괴질이 곧 다가온다 하니 경천수심해 면한다 했습니다.

문초 : 동학이 팔도에 모두 전파되었느냐?

공술 : 5도는 모두 교가 행해졌으나 서북 3도는 알 수 없습니다.[30)]

문초 : 동학을 배우면 병을 면하는 것 말고 다른 이익은 없느냐?

공술 : 다른 이익은 없습니다.

문초 : 작년 3월 기포할 때는 탐관을 제거한 뒤에 또 무슨 일에 뜻을 기울였느냐?

공술 : 달리 뜻을 둔 일이 없습니다.

문초 : 작년 홍계훈 대장에게 절목(節目)을 드린 것이 있다 하니 과연 그런가?

공술 : 그렇습니다.

문초 : 절목을 드린 뒤에 탐관을 제거한 징험이 있더냐?

공술 : 별로 징험이 없었습니다.

---

30) 5도는 강원도, 경기도, 충청도, 전라도, 경상도를 말하며 서북 3도는 황해도, 평안도, 함경도를 말한다. 최시형이 북쪽의 강원도를 중심으로 동학을 포덕할 때 황해도 등 서북 지방에는 발길이 닿지 않았다. 다만 황해도 인사는 자발적으로 1893년 보은집회에 참가한 것으로 보인다(김구, 『백범일지』 참고).

문초 : 그렇다면 홍계훈 대장이 백성을 속인 것이 아니냐?

공술 : 그렇습니다.

문초 : 그렇다면 백성이 어찌 다시 원통함을 호소함이 없었느냐?

공술 : 홍계훈 대장은 그뒤에 서울에 있으니 어찌 다시 원통함을 호소할 수 있었겠습니까?

문초 : 재차 기포는 일본 병사들이 궁궐을 침범했다[31] 했기에 네가 거사했다 하니 다시 거사한 뒤에는 무슨 행동 거조를 행하려 했느냐?

공술 : 궁궐을 침범한 연유를 힐문하고자 했습니다.

문초 : 그렇다면 일본 병사며 각국의 사람들이 경성에 머무는 자를 모조리 쫓아내려 했느냐?

공술 : 그런 게 아니라 각국의 사람들은 다만 통상만 하는데, 일본 사람들은 병사를 거느리고 경성에 군진을 머물게 하는 연고로 우리 강토를 침략하는가 의심했습니다.

문초 : 이건영이란 사람은 아는가?

공술 : 잠깐 만난 적이 있습니다.

문초 : 만났을 때 무슨 말이 있었느냐?

공술 : 소모사라 일컫기로 내가 말하길 "소모사면 어느 곳이든지 소모영을 설치하면 될 것이오. 우리와는 서로 관계없다" 하니 그만 금산으로 앞서갔습니다.

---

31) 6월 21일 경복궁 강점을 말한다. 앞의 주 18) 참고.

문초 : 어느 곳에서 만났는가?

공초 : 삼례역에서 만났습니다.

문초 : 그때 이건영을 만났다 하니 어느 곳으로부터 왔다 하더냐?

공술 : 경성에서 왔다 합니다.

문초 : 누가 보냈다 하더냐?

공술 : 조정에서 보냈다고 하더니 추후 4, 5일 지나 들으니 소모사를 거짓으로 일컫는다 하여 잡아들이라는 임금의 분부가 있었다고 합니다.

문초 : 소모사를 증빙할 문적이 있더냐?

공술 : 증빙할 문적을 보지 못했습니다.

문초 : 그때 너의 도당은 몇 명이었는가?

공술 : 수천 명입니다.

문초 : 그 밖에는 소모사라 일컫고 기포하라 권고하는 사람이 없더냐?

공술 : 그런 사람은 없었습니다.

문초 : 송정섭을 아느냐?

공술 : 충청도 소모사란 소문만 들었습니다.

문초 : 재차 기포할 때 최 법헌(최시형)에게 의논했느냐?

공술 : 의논함이 없습니다.

문초 : 최 법헌은 동학 괴수거늘 동학당을 규합하는데, 어찌하여 의논하지 않았느냐?

공술 : 충의는 각기 본심이니 하필 법헌에게 의논한 뒤에 이 거사를 행

하리오.

문초 : 작년 8월에 너는 어느 곳에 있었느냐?

공술 : 태인 내 집에 있었습니다.

문초 : 그 나머지 도당은 모두 어느 곳에 있었느냐?

공술 : 각기 본가에 있었습니다.

문초 : 충청도 천안 지방에 너의 도당이 있느냐?[32)]

공술 : 그곳에는 도당이 없습니다.

이상 아룀.

을미년 2월 19일 전봉준 3차 공초한 문목

문초 : 네가 일전 아뢴 바에 따르면 송희옥을 알지 못한다 했는데, '희옥' 두 글자가 이름인가, 호인가?

공술 : 희옥은 이름이요, 칠서는 자입니다.

문초 : 송희옥과 함께 삼례역에서 이미 함께 모의했는데도 그의 이름과 자를 어찌 자세히 알지 못하는가?

공술 : 송희옥은 본디 허망한 무리로 갑자기 나타났다 갑자기 사라지니 실로 자세히 알지 못하는 것입니다.

---

32) 문초한 내용은 목천 세성산전투를 말한 것으로 보인다. 1894년 10월 21일에 김복용, 이희인 등 북접 지도자들이 세성산에서 공주전투에 앞서 서전을 벌였으나 이두황이 이끄는 장위영군에게 패주한 일이 있다. 또 천안 일대에 농민군 활동이 심해지자 특별히 부대를 출동하게 했다.

문초 : 송희옥은 들으니 전라 한 도의 도집강이요, 또 들으니 너와는 인척의 정의가 있다는데, 지금 아뢴 바를 들으니 오로지 거짓을 꾸며내서 사실대로 알리지 않는 것은 의심스러울 만하다. 하물며 너의 죄의 경중은 송희옥을 감싸는 데 있지 않다. 또한 송희옥의 죄안(罪案)은 네가 몰래 비호하고 한결같이 신뢰하는 데도 있지 않다. 이는 실로 무슨 마음인가?

공술 : 아까 아뢴 것이 이와 같았던 것은 다음과 같습니다. 송은 본디 부황(浮荒, 들뜨고 거친 사람)한 무리입니다. 지난날 영사관에서 공초할 때 영사가 한 편지를 보여주었는데, 곧 송희옥의 글씨였습니다. 그 편지에 운현궁 쪽(흥선대원군을 가리킴)과 상통한다 했기에 스스로 가만히 헤아려보니 저네가 이런 말을 위조한 것이 시국에 힘을 빌리는 것이 옳을 듯해 이런 불근(不近, 이치에 맞지 않음)의 말을 만들어내는 것이 실로 남자의 할 일이 아니요, 또한 이는 존엄(흥선대원군을 가리킴)을 모독하고 공연히 시의(時議)를 일으키기 때문에 잠시 둘러댄 것입니다.

문초 : 남자의 말이 비록 백 마디가 사실이더라도 한 마디 말에 거짓이 있으면 백 마디 말이 모두 거짓이 된다. 이로 미루어보면 어제 알지 못한다거나 실행하지 않았다고 말한 것은 어찌 모두 거짓이 아니겠는가?

공술 : 심신이 혼미했기 때문에 과연 착오가 있었습니다.

문초 : 송희옥의 갑오년(1894) 9월 편지에 이르기를 "어제저녁 또 두 사

람이 비밀리에 내려와서 전말을 상세히 살펴보았더니 과연 개화 쪽 압박이 있기는 하지만 먼저 대원군의 효유문을 보호하면 그 뒤에 비밀스러운 계획이 있을 것이다"라고 했다. 이는 누가 보낸 편지이며 또 네가 알지 못하는 일인가? 지난날 네가 아뢴 바에 따르면 "작년 10월에 재기할 때 일본 사람들이 병사를 거느리고 궁궐에 들어간 것은 이해의 소재를 알지 못했기 때문에 우리 신민(臣民)이 잠시도 안심할 수 없어서 이 같은 거사가 있었다"라고 했다. 그러니 어찌 뒤따라나온 대원위(大院位, 흥선대원군의 별칭)의 비기가 너의 재기와 암암리에 부합되지 않았겠는가?

공술 : 저간(這間)에 이들 무리의 내왕이 있었더라도 평소에 그 얼굴을 알지 못했으니 중대한 사건을 어떻게 의논했겠습니까? 이 때문에 수상하다고 여긴 자를 일절 만나지 않았습니다.

문초 : 남원부사 이용헌(李用憲, 用은 龍의 오자임), 장흥부사 박헌양이 해를 입은 것은 모두 누구의 소행인가?[33)]

공술 : 이용헌은 김개남(金開男, 男은 南의 오자임)이 한 짓이요, 박헌양은 어느 사람에게 해를 입었는지 알지 못합니다.

문초 : 은진에 사는 김원식(金元植, 元은 源의 오자임)이 입은 해는 누가 한 짓인가?

---

33) 김개남은 2차 봉기를 준비하면서 남원부사 이용헌이 고분고분 말을 듣지 않자 처단했다. 박헌양은 12월 14일(음력) 장흥 석대들전투가 벌어졌을 때 농민군에 저항하다 피살되었다. 장흥 석대들전투에 참여하지 않은 전봉준은 그 사실을 몰랐을 것이다.

공술 : 공주의 동학 괴수인 이유상(李裕相, 相은 尙의 오자임)이 한 짓이요, 나와는 관계가 없습니다.

문초 : 작년에 다시 기포할 때 묘당에서 내려보낸 효유문을 너는 보지 못했는가?

공술 : 대원위 효유문은 얻어 보았고 묘당(원문에 廟文으로 잘못 기재) 효유문은 보지 못했습니다.

문초 : 비록 묘당 효유의 문자를 보지 못했다 하더라도 이미 대원위의 효유문을 보았다면 시사를 알 만했을 텐데 정세가 어떻게 되는지 헤아리지 못하고 멋대로 백성을 동원해 무단히 야로를 부려서 백성을 물과 불구덩이에 몰아넣은 것이 어찌 신민을 위하는 길인가?

공술 : 속내를 자세히 모르고 멋대로 백성을 움직인 것은 과연 잘못을 알면서 저질렀습니다.

이상 아뢴.

을미년 3월 초 10일 전봉준 5차 문목,[34] 일본영사가 묻다

문초 : 오늘도 지난 사실 조사와 같이 숨김없이 곧이곧대로 대답하라.

공술 : 알았습니다.

34) 맨 뒤로 가야 할 순서가 바뀌었다. 앞의 해설 참고.

문초 : 삼례에 있을 때인 작년 9월 별도로 대서한 사람이 없었지만 접주 중에 글을 대신 써준 사람이 있다고 했는데, 과연 그러한가?

공술 : 별도로 대서해준 사람이 없었지만 접중에서 번갈아 베껴준 사람이 있었습니다. 처음 임오남이 베껴주었지만 무식해서 치지도외(置之度外)하고 김동섭을 시켜 잠시 대서했습니다.

문초 : 대서한 사람이 김동섭과 임오남 두 사람뿐인가?

공술 : 접주 중에 문계팔, 최대봉, 조진구가 대서하기도 했지만 몇 차례 쓴 것에 그쳤습니다.

문초 : 너와 최경선이 친분을 나눈 것은 몇 년인가?

공술 : 같은 고장 사람으로 친분을 나눈 것은 5, 6년 됩니다.

문초 : 최경선은 일찍이 너와 스승의 관계였는가?

공술 : 친구로서 상종했지, 스승이나 교수의 관계는 없습니다.

문초 : 너의 공초에는 부실한 곳이 있어서 부질없이 재판을 질질 끌게 하는 듯하다. 또 너에게는 해됨이 없는데도 무슨 까닭으로 이같이 하는가?

공초 : 별로 사실을 속인 것이 없지만 일전에 송희옥의 일은 잠시 은폐했으니, 곧 바른대로 말했습니다.

문초 : (한 편지를 보여주면서 말하길) 이를 너의 친필이 아니라 말한 것은 사실을 속인 것이 아니면 무엇인가?

공술 : 이미 내가 한 일은 내가 한 일, 내가 쓴 편지는 내가 쓴 것이라고 말한다고 공술했소. 내가 쓰지 않은 글씨를 나에게 무슨 이익이

있다고 속이겠소? 과연 내 자필이 아닙니다.

문초 : 최경선은 이 글씨를 너의 글씨라고 공술했는데, 너는 아니라고 말하니 어찌 사실을 속인 것이 아니라고 하는가?

공술 : 다시 최경선에게 물어보는 것이 옳겠소. 다시 글씨를 써보게 한다면 구별할 수 있을 것입니다.

문초 : 일전에 너를 심문할 때 너는 삼례에 있을 때는 서기라는 담당이 없었다고 말했는데, 지금은 서기라는 담당이 있었다고 말하니 어찌된 것이냐?

공술 : 지난날에는 대략을 말했지만 지금은 상세히 묻기 때문에 그때 잠시 대서하는 자를 서기라고 했다고 말했습니다.

이상 아룀.

을미년 2월 19일 전봉준 5차 공초한 문목,[35] 일본영사가 묻다

문초 : 송희옥의 편지 속에 이른바 운변(雲邊, 흥선대원군 쪽)의 비밀스러운 기별(寄別)의 허실을 너는 무엇으로 확실히 아는가?

공술 : 송희옥은 평소에 부랑하기 때문에 미루어 말했던 것이오. 또 운변에서 혹시라도 이런 일이 있을 것 같으면 마땅히 나에게 먼저 알렸을 테지만 송희옥에게 먼저 준 것은 온당하지 않습니다.

35) 2월 19일 3차 문목이 두 번에 걸쳐 기록되어 있고 두번째가 5차 문목으로 잘못 적혀 있다. 따라서 원래대로라면 이 문목은 첫번째 3차 문목 다음으로 와야 순서가 맞을 것이다.

문초 : 송희옥과 너 사이는 수하인가, 수상인가?

공술 : 별로 수상, 수하를 일컬을 만한 사이는 아니며 서로 대등한 사이의 사람입니다.

문초 : 송희옥이 다시 봉기할 때 너와 상의하지 않았는가?

공술 : 내가 기포할 때 어쩌다가 참석하기는 했지만 처음부터 좌가 옳다거나 우가 옳다는 말이 없을 정도입니다.

문초 : 송희옥이 이 거사에 만약 좌가 옳다거나 우가 옳다는 말이 없었다면 거짓으로 운변의 비밀스러운 기별을 사칭해 다른 사람에게 글을 보낸 것은 무슨 까닭인가?

공술 : 송희옥이 어떤 사람에게 글을 보낸 것이 처음 한 포에서 일어났다면 역률(逆律)[36]에서 벗어나기 어렵겠지만 나의 거사에는 방관했을 뿐입니다.

문초 : 송희옥과 네가 이미 같은 포가 아니라면 피차 행한 일을 반드시 서로 알지 못하는 단서가 있을 것이다.

공술 : 그렇습니다.

문초 : 그렇다면 송희옥이 비밀스러운 기별을 거짓이라 일컫는 것을 네가 어찌 훤히 알 수 있겠는가?

공술 : 송희옥은 처음부터 서울에 머문 일이 없었으며, 또한 저명한 사

---

36) 조선시대 농민이 수령의 부정을 고발하는 행위를 할 때 수령을 관할 지역에서 쫓아내고 다른 고을로 가서 봉기하지 않으면 역률로 다스리지 않았다. 이를 두고 한 말인 것 같지만 문맥이나 표현이 잘 통하지 않는다.

람도 아니었기 때문에 스스로 헤아려서 말한 것입니다.

문초 : 전후의 공술한 바를 종합해보면 송희옥과 너는 평소에 서로 친분이 있는데, 지난번에는 알지 못한다고 한 것은 한 가지로 의심이 된다.

공술 : 지난번 귀관(일본영사관)에서 공술할 때 보여준 편지는 근거가 없어서 알지 못하는 것 같았기 때문에 만약 보아서 아는 자를 대면해 그 글의 내력을 물어보아도 의혹을 풀어주기 어려울 것 같아 잠시 거짓으로 아뢰었을 뿐입니다.

문초 : 그렇다면 너에게 이로운 것을 물어보면 대답하고 너에게 해로운 것을 물어보면 알지 못한다고 대답하는 것이 옳은가?

공술 : 이해로 따져 마음을 쓴 것이 아니라 특별히 의혹을 풀기에 어려웠기 때문에 그렇게 되었습니다.

문초 : 전라도 사람들은 반복무상(反覆無常)하다고 일찍이 들은 바 있는데, 네가 지금 아뢴 것은 이 상투 버릇을 답습하고 있다. 그러나 질문이 오래 이루어지고 정상이 저절로 드러났으니 한 마디나 반마디 언사라도 반드시 거짓을 아뢸 수는 없을 것이다.

공술 : 송희옥의 한 가지 일은 비록 거짓말에 걸렸지만 그 나머지는 작은 말이라도 거짓으로 꾸미지 않았습니다.

문초 : 지금 이 재판은 두 나라의 심판이 걸려 있어서 반드시 한 터럭이라도 편벽되게 들어서 처리함이 없었다. 그러나 이치에 닿지 않는 말을 만들어내 한때를 속이려 한다면 탐관오리를 징치하고 간교한

벼슬아치를 쫓아내려 했다는 말은 모두 믿을 것이 못될 것이다.

공술 : 몇 달 동안 잡혀 있었고 병이 걸려서 한 마디 실수가 없지 않았습니다.

문초 : 송희옥과 너는 척족 사이가 아닌가?

공술 : 처가붙이 7촌 사이입니다.

문초 : 기포할 때 어느 곳에서 처음 만났는가?

공술 : 처음 삼례에서 만났지만 실제로는 같이 기포한 일이 없습니다.

문초 : 처음 만났을 때 무슨 의논을 했는가?

공술 : 처음 만났을 때 이 기포는 실행할 만한 일이니 너는 추후에 기포해 위로 올라가라고 일렀습니다.

문초 : 그때는 언제인가?

공술 : 작년 10월 다시 기포할 때이며 날짜는 자세하지 않습니다.

문초 : 네가 다시 기포한 것은 무슨 일 때문인가?

공술 : 지난번 아뢴 바에 이미 자세히 나와 있습니다.

문초 : 너와 송희옥이 삼례에서 서로 만났을 때 혹시 운현궁을 핑계 댄 말은 없었는가?

공술 : 송희옥이 지난번 운현궁 쪽에서 내려와 2월에 속히 위로 올라오는 것이 좋을 듯하다는 분부를 했다는 말을 하기에, 내가 편지 글자가 있냐고 물었더니 없다고 대답했습니다. 내가 꾸짖어 문자를 보여주지 않고 횡설수설하는 것은 실로 황당하니 또다시 운현궁이 분부했다는 말은 필요치 않으며 일을 마땅히 실행할 자

는 나이니 알아서 하겠노라고 했습니다.

문초 : 삼례 기포할 때 무리는 얼마인가?

공술 : 4000여 명이외다.

문초 : 그뒤 접전은 어느 날에 했느냐?

공술 : 삼례에서 출발한 뒤 20여 일 만에 처음 접전을 했습니다.

문초 : 송희옥이 말한, 운현궁에서 내려온 두 사람은 누구인가?

공술 : 그때는 얻어들어 알았으나 지금은 기억하기 어렵습니다.

문초 : 두 사람의 이름은 모두 갖추어 듣지 못했지만 성이든 이름이든 끝내 기억해낼 수 없는가?

공술 : 그들 성은 박이나 정 같기도 하지만 자세하지 않습니다.

문초 : 박이나 정이라면 박동진이나 정인덕이 아닌가?

공술 : 박동진은 분명한 것 같지만 정은 자세하지 않습니다.

문초 : 박동진과 정인덕이 송희옥을 만나서 무슨 말을 했다고 하던가?

공술 : 송희옥이 운현궁을 일컬으면서 역시 내가 위로 올라오기를 기다린다고 하더이다.

문초 : 송희옥은 지금 어디 있는가?

공술 : 이번에 위로 올라올 때 들으니 고산 민병에게 죽임을 당했다고 했지만 자세하지 않습니다.

문초 : 운현궁 효유문은 언제 얻어 보았는가?

공술 : 9월 태인 본집에 있을 때 접솔(接率, 접에서 일보는 졸개) 한 사람이 베껴와 보여주었습니다.

문초 : 그때는 막 기포하려 할 때인가?

공술 : 그때는 집에서 병을 치료하면서 기포할 뜻이 없었습니다.

문초 : 그 도 안에서는 동학도의 소요가 없었는가?

공술 : 그때는 김개남(金開男, 男은 南의 오자임) 등이 여러 고을에서 소요를 일으켰습니다.

문초 : 여러 고을은 어느 고을인가?

공술 : 순창, 용담, 금산, 장수, 남원 등이며 그 나머지는 자세히 알지 못합니다.

문초 : 흥선대원군의 효유문은 한 번만 보았는가?

공술 : 그러합니다.

문초 : 효유문은 무슨 말로 꾸며져 있던가?

공술 : 너희가 지금 소란을 일으키는 것은 실로 수재(守宰)의 탐학과 중민의 원통함에서 말미암은 것이니 지금 이후에는 벼슬아치의 탐학을 반드시 징치하고 중민의 원통함을 반드시 풀어줄 것이니 각기 고장으로 돌아가 생업에 편안히 종사하면 옳을 것이며 만일 따르지 않으면 마땅히 왕의 법으로 다스릴 것이라고 했습니다.

문초 : 효유문에 도장이 찍혀 있었는가?

공술 : 내가 본 것은 베낀 것이어서 도장이 없었지만 관아에 도착한 원본에는 도장이 찍혀 있었다고 합니다. 이를 방방곡곡에 내걸었다고 합니다.

문초 : 방방곡곡에 내걸었다면 이는 누가 한 행위인가?

공술 : 관아에서 한 것이라 합니다.

문초 : 효유문은 누가 갖고 갔는가?

공술 : 주사(主事)가 봉해서 갖고 갔다 합니다.

문초 : 그때 효유문을 네가 보니 진짜이든가, 가짜이든가?

공술 : 이미 관아에서 내걸어 붙였으니 어찌 가짜로 볼 것이오?

문초 : 네가 진짜를 보았으면 어찌 재봉기를 했는가?

공술 : 귀국의 속내를 상세히 알아보려 그랬소이다.

문초 : 이미 속내를 상세히 알아본 뒤에는 무슨 일을 거행할 계획이었는가?

공술 : 보국안민의 계획을 실행하려 했습니다.

문초 : 네가 재봉기한 것은 흥선대원군의 효유문을 믿지 못해서인가?

공술 : 지난번 묘당의 효유문이 한둘에 그치지 않았지만 끝내 아래 실정이 위에 알려지지 않았고 위의 은택을 아래에 강구해 실시함이 없었기 때문에 기어코 일차로 서울에 이르러서 민의를 상세히 개진하려 했습니다.

문초 : 이미 효유문을 보고서 감히 재봉기를 한 것은 실수가 아닌가?

공술 : 눈으로 직접 보지 않았소. 직접 들었더라도 깊이 믿기가 어려웠을 것이므로 다시 봉기를 한 것이 어찌 실수이겠소.

문초 : 아까 아뢴 바에 실수라고 말한 것은 무슨 일인가?

공술 : 아까 실수라고 말한 것은 시사의 실정을 상세히 알지 못한 것을 가리킨 것입니다. 효유문을 보고 안 보고를 이른 것이 아닙니다.

문초 : 네가 재봉기한 것은 홍선대원군의 효유문이 개화변(開化邊, 내각에 참여한 개화당을 말함)의 압박을 받은 것으로 보고, 겸해서 운현궁이 너희가 서울로 올라오는 것을 기다리고 있어서 이 거사를 실행한 것인가?

공술 : 효유문이 개화변의 압박이건 압박이 아니건 실로 계산하지 않았으며 재봉기의 거사는 내 본마음에서 나온 것이오. 또 비록 홍선대원군의 효유 문자를 깊이 믿지 못했기 때문에 힘써 재봉기를 도모한 것이외다.

문초 : 일본 병사가 궁궐을 침범한 것을 어느 때 들었는가?

공술 : 7, 8월 사이에 들었소이다.

문초 : 누구에게 들었는가?

공술 : 소문이 파다했기 때문에 자연스레 알게 되었습니다.

문초 : 이미 창의(倡義)를 하려 했다면 들은 즉시 실행할 것이지, 왜 10월까지 기다렸는가?

공술 : 마침 내가 병이 들었고, 많은 사람을 일제히 한꺼번에 움직일 수 없었으며, 겸해서 새 곡식이 아직 익지 않아 자연히 10월까지 이르렀습니다.

문초 : 홍선대원군이 동학에 관계되는 일은 세상 사람 모두 알고 있다. 또 홍선대원군이 지금 위엄과 권세가 없어서 네 죄의 경중은 이 장소에 있지, 홍선대원군에게 있는 것이 아니다. 그런데도 네가 곧이곧대로 공초하지 않고 홍선대원군을 깊이 믿어서 은근히 보

호하려 하는 것 같으니 이 과연 무슨 의도인가?

공술 : 홍선대원군이 다른 동학도와 관계되는 것이 비록 백십(百十; 백만 번과 같은 많은 수)의 무리가 말하더라도 나에게는 처음부터 관계가 없었습니다.

문초 : 홍선대원군과 동학이 서로 관계되는 바는 세상에서 모두 아는 사실인데, 너만 홀로 듣지 못했는가?

공술 : 실로 듣지 못했습니다.

문초 : 홍선대원군과 동학이 서로 관계되는 것은 처음부터 한 가지도 들은 바가 없는가?

공술 : 그렇소. 내 일도 오히려 속이지 않거늘 하물며 다른 사람의 일이겠소?

문초 : 송희옥과 홍선대원군이 서로 관계되는 것은 네가 아는가?

공술 : 송희옥도 반드시 서로 관계가 없을 것이외다.

문초 : 네가 무슨 까닭으로 서로 관계가 없다고 아는가?

공술 : 홍선대원군에게 증표가 있었다 해도 송희옥은 실로 자세히 알 수 없었을 것이오. 따라서 스스로 생각해보니 반드시 서로 관계가 없었을 것이외다.

이상 아룀.

마땅히 위에 있어야 한다.

을미년 3월 7일 전봉준 4차 문목,[37] 일본영사가 묻다

문초 : 너의 이름과 호가 한둘이 아니던데 얼마나 되나?

공술 : 전봉준 하나뿐입니다.

문초 : 전명숙(全明淑, 천안 전씨 족보에는 叔으로 표기됨)은 누구의 이름인가?

공술 : 내 자(아들)입니다.

문초 : 전녹두는 누구인가?

공술 : 사람들이 이름으로 부른 것이지, 내가 정한 이름이나 자는 아닙니다.

문초 : 너의 별호는 있는가?

공술 : 없습니다.

문초 : 이 밖에 별호나 어릴 때 자의 칭호는 없는가?

공술 : 없습니다.

문초 : 네가 사람들에게 편지를 보낼 때 이름을 썼는가, 자를 썼는가?

공술 : 이름을 썼습니다.

문초 : 네가 작년 10월 다시 봉기한 날짜는 어느 날인가?

공술 : 10월 12일 사이 같지만 확실하지 않습니다.

문초 : 삼례에서 다시 봉기하기에 앞서 너는 어느 곳에 있었는가?

---

37) 일시 순서에 따라 2월 19일 뒤 3월 초 10일 5차 문목의 앞에 있어야 할 것이다.

공술 : 집에 있었습니다.

문초 : 네가 전주 초토영 병사와 접전하고 나서 해산한 뒤에는 어느 곳으로 갔는가?

공술 : 십여 고을을 두루 돌아다니면서 귀화(歸化)를 권고한 뒤 집으로 돌아갔습니다.

문초 : 전주에서 해산한 것은 어느 날인가?

공술 : 5월 초 7, 8일 사이입니다.

문초 : 전주에서 해산할 때 처음 도착한 고을은 어느 고을인가?

공술 : 처음 금구를 시작으로 김제, 태인 등지입니다.

문초 : 처음 금구에 도착한 것은 어느 날인가?

공술 : 금구 지경은 잠시 지나간 길이었으며, 5월 초 8, 9일 사이에 김제에 도착했고, 초 10일 사이에 태인에 도착했습니다.

문초 : 태인에 도착한 뒤에 거쳐간 곳은 어느 고을인가?

공술 : 장성, 담양, 순창, 옥과, 남원, 창평, 순천, 운봉을 경과한 뒤에 곧바로 내 집으로 들어갔습니다.

문초 : 집으로 돌아간 것이 어느 달, 어느 날인가?

공술 : 7월 그믐, 8월 초순 사이입니다.

문초 : 여러 고을을 두루 다닐 때 너 혼자만 다녔는가, 동행한 사람이 있었는가?

공술 : 말을 탄 접솔(接率) 20여 명이 있었습니다.

문초 : 그때 최경선도 동행했는가?

공술 : 그렇습니다.

문초 : 손화중도 동행했는가?

공술 : 손화중은 동행하지 않았습니다.

문초 : 전주에서 해산할 때 손화중은 어느 곳으로 갔는가?

공술 : 그때 손화중은 우도(右道, 전라도 서쪽 지대)의 여러 고을을 두루 다니면서 귀화를 권고했습니다.

문초 : 손화중이 전주에서 해산한 것은 너와 같은 날인가?

공술 : 그렇습니다.

문초 : 전주에서 해산한 뒤에 너는 손화중을 보지 못했는가?

공술 : 4, 5개월 사이에는 서로 만나지 못했습니다.

문초 : 4, 5개월 뒤에는 어느 곳에서 만났는가?

공술 : 8월 그믐께 순상(巡相, 전라감사)의 지시[38]가 있어서 앞서 나주에 가서 민보군을 해산하라고 권고한 뒤 돌아오는 길에 장성에 이르러 처음 서로 만났습니다.

문초 : 손화중을 만난 뒤에 무슨 상의를 했는가?

공술 : 그때 내가 순상에게 별도로 부탁받은 일이 있어서 감영에 함께 가는 것이 좋겠다는 뜻으로 상의했습니다.

문초 : 그렇다면 손화중은 무슨 말로 대답하던가?

---

38) 전봉준과 후임 전라감사인 김학진 사이에 집강소 설치에 대해 합의를 보았다. 그래서 전봉준은 여러 고을을 순행했으며 남원에서 7월 15일 김개남, 손화중과 함께 관민상화(官民相和)의 계책을 논의했다(황현, 『오하기문』 갑오년조).

공술 : 지금 병중에 있어서 함께 갈 수 없으니 병이 낫기를 기다려서 뒤 따라오겠다고 말했습니다.

문초 : 그 밖에 다른 상의는 없었는가?

공술 : 그렇습니다.

문초 : 일본 병사가 궁궐을 범했다는 소문은 어느 곳, 어느 때에 들었는가?

공술 : 7월 사이에 처음 남원 땅에서 들었습니다.

문초 : 그렇다면 여러 고을에 귀화하라고 권고할 때 이 말을 들었는가?

공술 : 이는 도청도설(道聽塗說)이었습니다.

문초 : 이 말을 들은 뒤 민중을 일으켜서 일본 병사를 공격하겠다는 거사는 처음 어느 곳에서 의논했는가?

공술 : 삼례역입니다.

문초 : 왜 유달리 삼례역에서 이 거사를 의논했는가?

공술 : 전주 부중(府中)의 외곽 저막(邸幕, 저리가 머무는 곳)이 많지만 삼례만 한 곳이 없습니다.

문초 : 삼례에 이르기 전에 혹 도회(都會, 많이 모인 지역)는 없었는가?

공술 : 원평에 이르러 하룻밤을 잔 뒤 곧바로 삼례에 이르렀습니다.

문초 : 집에서 출발한 것은 어느 날인가?

공술 : 10월 초순 사이입니다.

문초 : 네가 삼례로 갈 때 동행한 자는 누구인가?

공술 : 동행한 자는 없습니다.

문초 : 길을 가는 중에 서로 만나 동행한 자는 없었는가?

공술 : 없습니다.

문초 : 그때 최경선과는 동행하지 않았는가?

공술 : 최경선은 추후에 왔습니다.

문초 : 삼례에서는 누구 집에 모였는가?

공술 : 저막입니다.

문초 : 삼례 땅에 평소에 아주 친한 집이 있었는가?

공술 : 처음부터 아주 친한 이가 없습니다.

문초 : 삼례의 호수(戶數)는 얼마나 되는가?

공술 : 100호쯤 됩니다.

문초 : 네가 살던 근처에는 100여 호의 시골 마을 집이 없지 않을 터인데, 유달리 여기에 모인 것은 무슨 까닭인가?

공술 : 이곳은 도로가 네 곳으로 뚫려 있고 역촌도 있었기 때문입니다.

문초 : 최경선은 삼례에 이른 뒤에 며칠이나 머물렀는가?

공술 : 대엿새 함께 머문 뒤 곧바로 광주, 나주 등지로 향했습니다.

문초 : 무슨 까닭으로 광주, 나주 땅으로 향했는가?

공술 : 기포 일 때문입니다.

문초 : 최경선이 광주, 나주에서 벌인 행동은 네가 시킨 것인가?

공술 : 내가 시킨 것이 아니오. 다만 저네가 광주, 나주에 일찍부터 친지가 많아서 기포가 쉬운 까닭입니다.

문초 : 삼례에 모두 모였을 때 가장 저명한 동학도는 누구인가?

공술 : 금구의 조진구, 전주의 송일두와 최대봉 등 몇 사람이 가장 저명한 자였으며 그 나머지 많은 자는 지금 모두 기억하지 못합니다.

문초 : 그때 삼례에는 이른바 모인 의병은 몇 명이나 되었는가?

공술 : 4000여 명이었습니다.

문초 : 이 무리를 데리고 처음 어느 곳으로 향했는가?

공술 : 처음 은진과 논산으로 향했습니다.

문초 : 논산에 도착한 것은 어느 날인가?

공술 : 지금 자세히 알 수 없습니다.

문초 : 어찌 대략 기억할 수 없는가?

공술 : 10월 그믐 사이인 것 같습니다.

문초 : 논산에 이르러서 무슨 일을 했는가?

공술 : 논산에 이른 뒤에 널리 소모(召募, 농민군 모집)의 일을 했습니다.

문초 : 그곳에서 다시 어느 땅으로 갔는가?

공술 : 곧바로 공주로 갔습니다.

문초 : 공주에 도착한 것은 어느 날인가?

공술 : 동짓날 초 6, 7일 같지만 자세하지 않습니다.

문초 : 공주에 이른 뒤에 무슨 일을 했는가?

공술 : 공주에 이르기 전에 접전[39]을 했지만 끝내 패배했습니다.

---

39) 전봉준이 이끄는 농민군이 공주로 진격할 때 10월 23일(음력) 공주목의 입구인 무너미 아래 경천점에서 유진했다. 이때 일본군과 장위영군을 지휘하는 이규태 군사들이 밀려와 전투를 벌인 사실을 말한다.

문초 : 네가 매번 다른 사람들에게 편지를 보낼 때 친히 써서 보냈는가, 대신 써서 보냈는가?

공술 : 혹 친서로 보내기도 하고 대서로 보내기도 했습니다.

문초 : 혹 대서할 때 반드시 너의 도서(圖書, 도장과 수결)를 찍었는가?

공술 : 피봉(겉봉)에는 도서를 많이 찍었지만 이를 쓰지 않은 수가 많습니다.

문초 : 삼례에 있을 때 네가 남들에게 보낸 편지가 매우 많은데 이는 모두 친서인가, 대서인가?

공술 : 모두 통문으로 보낸 것이지, 사사로운 서간이 아니었으며 손화중이 있는 곳에만 편지를 보냈습니다.

문초 : 처음부터 한 자라도 사사로운 서간을 다른 사람에게 보낸 적이 없는가?

공술 : 그 서간을 보면 알겠지만 지금 자세하지 않습니다.

문초 : (영사가 서간을 내보이면서 말하길) 이게 너의 친서인가, 대서인가?

공술 : 대서입니다.

문초 : 누구를 시켜서 대서했는가?

공술 : 접주의 글씨 같지만 지금 그 사람을 알지 못하겠습니다.

문초 : 네가 최경선을 시켜서 대서의 일을 보게 했는가?

공술 : 최경선은 글씨를 잘 쓰지 못합니다.

문초 : 이 서찰은 삼례에서 나왔는가?

공술 : 그렇습니다.

문초 : 이 서찰에 쓰인 달과 날은 분명히 9월 18일인데, 어찌 10월에 삼례회합에 나왔다고 했는가?

공술 : 지난 공술에 10월에 나왔다고 말한 것은 9월을 잘못 말한 것 같습니다.

문초 : (영사가 또 한 서간을 내보이면서 말하길) 이는 친서인가, 대서인가?

공술 : 또한 대서입니다.

문초 : 그 서찰은 또한 누가 대신 쓴 것인가?

공술 : 이 또한 접주를 시켜 쓴 것이지만 지금 그 사람을 기억하기 어렵습니다.

문초 : 오늘 너의 공초에서 반드시 낱낱이 사실대로 아뢰어야만 죄안(罪案)이 속히 맺어질 것이며 만일 여러 가지로 거짓을 아뢴다면 일이 지리멸렬될 뿐 아니라 너에게 많은 해가 미칠 것이다.

공술 : 달과 날은 과연 자세히 기억하기 어렵지만 그 나머지 범상한 일은 어찌 한 터럭만치라도 속여 아뢰겠습니까?

문초 : 대서할 때 반드시 정한 사람이 있을 터인데, 어찌 모른다고 말하는가?

공술 : 그때 내가 평소에 글씨를 잘 쓸 줄 몰라 매번 사람을 시켜 대서했지만 본디 정한 사람은 없습니다.

문초 : 이 두 서찰은 모두 네가 시킨 것인가?

공술 : 그렇습니다.

문초 : 삼례에서 무리를 규합한 일은 모두 너의 손에서 나왔는가?

공술 : 그렇습니다.

문초 : 그렇다면 기포한 것은 모조리 네가 주도한 것인가?

공술 : 그렇습니다.

문초 : (영사가 또 한 서간을 내보이면서 말하길) 이것 또한 네가 시킨 것인가?

공술 : 그렇습니다.

문초 : (영사가 또 한 서간을 내보이면서 말하길) 이 또한 네가 시킨 것인가?

공술 : 그렇습니다.

문초 : 지난날 공술한바 너와 김남(金男, 김개남의 본명을 잘못 가리킨 것임)이 처음부터 상관없다고 말했지만 지금 이 서간을 보니 중간에 상관한 것이 많이 있음은 어쩐 일이냐?

공술 : 김개남은 내가 왕사(王事, 임금의 일)에 힘을 합하자고 권고했지만 끝끝내 듣지 않았으므로 처음에는 상의한 바가 있지만 끝에는 결단코 상관하지 않았습니다.

문초 : (영사가 작은 종잇조각에 쓴 기록을 내보이면서 말하길) 이 두 종이의 글씨체는 한 사람의 글씨인데, 앞의 것은 네가 쓴 것이라고 공술하고 지금 것은 왜 모른다고 하는가?

공술 : 지금 이 글씨는 내가 쓴 것이 아닙니다.

문초 : 아까 삼례의 일은 모두 너에게서 비롯되었다고 말했지만 지금 보여준 이 종잇조각 기록은 너에게서 나오지 않았다고 말하는 것은 실로 모호하다 하겠다.

공술 : 종잇조각 기록 중에 서학이라 한 것은 바로 서병학[40]입니다. 서병학과 나는 결단코 왕래한 적이 없었기 때문에 내가 시킨 것이 아닙니다.

문초 : 동학도 중에 접주를 차출하는 것은 누가 하는 것이냐?

공술 : 모두 최 법헌이 차출합니다.

문초 : 네가 접주가 된 것도 최 법헌이 차출한 것인가?

공술 : 그렇습니다.

문초 : 동학 접주는 모두 최 법헌에게서 나왔는가?

공술 : 그렇습니다.

문초 : 호남과 호서가 똑같이 그러한가?

공술 : 그렇습니다.

문초 : 도집이나 집강의 소임도 모두 최 법헌이 차출했는가?

공술 : 비록 최 법헌이 많이 차출했으나 더러 접주 등이 차출하기도 했습니다.

―동학농민혁명기념재단 국역총서에 수록

---

40) 서병학은 최시형의 직계로 1893년 봄 보은집회를 열었을 때 강경파로 알려졌다. 그뒤 동학농민혁명이 전개되자 관군의 밀정으로 활동했다고 한다. 동학농민혁명이 끝난 뒤 한성부 도사가 되었다(이이화, 『동학농민전쟁 : 인물열전』).

전봉준과 관련된 시와 민요

전봉준 절명시

전봉준이 사형을 당하면서 마지막으로 지은 시로 일제강점기부터 장도빈 등이 인용해 널리 퍼졌다.

때를 만나서 천지가 힘을 합했건만 時來天地皆同力
운이 다하니 영웅도 스스로 어찌하지 못하는구나 運去英雄不自謀
백성을 사랑하고 정의를 세움에 내게 무슨 허물 있으랴만 愛民正義我無失
나라를 위하는 일편단심 그 누가 알아주리 爲國丹心誰有知

—『도쿄니치니치신문』

〈새야 새야 파랑새야〉

동학농민혁명이 실패로 끝나고 전봉준이 죽은 뒤 전국에 걸쳐 파랑새 노래가 유행했다. 특히 아낙네와 어린이 들이 시도 때도 없이 불렀고 말리는 사람들도 없었다. 가사와 곡조는 조금씩 달랐지만 거의 애조를 띠고 있었다.

전봉준을 애달파하는 사람들은 그와 관련된 여러 이야기를 꾸며내거나 노래를 지어 불렀다. 그를 추모하는 계층은 유식한 사람이거나 변혁을 꿈꾸는 사람만이 아니었다. 그저 소박한 농부이거나 찌든 아낙네였으며, 때로는 멋모르는 소년, 소녀 들이기도 했다. 그들은 그의 한과 원이 서린 노래를 지어 은밀하게 불렀다.

청조(靑鳥), 곧 파랑새를 여름 철새로 민중이라 하거나 사랑하는 남녀 사이를 오가거나 반가운 소식을 전해주는 새라고 하기도 한다. 최승범은 파랑새를 "동서양을 막론하고 영조(靈鳥)요, 길조(吉鳥)요, 소망을 풀어주는 상서로운 새로서 취급되어오기 일쑤였다"라고 했다. 최승범은 「녹두장군과 파랑새」라는 논문을 써서 역사성, 문학성을 정리해주었다.

이 노래는 평안도, 함경도 등 북쪽까지 퍼져나가 끈질긴 생명력을 보여주었다. 전국에 걸쳐 빠르게 번져나갔다. 유족인 나해균은 가사와 길이가 조금씩 다른 61종류를 수집했다. 〈아리랑〉에 버금가는 가짓수일 것이다. 여기에서는 몇 가지를 선택해 소개한다.

> 새야 새야 파랑새야
> 전주 고부 녹두새야
> 어서 바삐 날아가라
> 댓잎 솔잎 푸르다고
> 봄철인 줄 알지 마라
> 백설이 휘날리면 먹을 것 없다.

> 새야 새야 녹두새야
> 웃녘 새야 아랫녁 새야

전주 고부 녹두새야
함박쪽박 열나무 딱딱 후여.

여기서의 파랑새는 전봉준을 가리킨다. 파랑새는 희망을 안겨주는 새다. 그래서 파랑새는 녹두새로도 변형된다. '녹두'는 말할 나위도 없이 전봉준의 별명이었으니 녹두와 파랑새를 뒤섞어 부르고 있다. 민중들은 전봉준에게 희망을 걸었으나 아뿔사, 놓치고 말았으니 어찌하랴.

아무튼 거사를 할 바에야 미적거리지 말고 빨리 하라고 이르고 "바삐 날아가라"라든지 "딱딱 후여"의 구절을 넣어 재촉하는 어감을 풍기고 있다. 열댓 살 무렵 외가가 있는 경상도 성주의 산골 마을인 하미기에 놀러 갔다가 처음 이 노래를 들었다. 외사촌 누나는 나보다 두어 살 위였는데, 어디서 배웠는지 '파랑새' 노래를 구슬프게 불렀다. 어린 나는 그 뜻을 모르면서도 이 노래를 듣고 가슴이 울렁거렸다.

새야 새야 파랑새야
녹두밭에 앉지 마라
녹두꽃이 떨어지면
청포장수 울고 간다

새야 새야 파랑새야
녹두밭에 앉은 새야

녹두꽃이 떨어지면
부지깽이 매맞는다

새야 새야 파랑새야
녹두밭에 앉은 새야
아버지의 넋새보오
엄마 죽은 넋이외다

새야 새야 파랑새야
너는 어이 널라왔니
솔잎 댓잎 푸릇푸릇
봄철인가 널라왔지

파랑새와 녹두꽃을 배합해 민중과 전봉준의 끈끈한 줄을 잇고 있다. 어딘지 모르게 찡하다. 또 절을 바꾸어 부르 변형된 가사두 전해진다. 여기에는 다른 의미를 담으려는 민중의 소박한 정서가 담겨 있다.

끝으로 함경도와 평안도에서 불린 노래도 남도와 달리 가사도 바꾸고 끝 구절을 변형해 다른 정서를 드러내고 있다.

새야 새야 푸른 새야
녹두밭에 앉지 마라

녹두꽃이 저자진다

엄마 엄마 저 새 봐라
그 새 보니 어떻더냐
낳은 엄마 생각나오
—함흥

새야 새야 파랑새야
녹두잎에 앉지 마라
녹두잎이 깐닥하면
너 죽을 줄 왜 모르니
—평양

또 파랑새를 팔왕새로 바꾸어 다른 가사를 엮어놓기도 했다. 이 가사는 주로 호남에서 불렸다.

새야 새야 팔왕새야
너 무엇 하려 나왔느냐
솔잎 댓잎이 푸릇푸릇
하절인가 하였더니
백설이 펄펄 휘날리니

저 강 건너 청송녹죽이 날 속인다.

"팔왕새"의 '팔왕'은 한자 전(全)의 파자(破字)인 팔왕(八王)을 뜻한다. 한자의 파자는 곧잘 비결의 내용을 구성하는 데 동원된다. 이(李)를 목자(木子)라 풀어쓰는 것과 같다. 옛 비결에 "목자 위왕(木子爲王)"이라는 구절이 있었다고 하는데, 이를 두고 "이가 성을 가진 사람이 왕이 된다"고 풀이한다. '여덟 임금'의 뜻을 지닌 팔왕은 곧 전(全) 자를 의미하는 것이니 전가 성을 가진 사람이 왕이 된다는 이미지를 전하고 있다.

팔왕새가 변해 파랑새가 되었다고도 한다. 앞의 가사에는 "팔왕"을 인용하면서도 전봉준의 거사가 때를 오인하고 잘못 진행되어 실패했음을 나타내고 있다. 솔잎과 댓잎은 송죽(松竹)으로 겨울에도 변함없이 잎이 푸르다. 이런 가사들은 여러 가지로 변형되어 떠돌았다. 평양과 원주, 성주에서도 발견되었다. 또 어떤 것은 변형되어 뜻을 알 수 없기도 하고 어떤 것은 의미심장하게 예언적 내용이 담겨 있기도 하다.

오늘날 파랑새 노래는 하나의 고전적 민요가 되었다. 오랫동안 〈아리랑〉과 같이 구전 전승이 되면서 우리 정서를 파고든 것이다. 〈아리랑〉과 〈새야 새야 파랑새야〉는 민중의 입을 통해 널리 퍼졌다는 의미가 있다. 그래서 가수 조수미는 〈새야 새야 파랑새야〉를 고전음악 형식으로 편곡해 불러 많은 사람의 심금을 울리고 있다. 또 파랑새를 희망의 새로 여겨 모임의 이름이나 동인지의 이름으로 쓰기도 한다.

〈새야 새야 파랑새야〉는 경상도, 전라도, 충청도를 중심으로 유행해

도시나 산골을 가리지 않고 널리 퍼졌다. 또 어린아이나 처녀 모두 불렀다. 더욱이 처녀들은 베틀에 앉아 베를 짜면서 신세를 한탄하거나 나무꾼은 지게 발목을 두드리면서 외로움을 달래려고 이 노래를 불렀다. 따라서 〈새야 새야 파랑새야〉는 세월이 지나면서 일종의 자기 카타르시스에 사용된 노래로 변질되었다고 할 수 있다.

〈가보세 가보세〉

이 민요는 파랑새와 함께 불렀다.

가보세 가보세
을미적 을미적
병신 되면 못 가보리

짤막한 〈가보세 가보세〉는 갑오년에 가야 할 때가 되면 가야지, 다음해인 을미년까지 미적거리면 그 다음해인 병신년(丙申年)을 만나 영영 못 가고 일을 그르치고 만다는 의미를 담고 있다. 일종의 참언(讖言)이나 다름없다. 이 노래도 〈새야 새야 파랑새야〉처럼 서울, 평안도 등 전국으로 퍼져나갔다. '가보'는 투전놀이에서 끝수인 9의 음, 곧 갑오(甲午)와 비슷하다. 따라서 '가보'는 행운을 뜻하며 "가보세"는 성취를 의미한다.

〈새야 새야 파랑새야〉가 민중의 애잔한 슬픔을 노래했다면 〈가보세 가보세〉는 시기를 놓쳐 실패를 꾸짖은 것이라 풀이할 수 있다. 놀음판의

가보는 끊임없는 생명력을 지녀서 청나라에서 유행한 골패와 일본 놀이인 화투에도 변형되어 가보잡기로 접목되었고 현대판 고스톱에도 살아남아 있다.

1963년에 황토현에 세워진 갑오동학혁명기념탑의 뒷면에 이 노래의 가사가 새겨져 있다.

추모의 시와 기림의 시

현대의 시인들도 〈새야 새야 파랑새야〉에 새로운 정서를 담아 기리고 있다. 시인 신석정이 선발 주자가 되어 몇 편의 시를 남겼다. 그는 그 고장에 살면서 어릴 때부터 〈새야 새야 파랑새야〉 노래를 들으며 자랐다. 1963년 10월 3일 황토현에 세운 갑오동학혁명기념탑 제막식에서 그가 발표한 갑오동학혁명의 노래를 살펴보자.

새야 새야 파랑새야
녹두밭에 앉지 마라
녹두꽃이 떨어지면
청포장수 울고 간다.
징을 울렸다 죽창도 들었다
이젠 앞으로 앞으로 나아가자
눌려 살던 농민들의 외치던 소리
우리들의 가슴에 연연히 탄다.

갑오동학혁명의 뜨거운 불길
받들고 나아가자 겨레의 횃불
오늘도 내일도 더운 피 되어
태양과 더불어 길이 빛내자!

신석정은 이 시에 한을 담아냈다고 할 수 있다. 농민 정서는 담았지만 저항은 없는 것 같다. 신동엽은 1967년 서사시 「금강」을 발표했는데, 동학농민군의 애절한 이야기를 형상화해 우리의 정서를 일깨웠다. 그 서두에 이런 줄거리를 깔았다.

우리들의 어렸을 적
황토 벗은 고갯마을
할머니 등에 업혀
누님과 난, 곧잘
파랑새 노랠 배웠다.

울타리마다 담쟁이넌출 익어가고
밭머리에 수수모감 보일 때면 어디서라 없이 새 보는 소리가 들린다.

우이어! 훠어이!

쇠방울 소리 뿌리면서
순사의 자전거가 아득한 길로 사라지고
그럴 때면 우리들은 흙토방 아래
가슴 두근거리며
노래 배워주던 그 양품장수 할머닐 기다렸다.

새야 새야 파랑새야
녹두밭에 앉지 마라
녹두꽃 떨어지면
청포장수 울고 간다.

잘은 몰랐지만 그 무렵
그 노랜 침장이에게 잡혀가는
노래라 했다…….

신동엽은 어릴 때 일제강점기 시절을 겪었다. 그때 〈새야 새야 파랑새야〉를 배우고 이를 기억해낸 것이다. 그는 금강에서 처절한 농민군의 죽음을 민족의 아픔으로 새기고 가슴이 저렸던 것이다. 짤막한 구절에서 전봉준의 막연한 이미지를 담기보다 역사의 실체로 규정하려고 했다. 그는 「금강」을 통해 최초로 농민군을 형상화했다는 의미를 담고 있다.

조태일은 박정희 유신 시절 저항시인으로 꼽혔다. 그는 시집 『식칼론』

을 펴냈다. 그의 시 「내가 아는 시인 한 사람」을 살펴보자.

세상엔 벽에 걸 만한
상상의 그림이나 사진들도 흔하겠지만
내가 아는 시인의 방 벽에는
춘하추동, 흑백으로 그린
녹두장군 초상화만 덜렁 걸려 있다.

세계의 난다긴다하는
예술가며 정치가며 사상가며
지 할아버지며 할머니며
지 아버지며 어머니,
병아리 같은
지 귀여운 새끼들 얼굴도 흔하겠지만

내가 아는 시인의 방 벽에는
우리나라 있어온 지 제일로 정 많은 사내
녹두장군의 당당한 얼굴만
더위도 추위도 잊은 채 덜렁 걸려 있다

손가락 펴 헤아려보니 지금부터 80년 전

농부로서 농부뿐만 아니라
나라와 백성에게 가장 충실해서
일어났다가 역적으로 몰려
전라도 피노리에서 붙들린 몸
우리나라 관헌과 왜군들의 합작으로
이젠 서울로 끌려가는
들것 위의 녹두장군

하늘을 향해 부끄럼 없이 틀어올린 상투며
오른쪽 이마엔 별명보다 훨씬 큰 혹
무명저고리에 단정히 맨 옷고름
폭포처럼 몇 가닥 곧게 뻗은 수염
천리길을 몸 묶인 채 흔들리며
매섭고 그러나 이젠 자유스런 눈빛으로
산천초목을 끌어안은 녹두장군

처음에는 아이들도 무섭다고 무섭다고
에미의 품안으로 파고들었다지만
이젠 스스럼없이 친해져서
저 사람 우리 할아부지다
저 사람 우리 할아부지다

동네 꼬마들을 불러들여 자랑을 일삼는단다

까짓것 희미한 자기 혈육 따져 무엇한다더냐
그 녹두장군을 자기네 집 조상으로 삼는단다.
내가 잘 아는 시인 한 사람은

여기에서 말하는 '시인'은 자기 자신을 두고 남의 이야기처럼 내세웠을 것이다. 작자는 유신 시절, 고독한 감옥에서 전봉준을 떠올렸을 것이다.

김남주는 녹두장군을 추모하면서 현재적 의미를 전달하려고 했다. 그는 「황토현에 부치는 노래」에서 전봉준을 진리를 위해 죽은 영웅으로 그리고 있다.

한 시대의
불행한 아들로 태어나
고독과 공포에 결코 굴하지 않았던 사람
암울한 시대 한가운데
말뚝처럼 횃불처럼 어뚝 서서
한 시대의 아픔을
온몸으로 한몸으로 껴안고
피투성이로 싸웠던 사람
뒤따라오는 세대를 위하여

승리 없는 투쟁
어떤 불행 어떤 고통도
결코 두려워하지 않았던 사람
누구보다도 자기 시대를
가장 정열적으로 사랑하고
누구보다도 자기 시대를
가장 격정적으로 노래하고 싸우고
한 시대와 더불어 사라지는데
기꺼이 동의했던 사람
……
보아다오 보아다오
이 사람을 보아다오
이 민중의 지도자는
학정과 가렴주구에 시달린
만백성을 일으켜 세워
눈을 뜨게 하고
손과 손을 맞잡게 하여
싸움의 주먹이 되게 하고
싸움의 팔이 되게 하고
소리와 소리를 합하게 하여
대지의 힘찬 목소리가 되게 하였다

정의의 사도인 전봉준을 결코 두려워하지 않는 사람으로서 '고독한 영웅'이라 했을 것이다. 민주화 투쟁 시기에 산 김남주는 전봉준을 민주화의 선도자로 보려고 했다.

다음에는 안도현의 시 「서울로 가는 전봉준」을 보자.

눈 내리는 만경들 건너가네
해진 짚신에 상투 하나 떠가네
가는 길 그리운 이 아무도 없네
녹두꽃 자지러지게 피면 돌아올거나
울며 울지 않으며 가는
우리 봉준이
풀잎들이 북향하여 일제히 성긴 머리를 푸네

그 누가 알기나 하리
처음에는 우리 모두 이름 없는 들꽃이었더니
들꽃 중에서도 저 하늘 보기 두려워
그늘 깊은 땅속으로 젖은 발 내리고 싶어하던
잔뿌리였더니

그대 떠나기 전에 우리는
목 쉰 그대의 칼집도 찾아주지 못하고

조선 호랑이처럼 모여 울어주지도 못하였네
그보다도 더운 국밥 한 그릇 말아주지 못하였네
못다 한 그 사랑 원망이라도 하듯
속절없이 눈발은 그치지 않고
한 자 세치 눈 쌓이는 소리까지 들려오다니

그 누가 알기나 하리
……
우리 성상 계옵신 곳 가까이 가서
녹두알 같은 눈물 흘리며 한목숨 타오르겠네
봉준이 이 사람아
그대 갈 때 누군가 찍은 한 장 사진 속에서
기억하라고 타는 눈빛으로 건네던 말
오늘 나는 알겠네

들꽃들아
그날이 오면 닭 울 때
흰 무명띠 머리에 두르고 동진강 어귀에 모여
척왜척화 척왜척화 물결소리에
귀를 기울이라

이 시에는 농민군의 변혁 의지가 차분하게 드러나고 있다. 민주 항쟁이 처절하게 전개된 시기에 산 시인이었다는 점을 감안하면 민중의 삶과 녹두를 이어주는 표현이 조금 넉넉지 못한 것 같기도 하다.

동학농민혁명기념사업을 이끌어오고 그 관련 논문으로 석사학위를 받은 문병학은 2019년 전봉준 동상 앞에서 이렇게 외쳤다.

넋이여, 세기(世紀)를 밝힌 꽃넋이여

— 녹두장군 전봉준 동상 건립 1주기에 부쳐

1894년 갑오년
조선 왕조의 부패를 바로잡고자
서양 오랑캐의 앞잡이 일제를 물리치고자
분연히 떨쳐 일어선 넋이여 갑오년의 꽃넋이여

눈감고
귀 기울여보라
전라, 경상, 충청, 경기, 강원, 황해, 평안, 함경
삼천리 팔도강산 갑오선열의 함성이 들리는가?

을사늑약 웬 말이냐
오등은 자에 아 조선의 독립국임과

조선인의 자주민임을 선언하노라.

들리는가 4·19혁명 5·18민주화운동

역사의 고비마다 겨레의 심장을 깨우던 노래

새야 새야 파랑새야 녹두밭에 앉지 마라

녹두꽃이 떨어지면 청포장수 울고 간다

서울, 부산, 대구, 광주, 대전, 수원

거리를 내달리며 호헌철폐 민주쟁취

민주화하자는데 고문치사 웬 말이냐

두 눈 부릅뜬 형들의 성난 외침이 들리는가

들리지 않는다면

정녕, 들리지 않는다면

감히 이 땅의 지식이라 말하지 마라

대한민국 주권을 가진 민주시민이라 말하지 마라

1895년 4월 24일

한반도 심장 대한민국 수도 서울

종로 네거리에서 녹두꽃 한 송이 떨어졌다

꽃 진 자리 그 상처 위에

민주주의 열렸다 사람이 하늘이다

사람이 하늘이다 사람이 하늘이다

녹두의 후예들아

왼 가슴에 손을 얹어보라

심장이 뛰는가? 그대 살아 있는가?

목숨이 중하다고 역사보다 중하랴

보이지 않는 세기의 눈들이 번뜩이는데

어둠이 깊다고 아니 가고 말 것이냐

녹두의 후예들아

온몸에 햇살을 두르고

한 많은 세월 피맺힌 그리움으로

가자, 지뢰밭 철조망 넘어 평화의 꽃 피우자

꽃이여

녹두꽃이여

세기를 밝힌 꽃넋이여

아, 사람 사는 세상이여.

현대적 감각이 돋보이기도 하고 시대정신을 올곧게 표현했다고 할 수 있을 것이다. 녹두장군이 서울 거리에서 누구와 대화를 나눌지 궁금하지 않겠는가?

이이화는 전봉준 동상을 종로에 세운 뒤 전봉준 동상이 오늘날의 민주의식과 걸맞다고 하여 민주 시민의 '동무'라는 의미를 담아 다음과 같이 노래했다.

〈봉준아, 봉준아, 우리 동무 봉준아〉

봉준아, 봉준아, 우리는 보았노라, 들었노라.
그대 저 원평 들판에서, 새둥지 마을에서, 지금실 골짜기에서
꿈을 꾸며 졸다가 아하하, 함성을 질렀다고.

그대는 농투성이의 아들이요, 동무요, 아제였다고.
백정놈과 종년놈과 어깨동무하고 발을 개고서
에이 이놈의 세상 엎어버리자고.
고대광실, 저 양반치들 나리들 쓸어버리자고,
얼씨구 절씨구 지화자 좋다. 난리가 났네, 난리가 났어

왜놈들 게다짝 진고개 진흙 밟고
말탄 쪽바리 치들 남산 둔턱 오르내리고
우리 동무들 보았나? 나는 못 보겄네, 이 꼴
일본군 총칼 광화문을 휩쓸고
경복궁 궁녀들 오돌토돌 떨고
우금치에서 산하를 울려 땅끝 마을을 쓸었다네.
개성, 해주, 평양을 짓밟고 압록강 언덕을 무너뜨렸다네.

그대는 끌려왔노라, 동무들과 함께.
날 왜 죄인이라 이르느뇨? 너희놈들이 역적이라,
그대의 외침, "내 피를 종로에 뿌려 저자 사람들이 짓밟고 가게 하라"
그 눈빛, 그 울림 역사의 불길 당겼구려.
파랑새의 동무 녹두꽃 되어 떨어졌건만
촛불의 불씨로 어둠을 밝혔구려. 새 역사를 열었구려.
봉준아, 봉준아 길이 우리 동무되어다오.

촛불의 거리인 종로에 그의 눈빛이 빛나고 있다는 것을 강조하는 내용이다.

다양한 동학농민혁명 100주년 기념 사업단체 결성

동학농민혁명백주년기념사업단체협의회 창립선언문

> 우리가 의(義)를 들어 여기에 이름은 결코 딴마음이 있어서가 아니라 창생을 도탄 속에서 건지고 국가를 반석 위에 두고자 함이라.

한 세기 전 이 땅에 울려퍼진 동학농민혁명의 장엄한 창의문을 떠올리며 우리는 오늘, 왜곡된 역사를 바로잡고 자랑스러운 유산을 닦고 빛나는 일에 모두가 나설 것을 7000만 겨레에게 호소한다.

동학농민혁명이 일어난 지 어언 100년! 그사이 식민 통치의 폭압과 분단 상황이 강요하는 이념적 혼란, 그리고 다시 외세의 간섭 앞에 떳떳할 수 없었던 세월 속에서 혁명의 유산은 녹슬고 소실되었다.

역사에서 깨우침을 얻지 못하는 민족은 결코 밝은 미래를 보장할 수 없다. 1894년의 농민 항쟁은 이 땅의 민중 스스로가 역사의 주인임을 만방에 천명하고 실천한 자랑스러운 일이었다. 동시에 그것은 지배층의 무능과 외세의 개입으로 좌절될 수밖에 없었던 우리 민족사에서 최대의 안타까운 사건이기도 했다. 우리는 동학농민혁명의 자랑스러움과 안타까움을 오늘의 현실에서 새롭게 확인하고 이를 우리 시대의 교훈과 동력으로 삼고자 한다.

1994년 동학농민혁명 100주년을 앞두고 그동안 여러 지역과 부문에서 뜻깊은 기념사업을 준비해 오늘 전국을 망라한 동학농민혁명백주년기념사업단체협의회를 구성하고 서로 긴밀한 유대와 협조 아래 사업을 추진하기로 합의했다. 이는 역사를 배우고 계승하는 일이 특정 지역이나 일부 계층에 머물러서는 안 된다는 공통의 인식 때문이며 작은 노력을 한데 모아 큰 힘으로 엮어내는 일이야말로 참된 보람이기 때문이다.

동학농민혁명백주년기념사업단체협의회를 출범하면서 우리는 우리의 정성이 온 겨레의 가슴으로 번져 새로운 사회를 열어나가는 건강한 힘으로 솟아날 것을 기대한다. 또한 100년 전 반봉건, 반외세를 소리 높이 외쳤던 동학농민군의 기백을 되살려 자유평등이 실현되는 통일조국을 앞당겨 나아갈 것을 다짐하며 다음과 같이 결의한다.

결의

1. 동학농민혁명의 숭고한 이념을 계승하여 민족 자주와 민주 개혁을 향한 새로운 시대정신으로 승화, 발전시킨다.
1. 동학농민군의 명예를 회복하고 그 사적은 정중히 보전한다.
1. 동학농민혁명백주년기념사업은 남과 북, 해외 동포를 망라한 민족사업으로 추진한다.
1. 동학농민군의 실천적 의지에 따라 외세의 압력에 고통받는 농민들과 뜻을 같이한다.

-1993년 12월 12일

동학농민혁명기념재단 창립취지문

오늘 우리는 이곳에 왜 모였는가.

1894년 농민군이 '안으로는 탐학한 관리의 머리를 베고 밖으로는 횡포한 강적의 무리를 구축하고자' 백산에 모였다면 우리는 110년 전 농민군의 못다 이룬 뜻을 이어받고 그들의 이름을 역사 앞에 떳떳이 드러내고자 모였다.

오늘 우리는 왜 동학농민혁명기념재단을 창립하는가.

거창한 이념이나 주의 주장을 외치고자 함이 아니다. 우리는 2004년 2월 9일 "동학농민혁명 참여자 등의 명예 회복에 관한 특별법"이 국회를 통과함에 따라 110년 전 희생된 농민군의 이름을 마지막 한 명까지 밝혀내어 민족사의 거룩한 제단에 새기고 그들을 영원히 기리는 기념사업을 추진하고자 동학농민혁명기념재단을 창립한다.

다만 110년 전 탐관오리와 왜적을 눈앞에 둔 농민군이 '죽음을 각오하고 두 마음을 품은 자들을 소탕'하고자 떨쳐 일어났을 때 모두 한마음 한뜻이었듯이 우리도 같은 마음 같은 뜻으로 뭉쳐 일어났다.

1894년 11월 살을 에는 찬바람을 뚫고 저 우금치 고개를 넘을 때 오직 왜적을 몰아내고 나라의 위기를 극복하려는 일념뿐이었을 농민군이 어찌 자신의 명예를 생각하고 보상을 바랐으랴마는 그들의 희생을 고귀하게 여기고 적어도 비적과 비도라고 불렸던 그들의 명예만이라도 회복시키는 것이 후손된 자들의 바른 도리일 것이다.

그날의 농민군은 비적과 비도라는 오명을 뒤집어쓴 채 눈을 감아야 했고 유족들은 그 족쇄의 굴레 속에서 눈물로 뒤범벅이 되어 많은 세월을 보내야 했다. 이 땅의 역사 교과서도 그날의 역사를 '동학란'이 아니면 주인이 사라진 정체불명의 '동학혁명'으로 적었는가 하면 역사의 지향점도 모호한 '동학농민운동'으로 적어왔다. 그러나 외세의 꼭두각시가 되어 농민군을 학살했던 폭력적인 집권층의 역사는 정당한 것으로 기록했다. 참으로 얼굴을 들 수 없는 부끄러운 역사였다.

우리는 그동안 해마다 동학농민혁명 추모행사를 거행해왔다. 그러나 우리의 노력이 부족하고 연구가 미흡하여 동학농민혁명을 우리 사회의 구심점으로 정립하지 못하고, 농민군을 역사의 주인공으로서 떳떳하게 모시지 못하여 그 혼령 앞에 비록 향화를 사르고 술잔을 올렸어도 늘 참담한 마음을 금할 수 없었다. 늦었지만 저항할 수 없는 시대의 요구와 우리의 외침 앞에 국가는 농민군의 공적을 인정하여 마침내 110년 만에 특별법을 제정하기에 이르렀다. 앞으로 우리 기념재단은 지난날 부끄러운 기억들을 털어내고 새로운 역사를 만들어가야 한다. 이제부터 동학농민혁명의 역사는 '기념재단'의 이름으로 다시 써야 한다. 기념재단의 이름은 곧 새 시대, 새 역사여야 한다. 그때에야 비로소 우리는 농민군을 기쁜 마음으로 추모의 제단 위에 모셔올 수 있을 것이다.

기념재단은 동학농민혁명 이후 한국 근현대사에서 억울하게 희생된 자, 오늘날 소외되고 천대받는 모든 이까지 주목한다. 이들 모두가 동학농민혁명의 대제전 위에서 함께 어울릴 수 있는 날, 사람을 사람으로 대접하고자 했던 동학농민혁명의 이상이 되살아나고 이 땅에 진정한 민주주의가 실현된 것으로 믿는다.

이제 농민군은 이 땅의 역사요, 이 땅의 정신이요, 이 땅의 수호자가 되어 우리의 앞길에 북소리가 될 것이고, 분단된 한반도를 다시 잇는 평화통일의 횃불로 타오를 것이다.

역사가 바로 서지 않고서는 미래가 없다는 것은 자명하다. 그 오랜 세월 동학농민혁명과 농민군을 배제해온 이 땅의 끊어진 역사를 다시 잇고 바로 세울 것을 동학농민혁명기념재단은 7000만 겨레 앞에 엄숙히 선언한다.

오늘 우리는 다시는 참담하고 어두운 역사가 반복되지 않도록 다짐하면서 새 역사를 만들어가겠다는 '동학농민혁명기념재단'의 과제를 다음과 같이 밝힌다.

1. 동학농민혁명 관련 단체와 유족, 그리고 우리와 뜻을 같이하는 사회단체와 애국 시민들은 한마음 한뜻으로 동학농민혁명 정신을 계승하고 전국적인 기념사업을 추진한다.
1. 동학농민혁명을 기리는 기념일을 제정하고 해마다 국가적 추모행사를 거행하도록 정부에 촉구한다.
1. 동학농민혁명 이후 국가의 폭력으로 희생된 자들의 진상 규명과 명예 회복에 적극 동참한다.

1. 동학농민혁명의 개혁과 평등의 정신을 이어받아 민주적 가치와 질서를 확립하는 데 매진한다.
1. 동학농민혁명의 자주와 자립의 정신을 이어받아 조국의 평화통일을 이룩하는 과업에 헌신하고 나아가 세계평화에 기여한다.

전봉준장군동상건립위원회 창립선언문

우리가 의(義)를 들어 여기에 이른 것은 창생을 도탄 중에서 건지고 국가를 반석의 위에다 두고자 함이라.

지금으로부터 123년 전 이 땅을 격동시켰던 동학농민군의 장엄한 창의문을 떠올리며 오늘 우리는 전봉준장군동상건립위원회의 출범을 엄숙히 선언하며 전봉준 장군 순국 122주기를 맞아 그분의 순국터인 서울 종로구 보신각 맞은편에 동상을 건립하고자 한다. 바로 이곳이 일제의 불법적인 침략과 탐관오리의 가렴주구 아래 신음하던 수많은 백성을 구하고자 결연히 일어섰던 동학농민혁명 최고 지도자 전봉준 장군이 의연하게 최후를 맞은 곳이기 때문이다.

동학농민혁명은 신분제 중심의 불평등한 중세 봉건제도를 개혁하여 만민이 평등한 근대 민주주의를 지향한 반봉건 항쟁이다. 나아가 세계사적으로 전개된 19세기 서세동점기(西勢東漸期), 불법적으로 우리나라를 침략한 일본 제국주의에 맞서 보국안민을 이루고자 했던 전국적인 반일 민족 항쟁이다. 그러나 동학농민군이 공주 우금치에서 일본군에게 패배하여 그 숭고한 정신은 일제강점기를 거치면서 심각하게 왜곡되고 거세되어 반란사건으로 평가 절하되었다. 다행히 1994년 혁명 100주년을 맞아 본격화된 역사학계의 연구와 전국 각지에서 창립된 기념사업단체의 적극적인 역사 바로 세우기 운동에 힘입어 마침내 2004년 3월 대한민국 제17대 국회에서 "동학농민혁명 참여자 등의 명예 회복에 관한 특별법"이 제정되었다. 실로 110년 만에 반란사건에서 혁명으로 명실상부하게 그 명예가 회복된 것이다.

1894년 1월 고부 농민 봉기를 도화선으로 그해 3월 무장에서 기포한 동학농민군은 전주성을 향해 진격하던 중 정읍 황토현에서 전라 감영군을 맞아 대승을 거두고 전남 장성에서 서울 경군을 격파한 후 파죽지세로 호남의 수부였던 전주성을 점령했다. 이후 조선 조정의 요청으로 청나라 군대가 조선에 들어오고 일본도 군대를 파병했다. 이에 조선의 산하가 외국 군대 전쟁터로 변하는 것을 막고자 동학농민군은 조선 조정과 화약을 체결하고 전주성에서 물러났다. 그러나 일본군은 조선 조정의 철병 요구에 응하지 않고 도리어 경복궁 무단 점령, 친일 내각 수립, 청일전쟁 도발 등으로 침략 야욕을 노골적으로 드러냈다. 이에 전봉준 장군은 전라도 삼례에서 2차 봉기를 단행하여 반일 민족 항쟁에 나섰으나 애석하게도 동학농민군의 꿈은 일본군에 의해 좌절되고 말았다.

이후 동학농민군은 후퇴하면서 수차례 전투를 벌였으나 잇따라 패배하여 주력부대를 해산하기에 이르렀고 전북 순창군 피노리로 몸을 피한 채 재기를 엿보던 전봉준 장군은 관군에게 붙잡힌 다음 일본군에게 인계되어 서울로 압송되었다.

서울로 압송된 전봉준 장군은 대역죄를 다루는 법무아문 권설재판소에서 재판을 받았고 1895년 4월 24일 새벽 교수형을 받았다. 재판과정에서 일본영사관측은 조선 민중의 추앙을 받는 전봉준 장군을 조선 침략 야욕 실현의 꼭두각시로 삼고자 끊임없이 회유했다. 이에 대해 장군은 "너는 나의 적이요, 나는 너의 적이라, 내 너희를 쳐 없애고 나라 일을 바로잡으려 하다가 도리어 너희 손에 잡혔으니 너는 나를 죽이는 것뿐이요, 다른 말을 묻지 마라"라고 단호히 말했으며 죄인 취급하는 법무아문 관리에게 "도(道) 없는 나라에 도를 세우는 것이 무엇이 잘못이냐? 탐관오리를 벌하고 부당한 정치를 바로잡으려는 것이 무엇이 잘못이며, 사람을 매매하여 귀천이 있게 하고 공토로써 사토를 만들어 빈부가 있게 하는 것은 인도적 원리의 위반이라 이것을 고치자 함이 무엇이 잘못이며, 악한 정부를 고쳐 선한 정부를 만들고자 함이 무엇이 잘못이냐? 자국의 백성을 쳐 없애기 위해 외적을 불러들였나니 네 죄가 가장 중대한지라, 도리어 나를 죄인이라 이르느냐?"라고 호통을 쳤다. 나아가 교수대 앞에 선 장군에게 집행관이 "가족에게 할말이 있으면 하라"라고 권고하자 "다른 할말은 없다. 나를 죽일진대 종로 네거리에서 목을 베어 오가는 사람들에게 내 피를 뿌려주는 것이 옳거늘, 어찌 이 컴컴한 도둑 굴속에서 남몰래 죽이느냐"라고 준절하게 꾸짖었다.

전봉준 장군 순국 122년, 오늘 우리가 대한민국 수도 서울 종로에 그

분의 동상을 건립하려는 것은 일그러진 천리(天理), 왜곡된 민족정기를 바로 세우는 데 기여하고자 함이다. 종로 네거리에 건립될 전봉준 장군 동상은 자손만대 애국애족 정신의 표상으로 길이길이 우뚝할 것이라고 우리는 굳게 믿는다.

2017. 3.

전봉준장군동상건립위원회 회원 일동

제1회 동학농민혁명 기념사(광화문광장)

이낙연 전 국무총리 기념사로 최초의 정부 공식 기념사다.

존경하는 국민 여러분, 해외 동포 여러분! 오늘은 동학농민혁명 125주년입니다.

먼저 세상의 잘못을 바로잡고자 목숨을 걸고 일어나셨던 전봉준 장군을 비롯한 동학농민 선열들의 명복을 빕니다. 동학농민혁명의 진실 규명과 명예 회복과 유적 복원에 애써오신 동학농민혁명유족회 최효섭 이사장님, 천도교 송범두 교령님, 동학농민혁명기념재단 이형규 이사장님, 역사학자 이이화님 및 유관 단체의 지도자와 관계자 여러분께 감사드립니다. 뜻을 같이해주신 문화체육관광부 박양우 장관님과 송하진 전북지사님, 정동영 대표님, 유성엽·김두관·박주현 의원님을 비롯한 내빈 여러분, 고맙습니다.

우리는 오늘 처음으로 동학농민혁명을 국가기념일로 기념하고 있습니다. 사람을 하늘처럼 받드는 세상을 만들고자 했던 의로운 혁명이 125년 만에 비로소 합당한 인정을 받게 되었습니다.

동학농민혁명은 대한제국 시절과 일제강점기에 비적이나 폭도의 반란이었던 것처럼 매도되었습니다. 해방 조국에서도 한동안 '동학란'으로 불렸습니다. 4·19혁명 이후에도 '동학혁명', '동학농민운동', '갑오농민혁명' 등으로 평가가 뒤섞였습니다.

그러다가 2004년 국회의 특별법 제정으로 비로소 '동학농민혁명'이라는 정명을 찾았습니다. 그리고 올해 2월 유족과 관련 단체와 유관 지역들의 합의를 얻어 황토현 승전일인 오늘 5월 11일을 국가기념일로 지정했습니다. 오늘에 이르기까지 수고해주신 모든 분께 감사를 드립니다.

존경하는 국민 여러분, 해외 동포 여러분!

동학농민혁명은 우리의 반만년 역사에서 가장 오랫동안, 가장 넓은 지역에서, 가장 많은 피를 흘린 민중 항쟁이었습니다. 그것은 내용에서도, 규모에서도 서유럽의 근대혁명에 결코 뒤지지 않습니다.

첫째, 동학농민혁명은 우리나라 최초의 반봉건 민주주의 운동이었습니다. 동학농민군은 부패한 지배 세력과 탐관오리의 가렴주구를 없애고 양반과 상민, 상전과 노비, 남자와 여자의 차별이 없는 사회를 만들려 했습니다.

둘째, 동학농민혁명은 우리나라 최초의 근대적 개혁운동이었습니다. 동학농민군은 노비 문서를 불태우고, 청상과부의 재혼을 인정하며, 토지를 균등하게 분작하도록 했습니다.

셋째, 동학농민혁명은 우리나라 최초의 반외세 민족주의 운동이었습니다. 동학농민군은 경복궁을 무단 점거한 채 국정을 농단하고 이권을 차지하는 일본을 몰아내려 했습니다.

한양으로 진격하던 동학농민군이 공주 우금치에서 관군·일본군 연합군에게 패배했지만 그때 불붙은 민족의식은 일제강점기로 이어졌습니다.

동학 민초들의 염원과 분노는 25년 동안 응축되었다가 1919년 3·1독립만세운동으로 폭발했습니다. 그때 발표된 기미독립선언의 민족대표 33인 가운데 동학을 이은 천도교 대표가 15명이었고 그중 아홉 명은 동학농민군 출신이었습니다. 전봉준 장군과 함께 우금치전투 등에 참여하셨던 천도교 지도자 손병희 선생은 33인의 맨 앞에 이름을 올리셨습니다.

그렇게 동학농민혁명은 3·1운동으로 이어졌고 3·1운동은 10년 후 광주학생독립운동으로 계승되었습니다. 해방 이후의 4·19혁명도, 5·18민주화운동도, 6월 항쟁도 동학 정신에 뿌리를 두었다고 저는 믿습니다. 2016년 겨울부터 이듬해 봄까지 계속된 촛불혁명도 잘못된 권력을 백성이 바로잡는다는 동학 정신의 표출이었습니다.

우리의 민주·민족 의식과 역량을 일깨우고 길러준 동학농민혁명은 정당하게 평가되고 영구히 기억되어야 합니다. 민간과 지자체와 정부는 동학농민혁명의 진상 규명과 명예 회복과 유적 복원에 더욱 노력해야겠습니다.

정부는 이미 3600여 명의 동학농민혁명 참여자를 찾았고 1만여 명의 유족을 등록했습니다. 지난해 4월에는 뜻있는 분들과 지자체가 국민 성금을 모아 동학 지도자 녹두장군 전봉준의 처형 장소인 종로 전옥서 터에 장군의 동상을 세웠습니다. 동학농민군 승전지 정읍 황토현 일대에 기념공원을 조성하는 사업도 진행되고 있습니다.

"사람이 곧 하늘"이라는 인내천의 동학사상은 민주주의의 근본 철학입니다. 문재인 정부도 "사람이 먼저"라는 믿음으로 모든 국정을 운영하고 있습니다. 모든 국민이 평화를 누리고 번영을 추구하는 '평화와 번영의 한반도'를 실현하고자 노력하고 있습니다. 모든 국민이 더불어 잘사는 '포용 국가'를 지향하고 있습니다. 모든 국민이 법 앞에 평등한 '정의 국가'를 구현하려 하고 있습니다.

우리는 동학농민혁명 이후 계속된 국민의 투쟁과 희생으로 이룬 민주주의의 완성을 향해 흔들림 없이 나아가야 합니다. 민주주의는 단번에 완성되지 않습니다. 민주주의는 정치적·경제적·사회적으로 끊임없이 도전받고 새로운 과제에 직면합니다. 민주주의는 그러한 도전을 이겨내고 과제를 해결해나가는 기나긴 과정입니다.

정부가 앞장서겠습니다. 그러나 정부 혼자서 해결할 수 없습니다. 각계각층의 국민께서 동참해주셔야 민주주의가 진전할 수 있습니다. 그 길로 우리 모두 함께 가십시다. 그렇게 하겠노라고 동학농민혁명의 선조들 앞에 함께 다짐하십시다.

감사합니다.

2019년 5월 11일

동학농민혁명 연표

1752년 정조 탄생

1776년 정조 즉위, 규장각 설치

1800년 정조 사망, 순조 즉위

1801년 공노비 해방, 정약용 장기 강진 유배

1811년 관서농민전쟁 발발

1818년 정약용 유배에서 풀려남, 고향 양수리로 돌아옴

1849년 철종 즉위

1855년 전봉준 출생

1860년 최제우 동학 창도, 최제우 동학 포덕

1862년 진주 농민 봉기, 전국으로 확산, 삼남 농민 봉기

1863년 고종 즉위, 흥선대원군 집권

1864년 최제우 대구에서 사형, 최시형 지하 포덕

1866년 프랑스 함대 강화도 점령, 병인양요 일어남

1871년 미국 함대 강화도 상륙, 신미양요 일어남

1873년 고종 친정을 선포, 흥선대원군 실각

1876년 강화도조약 체결, 첫 개항 이루어짐

1882년 임오군란 일어남

1884년 갑신정변 일어남

1885년 흥선대원군 청나라에서 귀국

1892년 삼례집회

1893년 3월 보은집회, 원평집회

11월 사발통문 작성

1894년 1월 고부 봉기, 말목장터와 백산에 주둔

3월 무장에서 기포, 포고문 발표, 백산에 호남창의대장소 설치

4월 황토현에서 감영군 격파, 중앙군 전주에 입성, 농민군 장성 황룡전투 승리, 농민군 원평에서 왕사 처단하고 전주성 점령

5월 전주 화해와 집강소 설치

6월 일본군 경복궁 강점, 개화 정권 수립, 청일전쟁 일어남

7월 농민군 남원대회, 전라감사 김학진과 타협, 집강소 활동 본격화

8월 충청도·경상도 농민 봉기 확산

9월 전봉준 삼례 집결 통문 보냄, 최시형 남북접 화해 선언, 대동원령 포고, 조정 양호도순무영 설치, 일본군 후비보병 19대대 투입 결정

10월 농민군 논산 진주, 일본군 용산 출발, 관군 이두황·이규태 남하, 농민군 일본군·관군과 1차 전투

11월 농민군 2차 공주전투, 우금치전투 패배, 전봉준 고시문 발표, 전봉준 논산·전주·원평·태인으로 남하

12월 김개남·전봉준·최경선 등 체포, 나주 초토영 설치, 민보

군 농민군 토벌

1895년 1월 전봉준·손화중 나주 초토영 안치, 농민군 강진병영 습격과 장흥관아 점령, 북접 농민군 영동 용산과 북실전투, 농민군 지도자 서울 압송, 조정에서 민보군 해산령 내림

2월 농민군 지도자 서울에서 재판

3월 전봉준·손화중·김덕명·최경선·성두한 등 지도자 30일(양력 4월 24일) 최초의 교수형, 지도자급 장형·태형·유배형 실시, 나머지 석방 조치

1895년 일제의 음모로 민비 살해

1896년 1차 유림 의병 전개

1897년 고종 러시아공사관으로 옮김, 대한제국 수립

1898년 최시형 교수형

1905년 을사조약, 2차 의병 전개, 천도교 창건과 3대 교주 손병희 추대

1907년 정미칠조약, 3차 의병 전개

1910년 한일병합 성립, 일제강점기 전개

1919년 천도교 주도 3·1혁명, 대한민국 임시정부 수립

1945년 8·15 민족 해방

1960년 4·19혁명 일어남

1963년 황토현기념탑 조성

1973년 우금치위령탑 건립

1983년 정읍 황토현 전적지 조성

1989년 100주년기념사추진위원회 발족

1993년 동학농민혁명백주년기념단체협의회 전주에서 발족(12월)

1994년 100주년 기념행사 전국에서 전개, 동학농민혁명유족회 발족

1998년 김대중 대통령 취임, 민주화 열기 확산

2004년 특별법 통과, 심의위원회와 기념재단 발족, 정읍동학농민혁명기념관 개관

2007년 전국기념대회 경복궁에서 기념식

2010년 문화체육관광부 산하 기념재단 발족

2018년 전봉준 동상, 서울 종로 1가에 건립

2019년 동학농민혁명 국가기념일 행사, 광화문 광장에서 거행

| 감사의 말 |

성숙한 민족의식과 인권의식이 새 역사를 만들었다. 1994년 동학농민혁명 발발 100주년을 앞뒤로 하여 30여 년 동안 민주화 열기에 힘입어 유족과 연구자, 시민운동가 들이 마음을 합하여 그 선양사업에 매진해 왔다. 그리하여 명예 회복 특별법이 통과되고 기념재단이 발족되었으며 이어 전봉준 동상이 건립되고 국가기념일이 제정되었다. 그 과정에서 여느 시민의 지원이 있었고 정치인과 정부 당국자 들도 힘을 보태주었다.

먼저 역사문제연구소 동학농민전쟁백주년기념사업추진위원회에서는 송건호(한겨레신문 사장), 성대경(성균관대 교수), 박현채(경제학자), 김중배(언론인), 박용일(변호사), 윤정모(소설가) 등 사회 각계 인사 21명이 자문위원으로 도움을 주었고, 후원회에는 회장 한승헌과 회원 50여 명이 참여했다. 후원 회원인 인병선(짚풀생활사박물관장), 장두석(민족의학자), 황승우(교육자) 등은 일시불로 100만 원 단위의 후원금을 내주었으며 1992년 7월부터 1994년 12월까지 고순정(화가), 이광연(교사), 선왕주(의사), 정용식(변호사), 박석무(국회의원), 홍기훈(국회의원) 등은 한 달도 거르지 않고 꼬박꼬박 10만 원씩 후원해주었다.

또 동학농민혁명기념재단을 유지, 운영할 때는 진영일(교수), 박재승(변호사), 장병화(기업인), 이상희(변호사), 박은주(김영사 발행인), 이순동(고전연구가), 전성준(전봉준 양증손) 이사 등은 이사회비와 필요할 때마다 경비를 내주었다. 특히 신건은 특별 지원금 1000만 원을 보내주어 운영에 큰 보탬이 되었다.

후원자 또는 협조자로 장두환, 김백일, 박원순, 이종학, 서지영, 안득수, 박남수, 김대곤, 이승우, 이강수, 김생기, 유기상, 김현, 이갑상, 최경석, 지선, 원경도 빼놓을 수 없을 것이다. 한겨레신문의 정재권·김경애·정대화, 경향신문의 조운찬, KBS의 남성우·장해랑, 그리고 작가·시인·화가·소리꾼인 송기숙, 전진우, 김남주, 안도현, 김정헌, 임옥상, 여운, 임진택, 김연, 그리고 전봉준 동상의 조각가인 김수현, 제자(題字)를 써준 서도가 여태명도 우리는 기억해야 할 것이다.

또 같은 길을 걸어온 동지 또는 연구자 들의 이름을 순서 없이 적어보면 정창렬, 이상식, 진영일, 김정기, 강창일, 조광, 안병욱, 서중석, 신영우, 신순철, 우윤, 배항섭, 김양식, 송찬섭, 박준성, 김정인, 조민, 왕현종, 문병학, 이병규, 홍동현, 강효숙, 지수걸, 박찬승, 허수, 조재곤, 박맹수, 원도연, 이종민, 김준형, 정진상, 임형진, 조광환, 이종범, 송정섭, 홍영기, 이윤영, 유바다 등이다. 또 일본의 나카쓰카 아키라와 이노우에 가쓰오 교수, 마에다 겐지 영화감독에게도 감사의 말을 전한다. 이들은 동학농민혁명 연구자 또는 저술을 내거나 사료 수집에 도움을 준 학자들이다.

동학농민혁명유족회의 김영중, 김재훈, 정남기, 손주갑, 전성준, 김성황, 진윤식, 문영식, 이기곤, 최효섭, 전해철 등과도 평생 동지로 대화를 나누어왔다. 이들과는 서로 배우고 끌어주면서 지난 지식을 토대로 인권을 존중하는 민주 가치의 실현과 민족의 평화통일 실현을 위해 힘을 모아왔다.

또 전봉준 동상 건립에는 민주운동단체와 학술단체, 공기업의 호응을 이끌었다. 예를 들면 민주화운동기념사업회(지선), 5·18민주화운동부상자회(김후식), 4·19혁명회(정동익), 동학농민혁명기념재단(이승우), 임시정부기념사업회(김자동), 3·1운동100주년기념사업회(박남수), 민청학련계승사업회(이철), 전봉준기념사업회(전해철), 전국농민회총연맹(김용호), 우당이회영기념사업회(이종찬), 흥사단(류종렬), 원광학원(신순철), 금정굴인권평화재단(이이화), 한국여성단체협의회(최금숙), 민족문제연구소(함세웅), 역사문제연구소(이용기) 등이요, 공기업으로는 산림조합중앙회(이석형)·한국농어촌공사(최규성)·한국서부발전(김병숙)·한국농산물유통공사(이병오), 종교단체로는 천주교정의사제단(함세웅)·만기사(원경)·성불사(황혜당)·부산불교문화원(김광호)·서문교회(박원홍)·원불교중앙여자수도원(박혜명)·원불교은덕문화원(이선종)·천도교(이정희) 등, 출판사로는 역사비평사(정순구)·생각정원(박재호)·교유당(신정민)·우리교육(신명철) 등, 그리고 개인 회사로는 통우인터내셔널(주)(조보현)·와이앤케이투게더(공경식)·법무법인 더펌 등, 전국농민회·민주노총·전교조·진보연대 등이 지원해주었다.

이어 지속적인 도움을 준 학계와 사회 인사로는 임헌영, 조세열, 임추섭, 정진백, 박석무, 임형택, 이준식, 조광, 서중석, 장두환, 전진우, 김성보, 윤경로, 송찬섭, 남지대, 한정숙, 정진영, 한상권, 이지원, 김정인, 정근식, 양보경, 유승원, 장병인, 김시업, 허영란, 홍윤기, 임현진, 이광호, 임채우, 최사묵, 박중기, 서지영, 박재승, 장병화, 이달호, 이응국, 이응문, 이상희, 이용기, 정태헌, 배경식, 김백일, 남규선, 이해학, 김정란, 장병화, 홍순권, 윤용출, 채상식 등 수백 명이 있다.

전라북도 정읍 황토현 전적지에 있는 제세문(濟世門)을 향해 걸어가는 이이화 선생(2019년 4월 25일)

이이화의 동학농민혁명사 3
갑오년 농민군, 희망으로 살아나다

1판 1쇄 2020년 7월 6일
1판 4쇄 2023년 3월 2일

지은이 이이화

편집 박민영 이희연 | 디자인 김이정 이주영
마케팅 김선진 배희주 | 브랜딩 함유지 함근아 김희숙 고보미 박민재 정승민
저작권 박지영 형소진 이영은 | 모니터링 정소리
제작 강신은 김동욱 임현식 | 제작처 영신사

펴낸곳 (주)교유당 | 펴낸이 신정민
출판등록 2019년 5월 24일 제406-2019-000052호

주소 10881 경기도 파주시 회동길 210
문의전화 031.955.8891(마케팅) | 031.955.3583(편집) | 031.955.8855(팩스)
전자우편 gyoyudang@munhak.com
인스타그램 @gyoyu_books | 트위터 @gyoyu_books | 페이스북 @gyoyubooks

ISBN 979-11-90277-55-6 04910
979-11-90277-52-5(세트)